国家社会科学基金项目·管理学系列丛书

科技型中小企业可持续发展动力机制与扩散机制研究

王丽平　田东奎　著

科 学 出 版 社
北 京

内 容 简 介

科技型中小企业作为最具发展潜力和创新活力的群体,在我国建设创新型国家的过程中占据举足轻重的地位。本书通过文献整理分析影响科技型中小企业可持续性发展的因素来源,构建科技型中小企业可持续性发展的动力机制和扩散机制理论架构;通过实证研究和案例研究,找出推动科技型中小企业可持续性发展的动力因素和扩散因素,在此基础上建立科技型中小企业可持续性发展的动力机制与扩散机制,并提出对策建议,以期为我国科技型中小企业可持续性发展提供理论依据与现实指导,同时完善中小企业可持续性发展理论。

本书既适合对科技型中小企业发展或者对科技型中小企业创业具有浓厚兴趣的企业人士阅读,也适合研究科技型中小企业成长路径机制的专业人士阅读。

图书在版编目(CIP)数据

科技型中小企业可持续发展动力机制与扩散机制研究 / 王丽平,田东奎著. —北京:科学出版社,2015
 ISBN 978-7-03-046235-0

I. ①科… II. ①王…②田… III. ①高技术企业—中小企业—可持续性发展—研究—中国 IV. ①F279.244.4

中国版本图书馆 CIP 数据核字(2015)第 264669 号

责任编辑:徐 倩 / 责任校对:刘 柳
责任印制:霍 兵 / 封面设计:无极书装

科 学 出 版 社 出版

北京东黄城根北街 16 号
邮政编码:100717
http://www.sciencep.com

中国科学院印刷厂 印刷

科学出版社发行 各地新华书店经销

*

2015 年 12 月第 一 版 开本:720×1000 1/16
2015 年 12 月第一次印刷 印张:15 1/4
字数:343 000

定价:86.00 元
(如有印装质量问题,我社负责调换)

前　　言

在全球化与信息化的浪潮中大企业发挥着重要的推动作用，而中小企业依靠其独特的灵活性和低成本优势，对全球经济的发展也起着举足轻重的作用。就我国而言，改革开放，尤其是 20 世纪 90 年代以来，中小企业不断发展壮大，已成为提供新增就业岗位的主渠道和科技创新的重要力量，在促进经济发展、保障和改善民生等方面发挥着重要作用。近年来，国家高度重视中小企业发展，制定并不断完善有利于中小企业发展的政策措施，为中小企业健康发展提供了越来越宽松的政策环境、越来越公平的市场环境和越来越健全的服务体系。在政府政策的鼓励和促进下，我国中小企业呈现良好的发展势头，但调查表明，融资困难、技术设备落后、信息不畅等问题严重地制约了中小企业的健康发展。在产品、技术、知识等的创新速度日益加快的今天，发展的可持续性已经成为中小企业面临的比管理效率还要重要的挑战。为此，可持续发展能力是中小企业获取持久竞争优势的源泉。

在整个中小企业群体中，科技型中小企业是最具活力、技术含量最高的一个群体，是推动科技创新的重要主体，对社会经济发展的促进作用更加显著，已成为各国发展新兴产业和中小企业的一个突出重点。对于量大面广的中小企业来说，科技型中小企业的发展具有很强的示范带动作用。因此，本书将以科技型中小企业为研究对象，通过对以往研究的整理与实证分析，探寻驱动科技型中小企业可持续性发展的动力因素和扩散因素，最终构建出科技型中小企业可持续性发展的动力机制与扩散机制，并提出管理对策，旨在为科技型中小企业可持续性发展提供指导性建议，并以此带动中小企业的成长。

本书在科技型中小企业可持续性发展动力机制部分，主要从科技型中小企业成长的初创期和生命周期关键节点两个角度展开。一是深入研究科技型新创企业可持续性发展的基础动力因素和直接动力因素，对各影响因素的作用机理进行分析，从而建立科技型中小企业可持续性发展的动力机制理论模型并提出相关假设，在对科技型中小企业进行问卷调查与深度访谈的基础上，构建出适合我国科技型中小企业可持续性发展的动力机制；二是从企业成长不同阶段的特点出发，分析总结出企业持续成长机理，并在此基础上对科技型中小企业进行问卷调查与深度访谈，确定影响科技型中小企业各个成长阶段创新与成长的主导能力、支撑能力和辅助能力，最后进一步分析科技型中小企业能力体系，总结出我国科技型中小企业持续成长策略。

本书在科技型中小企业可持续性发展扩散机制部分，主要从科技型中小企业扩散方式和公司创业两个角度展开。一是从扩散方式的角度，通过典型案例，深入分析科技型中小企业选择复制、衍生、裂变三种不同扩散模式的影响因素及其生成机理，找出促进科技型中小企业可持续性发展扩散模式的关键影响因素和生成机理，并在此基础上建立有效的扩散机制；二是从公司创业角度切入，结合我国科技型中小企业的特征和实际情况，分析科技型中小企业公司创业这种扩散模式的影响因素，并构建公司创业影响因素的指标体系，在此基础上，以科技型中小企业中的高新技术企业为样本进行实证研究，确定科技型中小企业公司创业的关键成功因素，并提出相应对策建议。

本书在编写过程中，主要由王丽平、田东奎负责总体框架设计和内容编写安排，以及第 1 章内容编写，研究生刘小龙主要负责第 2 章内容编写，研究生李乃秋和许娜主要负责第 3 章内容编写，研究生钱周春和曹莹主要负责第 4 章内容编写，研究生陈晴晴主要负责第 5 章内容编写。

因为资料与能力有限，书中难免有不足之处，敬请专家学者批评指正，以求实现新的提升。

目　　录

第 1 章 绪 论

德国把中小企业称为国家的重要经济支柱，日本认为没有中小企业的发展就没有日本的繁荣，美国政府更是把中小企业称作美国经济的脊梁（张洪梅，2011）。目前，占全国企业总数 99% 的中小企业，提供了全国 80% 的城镇就业岗位、65% 的发明专利和 75% 以上的技术创新，上缴税收约为国家税收总额的 50%。党中央、国务院历来高度重视中小企业发展，近年来专门制定并不断完善有利于中小企业发展的政策措施。

在整个中小企业群体中，科技型中小企业是最具活力、技术含量最高的一个群体，对于量大面广的中小企业来说，具有很强的示范带动作用。科技型中小企业是推动科技创新的重要主体，在促进科技成果转化方面有独特的优势，也更容易适应高新技术产品创新周期越来越短、产品更新速度越来越快的发展趋势，有利于实现技术创新和市场创新更加紧密的结合。当前，新一轮科技革命正在孕育兴起，科技型中小企业在经济社会发展中的作用更加显著，成为各国发展新兴产业和中小企业一个更加突出的重点。然而科技型中小企业在发展过程中也面临着比较突出的问题，包括：产品或服务与市场需求不适应，与投资者的要求不适应；受商业环境等因素的影响，投资、融资或流动资金短缺；人力资源结构与各发展阶段不适应；经营模式、销售服务、治理结构不适应；等等。这些都影响着科技型中小企业的生存与发展。因此，本书将以科技型中小企业为研究对象，通过对以往研究文献的整理与实证分析，探寻驱动科技型中小企业可持续性发展的动力因素和扩散因素，最终构建出科技型中小企业可持续性发展的动力机制与扩散机制，并提出管理对策，旨在为科技型中小企业的可持续性发展提供指导性建议，并以此带动中小企业的成长。

本书对科技型中小企业可持续性发展的动力机制和扩散机制进行研究，试图实现其可持续性发展，对国家、社会以及企业等多方面具有积极的现实意义。对于国家及社会而言，可为科技型中小企业的可持续性发展提供指导，挖掘其成长的动力源泉与扩散来源，有利于不断发展壮大科技型中小企业队伍，提升国家经济发展的科技含量，促进国家经济发展的良性转型；有利于科技型中小企业的稳定发展，为社会提供稳定增长的就业机会；有利于为高科技从业者提供展示自身技能与才华的平台，进一步提升国家整体人力资本质量，促使高精尖人才的不断涌现。对于企业而言，研究试图揭示促进科技型中小企业可持续性发展的动力源泉与扩散来源及其作用机理，有助于企业有针对性地利用动力源泉与扩散来源寻求企业成长的路径和政策支持。

研究力求提出科技型中小企业可持续性发展的动力与扩散机制，以促进科技型中小企业的可持续性发展。本书在这一研究领域中主要实现了以下四个方面的创新。

第一，构建出科技型中小企业可持续性发展动力机制。本书在文献整理以及理论分析的基础上，找出了影响科技型中小企业可持续性发展的直接因素和基础性因素，通过实证研究构建出科技型中小企业可持续性发展的动力机制模型，在此基础上，进一步对科技型中小企业可持续性发展管理对策提出了建议。

第二，构建出科技型中小企业成长能力系统。本书结合企业可持续性发展理论和企业可持续性发展的研究现状，建立企业可持续性发展机理，并在对科技型中小企业进行大量问卷调查和典型个案深入访谈的基础上，从企业生命周期的角度，构建科技型中小企业成长能力系统。

第三，构建出科技型中小企业可持续性发展扩散机制。本书归纳总结出科技型中小企业可持续性发展的三种扩散模式，并采用扎根理论研究方法，选择典型案例以及天津地区科技型中小企业作为研究对象，通过实证研究方法对其进行验证，构建出科技型中小企业扩散机制模型。

第四，确定了科技型中小企业进行公司创业的关键成功因素。本书在相关文献以及理论研究的基础上，归纳出科技型中小企业进行公司创业的影响因素，并且通过理论分析构建了科技型中小企业公司创业影响因素指标体系，而且在科技型中小企业进行公司创业的研究中引入结构方程模型，较好地解释了各因素对公司创业的影响程度以及相互的作用关系，并最终确定关键成功因素。

本书的主要结构如下。

第一章，绪论。首先通过介绍研究的现实背景与理论背景，提出科技型中小企业所面临的企业寿命较短的现实问题，在文献整理与分析的基础上提出本书须解决的理论问题，即科技型中小企业可持续性发展动力机制与扩散机制的研究，进而阐明研究意义与研究方法。

第二章，企业可持续性发展研究现状。从经济学及管理学的角度，按照企业成长理论发展脉络，将企业成长理论分为企业成长经济理论和企业成长战略理论两个部分，对经典理论成果进行整理与归纳，作为本书的理论支撑。对关于企业持续成长、新创企业成长、科技型中小企业可持续性发展以及企业成长动力机制、扩散机制等方面的研究成果进行整理与评价，以帮助确定本书的研究思路。

第三章，科技型中小企业可持续性发展动力机制的构建。从生命周期的角度入手，重点研究了新创企业与整个企业成长能力系统的动力来源。

关于科技型新创企业的研究。首先，对新创企业进行界定，分析新创企业的特征，为新创企业可持续性发展的影响因素提供指导；其次，基于对企业可持续性发展、企业成长的直接影响因素以及企业成长的基础性影响因素之间关系的探讨，建立科技型中小企业可持续性发展动力机制理论模型；最后，对收集到的有效问卷进行数据处理与实证分析，包括对数据进行描述性统计、问卷信度与效度检验，结构模型的识别与评估、相关性分析以及回归分析等，从而找到驱动科技型中小企业可持续性发展的基础动力因素和直接动力因素。

关于企业成长能力系统的构建。首先，在理论研究的基础上分析企业成长上限以及企业成长类型，得出企业成长规律，构建企业可持续性发展机理；其次，利用熵理论和耗散结构理论对企业成长力进行评价，分析得出影响企业创新的能力因素重构发生在代际成长阶段，建立影响企业创新的能力因素框架体系；最后，以影响企业创新的能力因素的框架体系为基础设计问卷，通过问卷调查和深入访谈得出调研数据，并进行因子分析，得出影响科技型中小企业成长的主要能力，并构建科技型中小企业成长能力动态演进机理。

第四章，科技型中小企业可持续性发展扩散机制的构建。此部分选取典型案例综合分析了复制、衍生、裂变三种不同扩散模式的影响因素及其生成机理，并以裂变扩散模式中的公司创业这一典型扩散模式，选取科技型中小企业中的高新技术企业为研究对象，研究影响科技型中小企业公司创业的关键成功因素。

关于三种扩散模式的研究。根据我国科技型中小企业可持续性发展不同扩散模式的研究现状，选择全国比较典型的企业案例进行实证研究，并运用扎根理论方法，归纳总结科技型中小企业扩散模式关键影响因素及其生成机理。

关于科技型中小企业公司创业的研究。首先，对公司创业的内涵、维度、影响因素等方面的文献进行分析整理，综合以往有关公司创业的理论模型，结合中国科技型中小企业的特征和实际情况，构建了科技型中小企业公司创业的影响因素指标体系；其次，根据文献分析整理的结果提出本书的基本假设，并建立科技型中小企业公司创业影响因素结构方程模型；最后，以天津地区科技型中小企业中的高新技术企业为样本进行问卷调查，确定企业创业的关键成功因素。

第五章，科技型中小企业可持续性发展的对策建议。根据前文对动力机制与扩散机制的研究，整合影响科技型中小企业可持续性发展的关键因素，建立动力与扩散整合机制，基于此，提出科技型中小企业可持续性发展的对策建议。

第 2 章 企业可持续性发展研究现状

2.1 企业可持续性发展研究

伴随着企业的发展，企业在经营、运作以及管理等方面暴露出的问题日趋增多，成为影响企业持续成长的障碍。20 世纪 80 年代以来，越来越多的研究开始关注如何促使企业实现可持续性发展，从而达到永续经营的终极目标。

国外关于企业可持续性发展的经典著作有科林斯与波拉斯的《基业长青》、彼得斯与沃特曼的《追求卓越》，以及德赫斯的《长寿公司》等。这些著作以实现企业可持续性发展为目的，其中所提出的管理观念在全球范围内产生了轰动性的效应。科林斯和波拉斯（Kelins and Bolasy, 1997）在对有实现持续成长潜力的企业和一般企业进行对照比较后，得到异于常人惯性思维的 12 条关于企业成长的结论。彼得斯和沃特曼（2000）在对 75 家名企进行研究后，总结出优秀企业所共同具备的 8 项本质属性。德赫斯（1998）的研究发现长寿企业具有的 4 个共同关键特征。在这些经典著作的启发下，近年来国内外对企业成长，特别是可持续性成长研究，产生了空前高涨的热情。

2.1.1 企业可持续性发展模型

有关企业成长的早期研究，研究学者多基于自身的主观判断对企业成长的影响因素进行提炼，并在此基础上探究各要素之间的内在联系，从而建立企业成长模型。

被学者作为企业成长研究基础或依据的企业成长模型有：Gartner（1985）将员工个体、组织、环境及企业创建过程作为四大要素建立的企业成长概念模型；

Sandberg 和 Hofer（1987）围绕企业家、战略以及行业结构建立的企业成长的 E-S-IS（Entrepreneure-Strategy-Industy Structure）模型；Frederic 等（2003）基于员工、机会、环境以及风险与回报等要素建立的企业成长模型；Chrisman 等（1998）在 Sandberg 和 Hofer（1987）的模型基础上提出的一个决定创业绩效的扩展模型，即"企业家-行业结构-业务战略-资源-组织系统"模型（Entrepreneure-Industry Structure-Business Strategy-Resources-Organization System，E-IS-BS-R-OS 模型）。总的来看，大多数学者主要致力于探讨新创企业的内生因素与企业成长之间的关系。

在以上企业成长研究的启发下，我国学者将可持续性发展的思想加入到模型中。肖海林等（2004）通过对海尔持续成长案例的实证研究，揭示了可持续竞争优势在"学习能力演进"、"创新力与控制力动态效率统一"以及"四面体协同成长"过程中形成的机理。李允尧（2005）认为企业持续成长的实质即企业动态能力反复建构与提升的过程，以企业生命周期理论为基础对企业可持续性发展进行研究，发现企业具有打破固有生命周期观念，实现基业长青的条件，并基于此建立了企业持续成长模型，其模型将企业实现持续成长后的生命周期划分为初成长、高成长以及再成长三大阶段。龙勇和王姝（2008）基于知识的持续成长对企业持续成长过程进行了研究，认为企业成长虽然受到许多因素影响，但究其根本是由企业内部知识状态所决定。其研究基于知识成长模式分析，阐明了企业知识状态的内涵，以及其作用于企业持续成长的微观机理，进而构建企业持续成长机制模型，从知识成长状态的促进作用与抑制作用两个侧面阐释企业可持续性成长过程。王涛和任荣（2008）将企业资源能力理论作为依据，分析企业可持续性成长过程，以建立企业在不同成长阶段的战略为目的，在分析资源与能力不断转化对企业不同成长阶段所起作用的基础上，构建了基于资源与能力演进的企业持续成长模型。

2.1.2　企业可持续性发展影响因素

（1）基于战略视角的研究。钱士茹（2008）以企业发展战略管理为视角，分析推动企业持续成长的主要管理要素，并基于此提出相应的管理策略建议。研究认为企业持续成长的关键管理要素包括灵活性、计划、控制以及资本。科林斯和波拉斯（2002）指出构成企业成长的必要要素包括核心要素与非核心要素两大类。其中，核心要素由企业价值观与总体发展目标组成，非核心要素则由企业生产的产品、经营的业务、组织具备的文化、企业战略以及能力等构成。研究指出核心要素决定了组织能够经久不衰的特征，成为企业逐步成长的必要条件，并且是能够在企业成长过程中起到聚合组织作用的粘合剂，是企业实现成长所依赖的最关键的管理要素。顾兴树等（2009）在分析企业外部环境战略特征、类型以及影响的基础上，研究动态能力与企业成长风险及其控制的相互作用过程与机制，分析动态能力与外部战略风险相互影响的过程与原因，进而发现企业成长受到企业内部动态能力、外部战略风险，以及二者间匹配关系的影响。李飞和杜纲（2007）从运用不同战略的企业成长路径出发，归纳对企业成长路径产生影响的因素。研究通过对欧美100余家工业大型企业的成长路径进行经验总结，归纳了企业成长的路径，即单一业务成长路径、主导业务成长路径及多元化成长路径，并对各种成长路径的发展趋势进行了预测，进而以三大石油公司的成长之路对成长路径进行了阐释，最后对企业成长路径的影响因素进行了系统研究，绘制了企业成长路径的影响因素图。

（2）基于集群的研究。张立和陈伟鸿（2007）对企业与集群的互动成长机制进行了研究。研究提出企业与集群的共同成长受到二者品牌建设的相互影响，分析了产业集群品牌的扩展效应，并将这种作用折射于产业群企业，提出由企业品牌支撑提升并转化为产业集群品牌，可有助于形成产业群与企业间的良性互动，促使二者实现协同发展。杨蕙馨和李贞（2008）基于集群的知识管理对企业成长机理进行了研究。研究依据集群内知识转移主体的性质，将集群内知识转移分为集群和企业两个层次，并通过知识在集群与企业层次内的转移方式与情境分析，发现集群企业通过控制与知识转移主体间的愿望差异、关系以及知识势差，能够实现知识转移对企业成长的积极作用。张伟（2009）基于产业链视角研究企业的成长规律，发现产业链中的资源应作为管理要素在企业成长过程管理中受到重视，资源型产业链也因此成为企业成长过程中的关键力量。基于此观点，研究针对企业实践中的实际问题，从产业链出发，阐述企业成长的内在机制。

（3）基于创新理论的研究。欧洲工商管理学院的詹金教授和莫博涅教授（Kim and Mauborgne，2004），在对全球30多家企业进行深入访谈与调查的基础上，发现大多数企业之所以能够实现持续成长，是因为实施了与其他公司不同的战略，即价值创新战略，这种创新战略对企业持续成长起到了关键作用。研究基于价值创新战略原理的分析，绘制了创造新价值曲线，并对其形成进行了相应描述。李颖灏和彭星闾（2007）认为创新力以及控制力对企业持续成长有着重要的影响，研究在分析二者动态均衡关系的基础上对企业持续成长路径进行了探索。刘国豪（2010）通过分析工业设计创新推动企业成长的机制，发现工业设计创新在一定程度上影响着企业的成长，是企业可持续性发展的推动力。

（4）基于创业导向的研究。Zahra和Covin（1995）在对108家企业进行实证调研后发现，内创业活动对企业绩效具有正向的影响。Naman和Slevin（1993）以及Lumpkin和Dess（1996）的研究证实，企业内创业活动能够提升企业竞争实力与地位。苗莉（2005）基于以上研究成果，在对企业内创业形式进行分析的基础上，研究了内创业对企业持续成长的作用机理。李青和刘莉（2008）认为基于创业机会的市场导向以及企业关系网络对企业成长有着关键性的影响，并基于此观点进行实证研究，发现市场导向与企业关系网络均通过创业机会对企业成长产生显著性影响。林筠等（2009）认为创业导向对企业成长绩效产生影响，并且企业各种资源的吸收能力在创业导向与企业成长绩效间起到中介作用。基于此观点，研究将吸收能力引入创业导向与企业成长绩效的关系中，基于吸收能力作用下的各维度考察其对企业成长绩效的影响效果。

（5）基于社会关系的研究。王庆喜和宝贡敏（2007）以小企业为对象进行了企业成长影响因素研究。研究认为企业社会关系网络是其获取外部资源的重要通道，对企业发展有重要意义。研究首先建立假设，即企业社会关系越广，其获取外部资源的可能性越大，对企业成长所需资源的保证度越高，企业成长绩效越好。基于此假设研究对企业社会关系网络、资源获取效率与质量，以及企业成长绩效三者之间的关系进行了经验检验，证明三者之间存在着递进式的正向相关性。姚小涛等（2008）基于资源依赖理论以及社会关系理论对企业成长相关问题进行了探索性研究。研究首先在理论界现有的"弱关系的力量"和"强关系的力量"假说基础上，提出强弱关系均是企业成长可以依赖的重要社会关系类型以及强弱关系的重要性受限于企业的结构约束因素和组织因素的影响两个假设，进而对收集到的250家企业样本数据进行统计分析，其结果支持了提出的假设。周伟贤和范小清（2008）认为企业成长由多要素共同影响，进而从要素角度探究企业成长问题。研究针对成长性企业的不同阶段深入分析了不同要素在不同阶段所起作用的差异性，并从静态和动态两个角度分别分析了成长性企业的成长判断问题。

（6）基于企业生命周期理论的研究。王勇（2009）将企业生命周期划分为创业阶段、快速发展阶段、相对稳定阶段以及二次创业四个阶段，并基于此分别对所处各个阶段上的企业成长问题进行研究。研究在文献研究的基础上，结合对服务行业企业一线管理人员的访谈，总结出服务行业企业成长的影响因素。进一步分别为这些影响因素和企业成长性建立了测量指标并设计调研问卷。通过使用 SPSS 统计软件对回收的问卷进行数据分析，得到影响服务企业成长的关键因素，并分析关键影响因素在企业生命周期不同阶段的相对重要性。

从以上现有相关研究文献来看，企业成长的影响因素研究主要围绕资金资本、知识资本、组织文化、价值创新以及创业导向等企业内部战略性因素，以及企业集群、产业链和社会关系网络等外部环境因素展开。

2.2　企业成长动力机制研究

2.2.1　新创企业成长

1. 新创企业成长内涵的界定

在现有研究中，对于新创企业成长过程界定的探讨较少，但学者们普遍认可的是，新创企业成长是企业生命周期中的前端，是企业成熟之前的阶段。

Shepherd 等（2000）在系统评价生态理论与竞争战略理论的同时，发现用年限或规模上的差异定义新创企业是片面的，并认为产品或服务、产业以及能力这三个层面所表现出的新奇程度反映了新企业的本质特征。此观点对日后深刻认知新创企业的成长过程大有裨益。

Hite 和 Hesterly（2001）将新创企业成长过程分为其创建后的生存阶段及初期成长阶段。他们认为新创企业在最初成立的阶段，可以支持企业生存的资源以及能力相对欠缺，并且带有较高的模糊性与不确定性，企业在此阶段的经营目的是维持生存。当企业能够保证稳定的生存时，就步入了初期成长阶段。在两阶段过渡时期，外部环境变化与不确定性会进一步加剧，新创企业的模糊性也随之进一步加大，需要企业寻求更多资源以推进其成长。大量研究认为新创企业会因缺乏成长而导致规模缺失，造成企业生命的终结。韩炜（2010）在此观点的基础上进行了进一步的研究。通过新创企业与成熟企业的对比，韩炜认为新创企业的成长本质上与成熟企业存在明显差异，即由于新创企业缺乏成长而面临着较低的生存率，新创企业在最初成立之时，成长压力越大，缺乏成长对其造成的影响也越大。随着企业规模与寿命的增长，缺乏成长对企业的负面影响呈现降低趋势。研究还认为，单纯地以时间来划定新创企业及成熟企业的成长过程是不严谨的。多数企业将新创企业限定为成立 5 年以内的企业，韩炜认为这种界定方法对研究新创企业成长机理与过程模式存在着较大缺陷。实际上，新创企业的成长阶段应从广义上界定为新企业创立后至其达到成熟期之间的整个过程。但是，由于企业成长的差异性，其所达到成熟的时间也有所不同。因此，不能单纯的由时间模量定义新创企业。

综上所述，按照时间来限定新创企业显然存在局限性，学术界对新创企业的成长本质内涵尚未形成较为一致的定论。由于企业成长呈现出多维的特质，在这一演化过程中，存在着多种影响因素。对于充满模糊性以及不确定性的新创企业而言，其成长过程本质以及相应的影响因素更加难以识别与确定（Burns and Dewhurst，1986）。

2. 新创企业成长单因素研究

一部分研究以解决某一实际问题或建立某方面的管理机制为目的，直接进入对单个影响因素与企业成长相关性的研究。

Park 和 Luo（2001）为探究企业利用外部网络关系的能力与企业成长之间的关系，对我国江苏和上海两地的新创企业及成熟企业进行了抽样调查。通过对回收的 128 份有效问卷进行经验分析，发现企业利用外部网络关系的能力与企业销售额等成长性绩效指标间存在正向相关性。同时还发现新创企业，特别是那些规模小、能力弱的企业，较成熟企业更倾向于利用网络关系开展业务。

刘智勇和姜彦福（2009）认为新创企业动态能力在其开拓事业，实现成长的过程中起到关键作用，并认为新创企业与成熟企业二者间的动态能力存在很大差异。基于此假设，他们以探究新创企业动态能力为目的，对新创企业动态能力影响因素、能力构成以及作用机理进行了整理与综合，最终提出新创企业动态能力研究框架。

田莉（2010）认为新创企业的初始条件对其生存状态及成长过程有直接影响，为进一步阐明二者之间的关系实质，考察了企业不同的初始条件对企业形成机理以及演化路径的作用机制。田莉对已有研究进行整理与评价，并构建了新创企业初始条件与其成长关系的研究框架。

刘井建（2010）认为，阐明新创企业组织创业学习与企业成长之间的关系，能够为组织学习机制的建立提供参考。他在剖析创业学习与机会识别的匹配模式基础上，建立了二者阶梯式提升的层级模式。并结合企业实例进行案例分析，进一步阐述创业学习对新创企业成长的作用机理。

3. 新创企业成长影响因素间相关性研究

一部分研究不直接探究因素对新创企业成长指标的影响，而将重点放在某些因素与另外一些因素之间的关系上。

蔡莉等（2008）利用资源能力理论研究新创企业的创业导向与其资源利用之间的关系。研究首先将新创企业的成长过程视为创业资源开发过程，并将其中的资源利用阶段划分为资源向能力转化、能力匹配和能力配置结构实施三个子阶段，并基于此分析企业创业导向对资源利用的影响，构建了二者间的关系模型。

林嵩等（2005）尝试阐明新创企业外部创业机会与企业创业战略选择之间的关系。研究在相关文献研究、创业机会特征分析的基础上，对不同特征的创业机会对新创企业创业战略选择所产生的影响进行了阐释，并据此提出机会导向的新创企业战略制定模式，最后利用案例研究验证分析结果。之后，林嵩和姜彦福（2008）又进一步对不同特征创业机会下的新创企业竞争性行为进行了研究。研究首先基于对创业机会的深入分析，建立最大化收益优化模型；其次以预期收益最大化为目标,分析新创企业创业机会与竞争性行为之间的关系,从而发现由于创业机会的特点不同,企业需要设计不同的市场竞争性行为组合。

陈浩义和葛宝山(2008)基于创业者资源禀赋理论,针对相关因素对新创企业战略选择的影响进行了研究。研究将新创企业的战略选择视作是建立在对外部环境、自身资源与能力的分析和评价的基础上的决策过程,并将创业者作为创业战略的决策主体,认为其自身资源禀赋,包括企业家精神、环境认知能力,战略能力以及思维能力直接影响新创企业战略生成过程,最终提出基于创业者资源禀赋的创业战略选择模型。

刘预等(2008)为解决新创企业资源约束问题,对信息资源在企业其他资源获取与利用过程中的作用进行了分析。他首先基于新创企业资源获取过程中的信息不对称性特征,研究信息资源作为一种特殊的战略性资源对于新创企业资源获取的影响;并基于此分别阐述了信息对新创企业资源外部获取与内部积累的影响路径。

赵镝(2009)对网络强度与新创企业外源融资获取方式间的关系进行了分析。研究建立在对企业网络的内涵与维度,以及新创企业外源融资方式的内涵与分类进行界定的基础上,进而对网络作为资金来源和信息的传输途径对新创企业外源资金获取产生的影响加以分析,最后进行实证调研对二者之间的关系进行定量分析。

4. 新创企业成长中间变量影响研究

近年来,大部分的新创企业研究将重点放在中间变量的研究上,即在一些较成熟的企业成长影响因素相关研究基础之上,在其与企业成长绩效指标之间设置中间变量,并探讨其作用机理。

在新创企业研究中,企业创业导向作为新创企业成长过程中的一项重要影响因素,得到学术界的普遍认同。胡望斌等(2009)对动态能力在新创企业创业导向与企业成长之间的中介作用进行了深入研究。研究基于对 199 家新创企业的调查数据,对创业导向、动态能力与企业成长间的内在关系展开实证检验。随后,依据动态能力在其他二者间具有中介作用的实证结果,对其作用机理进一步进行剖析。

余红剑(2009)结合新创企业及其成长特征,从内部能力提升与应用视角研究顾客关系品质与成长绩效关系入手,发现新创企业顾客关系品质与内部能力均对成长绩效具有正面影响。但新创企业顾客关系品质主要通过影响内部能力提升从而对企业成长绩效产生正向影响,是企业成长的间接影响因素;内部能力则是企业成长绩效的直接影响因素,并在顾客关系品质与成长绩效间扮演中介传导的角色。

　　李新春等（2010）认为外部关系与内部能力能够对新创企业成长状况产生重要影响，基于此观点，研究试图从创业者行为视角分析企业外部关系发展以及内部能力构建间的战略平衡协同效应与阶段性特征。研究选择全国私营企业调查数据库中的 1 728 家新创企业作为研究对象进行实证研究。实证分析结果表明，创业者外部关系发展与内部能力构建之间具有同时附带互补机制与平衡契合机制的协同效应，且均对新创企业成长有着显著的正向影响。进一步的分析结果还表明，外部关系和内部能力之间的战略平衡具有共同演化的阶段性，随着新创企业从初期创建发展到早期成长阶段，表现出由外部关系主导转移到内部能力主导的动态平衡特征。

　　蔡莉等（2010）对资源整合在新创企业市场导向与绩效之间的中间作用进行研究。研究系统地梳理了现有的关于市场导向的研究，并依据资源基础理论构建新创企业市场导向与资源整合以及绩效间的关系模型。对吉林省 192 家新创企业的实证研究结果显示：实施市场导向战略能够帮助新创企业在了解市场、抓住顾客以及绩效提升等方面产生直接积极影响；适当的资源整合方式能够通过对实施市场导向战略所带来的信息、知识等资源进行有效整合，间接地促进企业绩效的提升。

　　胡望斌等（2010）运用战略理论与组织理论，考察了新创企业创业导向与绩效转化之间的问题，发现新创企业成长是其创业导向战略与能力共同演化发展的结果，提出中介能力概念，进而建立反映新创企业创业导向、中介能力与绩效关系的概念模型，并对模型实证研究思路进行构想。

　　5. 新创企业成长影响因素实证研究

　　越来越多的专家学者发现并认同新创企业的成长由诸多因素影响，因此将研究重点放在对企业成长过程中关键因素的研究上，并在此基础上探讨新创企业的成长路径。

　　吴月瑞等（2010）认为，科技园的发展在一定程度上影响着企业资源获取、技术辐射以及合法性等方面享受到的利益。研究聚焦于科技园与企业二者间的相互作用关系，通过分析新创企业生存与发展的影响因素，探究科技园的作用与其发挥机制以及发展路径，并在当前现状与发展的未来趋势分析的基础上，为我国科技园的发展提供对策建议。

　　王旭（2004）运用系统研究方法，对科技型企业创生的影响因素进行研究。研究将影响因素分为宏观因素与微观因素两类。其中，从环境角度将宏观因素分为科技环境等七个因素；微观因素则包括创业者、商业机会及创业资源。研究运用创新理论、经济学理论、行为科学理论、企业家理论、科技发展规律解释科技型企业创生的动因，分析了宏观、微观因素对科技型企业创生的影响，并进一步进行实证研究，以验证相关理论假设。

余红剑（2007）综合运用社会资本理论及资源能力理论，基于各类变量间层次关系的分析，从企业层面出发探究外部网络关系品质、内部能力与成长绩效的关系，从而具体阐述社会资本理论与资源能力理论的内在联系，以及二者在解释新创企业成长绩效上的层次关系及作用机理。

任荣伟和赵盈盈（2007）假设新创企业在早期成长过程中，由于缺少某些关键要素而失去持续竞争优势，为得到促进新创企业成长的关键因素，以珠江三角洲（简称珠三角）地区的 130 多家新创企业为对象进行实证调查。调研分析结果表明，创业家的资质、创业资源、创业机运以及创业盈利模式，是新创企业早期成长的四大关键要素，并且从模仿到自主创新是成长的重要路径。

付宏等（2008）依据企业成长四要素（资源、环境、管理及企业家）理论，以典型的结构条件为组合变量基础，利用结构化分析路径，对企业成长关键要素进行研究。进而以主成分分析模型作为基础研究工具，通过对个案的分析与研究，归纳中国转型期经济背景条件下的创业行为特点。研究发现，目前创业家个人素质、创业环境是推动中国企业创业行为的关键要素。

葛宝山和董保宝（2009）基于环境动态特征，对创业者管理才能对新创企业资源获取的影响效应进行了研究。研究在文献回顾的基础上提出环境动态性、创业者四种管理才能以及资源获取关系间的相关性假设。通过对 153 份有效样本数据的整理与分析发现，团队领导、行政技能以及学习能力与新创企业资源获取呈正相关，环境动态性对这种关系有强化作用；虽然外部协调与资源获取存在正相关关系，但环境动态性对这种关系没有强化作用。

朱秀梅等（2010）对创业导向、网络化能力以及知识资源与新创企业竞争优势间的相关性进行了研究。研究首先在文献整理的基础上，构建了创业导向、网络化能力以及知识资源与新创企业竞争优势间的关系概念模型；其次，根据模型中各相关变量间的关系提出了理论假设；再次，通过进一步分析得到知识资源对新创企业竞争优势建立的作用机理，以及外部获取与内部创造是新创企业获取知识资源的关键途径；最后，研究发现新创企业的创业导向与网络化能力是获取创造知识资源，并将其转化为竞争优势的两个重要权变因素。

从以上现有研究文献来看，新创企业成长的影响因素可分为企业外部与内部两个方面。其中，外部影响因素包括市场需求管理、外部知识与技术管理、社会关系管理以及政府行为的应对；企业内部管理重点关注的是企业家能力、学习型组织、人力资源管理、知识与技术管理、资金管理等方面。此外，相当多的研究将重点放在某些管理要素的作用向企业成长绩效转化的中间变量上，并且中间变量的研究则主要集中于市场机会的企业内部转化以及关键能力的提升。

2.2.2　企业成长动力机制

随着研究的深入，研究学者开始将企业成长的影响因素研究聚焦于企业成长的驱动因素研究，即那些从积极方面给予企业成长正向影响的因素，并试图阐明这些因素发挥作用的机理。

从战略角度探究企业成长驱动因素是研究的一个热点。Ireland 和 Hitt（1997）提出，基于时间的竞争战略，对处于高成长期的企业绩效的提升存在显著的推动作用。研究认为，企业可以通过选择定位于 4 种基于时间的战略角色之一，即市场进入先行者、早期跟随者、同步竞争者以及晚期跟随者，实现高成长。据其统计研究表明，处于先行者及早期跟随者的企业，最有可能顺利实现高成长。Upton 等（2001）和 Teal 等（2003）在对高成长家族企业及非家族企业进行比较研究之后，表示认同 Ireland 和 Hitt 的研究发现。Sanders 和 Reid（2001）发现 4 种独特的企业竞争战略，能够帮助制造企业实现高成长，这 4 种竞争战略分别是供应商战略、质量聚焦战略、成本限制战略以及基于时间的战略。其中，基于时间的战略的企业能获得更快的成长速度。von Krogh 和 Cusumano（2001）从企业实践的角度，提炼了 3 种企业竞争战略，即规模化、复制商业模式以及创造性地选择业务单元，并进一步阐述这些竞争战略对于获取和维持企业高成长的作用机制。进而通过实证研究，验证采用这 3 种战略或者三者的混合战略对企业成长具有明显优势。

相当多的研究认为创新是企业实现成长的重要推动力量。杨景岩和李凯飞（2006）采用实证研究的方法，对技术创新对企业成长的贡献率进行考察。研究发现技术创新对企业成长有较大贡献。基于此结论，研究进一步探究我国企业成长过程中技术创新的作用机理。孙玉明（2002）基于技术创新视角，对企业成长机理进行了探究。分析认为，企业成长需要内外部技术创新作为推动力量，技术创新的市场需求作为拉动力量，并在基于二者相互作用的基础上，设计了企业成长的动力支持结构。Kim 和 Mauborgne（2004）研究发现，遵循价值创新战略是高成长企业持续发展的重要推动力量。研究通过对全球 300 多家高成长企业的研究后发现，价值创新是企业实现高成长的根本原因。价值创新逻辑以其全新的战略思维，给予富有创新精神的企业以高成长机会。通过价值创新逻辑与传统战略逻辑在产业假设、战略重心、客户、资产与能力、产品与服务项目 5 个方面的比较，Kim 和 Mauborgne 指出了采用价值创新逻辑实现企业高成长的基本方法。该理论在企业界和学术界产生了强烈的影响，它也是曾经风靡全球的"蓝海战略"的核心思想。王岚（2009）从战略管理理论出发，基于企业内生性成长和外部化成长战略实施角度，对集群企业间网络形成及其演化规律进行探究，进一步对集群中核心企业主导下集群发展的动力源泉以及机理进行详细剖析。黄泽成（2007）以 IT 企业为研究对象，从企业成长过程出发，对企业特征及其所面临的竞争进行研究，发现创新是企业成长的主要推动力，并对企业创新力获取渠道的创建与开拓进行探究。潘安成（2008）基于知识创新的来源，认为企业成长的推动力主要来源于两个方面，即组织内部知识的推动力以及组织外部知识的驱动力。研究认为，企业成长是一个开放的知识创新系统行为。基于此观点，研究首先利用组织知识演化模型分析了企业成长的非线性特征及其影响机制；基于此进一步建立系统模型，对知识创新背景下的企业成长内在机理进行探索，并借助于组织学习与知识共享，运用案例分析的方法对研究结论进行分析和验证。曹利军（2008）首先基于企业生命周期的问题特征，认为创新是企业成长的动力源泉。进一步分析影响创新的因素，并详细阐述由创新推动的企业自适应机制的一般模式。成春和贺立龙（2008）认为创业企业的成长与一般企业不同，具有某些特殊特征，并且在其由成立转向成长的过程中，"持续创新"是一个关键动力来源。研究从企业成长的资源决定论出发，从制度环境、社会网络、创业者、信息、风险资金、技术或管理成果等方面分析创业企业成长的动力系统。研究还认为，内外部不确定性常为创业企业的成长动力带来侵蚀效应，并提出战略因应式变革或创新能够成为企业应对内外部不确定性，保障企业实现持续成长的有效途径。

相当多的研究以经济学理论、管理学理论，特别是企业成长相关理论为基础，对企业成长动力机制进行深入研究。张多中（2003）基于古典经济学、新古典经济学、新制度经济学以及管理学等理论，对推动企业持续成长的动力机制进行探讨。研究首先对企业持续成长的动力来源进行分析，并在分析企业成长实现条件的基础上，阐述企业成长内在机制，并进一步对国内企业成长障碍进行识别。孟艳芬等（2004）基于企业成长动态能力理论，从内外两个角度全面研究企业成长。研究首先分析动态能力理论对企业成长过程的作用机理，研究发现企业成长动因主要有四种，包括来自企业内部的动因，即维持与更新智力资源和摆脱产品成熟期困境，以及来自企业外部的吸引资本投资以及控制风险。安赟和王英姿（2008）以企业生命周期理论以及自组织理论为依据，对企业成长进行探究。研究从自组织理论的角度出发，以科技型中小企业特有的企业生命周期为划分点，提炼其成长过程中各阶段的重要内生动力，并建立企业内生成长机制。其研究认为企业内生动力对应于企业生命周期的阶段分别是：初创期对应于核心技术动力；发展期对应于管理团队动力；成熟期对应于企业文化动力；蜕变期对应于创新动力。王胜光和程郁（2009）从当前我国发展企业加速器的需求现实出发，讨论了企业加速器的概念及其战略支持体系的内容与功能。基于企业成长理论，提出企业成长发展的动力机制模型，说明了企业从初创到成长过程中，内部发展动力存在着由技术创新向经营结构创新、管理与组织创新承接演进的规律，而空间结构与环境创新贯穿于企业成长的整个过程并影响着其内部创新行为。加速器是以加速企业成长为目标系统构建的创新型空间结构与环境，包括战略性指导与咨询、支持性资源网络与平台以及成长性环境与氛围三个服务层次,它通过推动和支持企业的内部结构创新和能力建设,帮助企业形成自组织的持续成长机制。

近年来,一些研究开始注重从企业发展中的实际问题出发,结合理论指导以及相关文献成果,对企业成长的动力机制进行研究。许晓明和张咏梅(2007)认为企业成长是企业永恒的目标,而企业动力是企业成长的推动力量。研究首先从企业活动主体的角度建立企业成长动力系统模型;其次利用系统动力学对动力系统模型进行分析与验证;再次对系统各要素的作用机理进行详细分析;最后对企业动力机制实际作用的发挥建立保障机制。张薇(2010)基于企业实际调研,对企业成长驱动因素进行提炼。研究首先利用德尔菲专家意见问询法确定了 24 个本土管理咨询企业成长驱动因素基本指标。进而运用 SPSS 13.0 统计软件进行主成分分析,提取了六个涵盖 24 个关键指标的主因子。研究结果表明,企业文化建设、企业经营管理、知识管理能力、人力资源管理、相关利益管理以及咨询服务能力为企业持续成长的关键驱动因素。接着,研究对驱动因素进行重要性排序,得出最关键的影响因素为人力资源管理。

2.2.3　企业成长阶段划分

1. 基于生命周期理论的企业成长阶段划分

1)国外关于企业生命周期理论的研究

早在 20 世纪 70 年代中期,就出现了生命周期这一概念。耶鲁大学的米勒思(Robert H. Miles)和金伯利(John R. Kinbely)在关于组织生命周期的讨论中用生物来类比企业的成长周期,他们是最早提出组织生命周期这一概念的学者(韩福荣和徐艳梅,2002)。1985 年美国哈佛大学著名的管理学家 Larry E. Greiner 教授(格雷纳,1985)在《组织成长的演变和变革》一书中对企业生命周期这一概念进行了明确的界定。而专家学者公认的企业生命周期理论的形成是在 1989 年,其标志就是由美国学者伊查克·爱迪斯(Ichak Adizes)出版的《企业生命周期》(*Corporate Life Cycle*)一书。

生命周期这一理念被引入企业成长的研究后,学者们对企业生命周期理论立即展开深入的研究,尤其是基于企业成长阶段的研究,各位学者的研究成果可谓是百家争鸣,代表性学者及其研究如下。

斯坦梅茨(Steinmetz,1969)的四阶段模型。从系统分析的角度研究企业成长的是美国科罗拉多大学的斯坦梅茨教授。1969 年,斯坦梅茨教授在深入研究小企业的成长过程中发现,大部分典型的小企业呈现出的是 S 形曲线形状的成长过程。他认为这种 S 形成长曲线还可以进而划分为四个成长阶段,即直接控制阶段、指挥管理阶段、间接控制阶段和部门化组织阶段。斯坦梅茨还对这四个阶段的特征和阶段性问题进行了具体的描述，为企业成长阶段的研究做出了很大的贡献。

邱吉尔和李维斯（Churchill and Lewis，1983）的五阶段模型。邱吉尔和李维斯则认为，可以根据企业的规模、产品多样化程度和结构复杂性等指标体系将企业成长过程划分为五个阶段，并且他们强调，企业的每个成长阶段都可以用企业所有者在企业经营中的地位、主要战略目标、组织结构、正式组织体系和管理风格这五种管理因素来描述。由此可以得出，企业自身和企业主都是企业顺利成长的关键性因素。

格雷纳（1985）的五阶段模型。哈佛大学教授拉里·格雷纳认为，企业从中小企业成长为大企业，都要经历以下五个成长阶段，即依靠创新成长阶段、依靠指导成长阶段、依靠授权成长阶段、依靠协调成长阶段和依靠合作成长阶段。每个阶段又由两个部分组成，分别为前期的演进部分和后期的危机或变革部分。后期的危机或变革部分是企业由上一个成长阶段向下一个成长阶段跃进的关键，因此能否运用独特的管理方式来应对变革期企业的管理问题是其能否继续成长的重要方面。基于格雷纳的五阶段模型的研究成果，不难发现格雷纳模型是基于企业内部管理的角度提出的，其研究主要侧重于企业内部管理的发展与变化。

爱迪斯（2004）的生命周期模型。美国学者伊查克·爱迪斯认为企业遵循生命周期规律，如同自然界的生命周期规律一样。他把研究对象定位于企业生命，从企业的成长和衰老的深层次原因入手，并针对性地提出系统策略。爱迪斯认为企业要经历成长、再生与成熟和老化3个阶段。企业的成长要经历孕育期、婴儿期、学步期、青春期、盛年期、稳定期、贵族期、官僚化早期和官僚期等9个时期，每个企业都会经历从出生、成长直至老化死亡的生命历程。

弗莱姆兹（1998）的七阶段模型。厄威克·弗莱姆兹教授的七阶段模型则是从企业的规模角度提出的。根据企业经历的不同发展阶段及其规模的变化，将企业分为新建阶段、扩张阶段、专业化阶段、巩固阶段、多元化阶段、一体化阶段以及衰退和复兴阶段。他明确指出企业阶段的划分是由公司的整体规模来决定的，而企业的规模则是通过企业的年收入来进行衡量的。

2）国内关于企业生命周期的研究

陈佳贵（1995）认为按照规模扩张等成长方式划分为三种类型，即欠发育型、正常发育型和超常发育型。企业的成长过程是历经诞生、成长、壮大、衰退、直至死亡的一系列的演变历程。根据对企业成长类型和成长过程的考察，可以得出企业的生命周期可以划分为孕育期、求生存期、高速成长期、成熟期、衰退期和蜕变期等阶段。陈佳贵对其各个生命周期的特点进行了深入的研究，并针对各个周期的特点提出企业的工作重点。例如，孕育期企业的可塑性强，但是投入大，周期较长，因此在此时期企业应把重点放在生产准备工作和建设质量上。

复旦大学芮明杰（2000）教授提出基于企业生命周期的研究，企业的成长可以从出现阶段、扩张阶段、成熟阶段、防护性阶段、复杂阶段来进行具体的划分界定，并在此研究成果上提出，企业成长的各个生命周期不同，所需要的管理模式也是不同的，将适当的管理模式运用到相对应的生命周期，才能促进企业的成长与发展。

李业（2000）认为企业的生命周期虽然与生物成长周期类似，但是在研究企业生命周期时并不能对生物学理论进行生搬硬套，否则很容易陷入"宿命论"，即企业终究会进入衰退期直至灭亡。这样就对企业能动性及其创新创造能力的研究有了很大的限制性。李业以企业销售额为标准将企业生命周期划分为孕育期、初生期、成长期、成熟期与衰退期，并提出企业在不同的成长周期会遇到不同的问题，需要采取不同的策略以谋求发展。

熊义杰（2002）将定量的方法运用到企业生命周期的研究中，运用三次曲线函数和修正的指数函数来对企业生命周期阶段进行划分。他认为对企业生命周期的划分不能局限于定性的研究成果，需要将定性和定量方法相结合。因此研究企业生命周期的划分可以分为两种类型：第一类是定性方法很容易描述企业的成长状况，此时可以运用定性描述来对企业生命周期进行直接划分；第二类是定性描述不能区分企业成长阶段，此时需要对企业生命周期进行定量的数据采集，并通过定量分析来确定企业的生命周期。

余伟萍（2005）参照爱迪斯提出的企业生命周期理论，将企业成长划分为创业、成长、成熟和再生/衰退四个阶段，并明确指出企业在其成长的不同阶段，组织、管理和运作等各个方面都将呈现出不同的特点。余伟萍在研究企业发展中提出，企业的成长表现出螺旋式不断上升的过程，不断从低一阶段的成长向高一阶段的成长过渡和跃进。

罗余才和李功网（2009）提出企业生命周期的研究就是要通过一定的措施和途径帮助企业不仅要以最佳的状态进入盛年期，并且要使其盛年期延长，从而延缓企业衰退。罗余才和李功网在其著作中将企业生命周期划分为四个阶段，即创业期、成长期、成熟期和衰退期（蜕变期），并从影响企业生命周期的因素入手来阐述企业成长的阶段性以及各阶段的管理问题，以此为基础提出如何对企业生命周期进行改善。

综上所述，众学者们在对企业生命周期理论和企业生命周期阶段划分的研究上，各自的立足点和研究重点都有所不同，四阶段理论在 20 世纪 90 年代以来占据主导地位。本书基于简化后面研究的目的，将企业生命周期阶段划分为创业期、成长期、成熟期和蜕变期（衰退期）四个阶段。

2. 基于"企业代"的企业成长阶段划分

企业代（enterprise ear）是指同一企业在其全部寿命周期内所经历的各个不同

发展阶段的前后更迭现象（邢建国，2005）。为了更好地描述企业的长期成长趋势以及企业生命周期阶段前后交替的变换，学者引入企业代的概念来对企业可持续性发展进行深入的研究。

邢建国（2005）认为，"企业代"是指以企业资产规模、企业结构等方面的变动为衡量的基准，描述一个企业在其成长的全部生命周期内，呈现出的成长阶段的前后更迭变换的过程。其成长阶段的划分不以经历的长短为标准，只以企业成长的本质情况为准绳。根据"企业代"的思想，邢建国提出的"代内成长"是指企业在其生命周期（创业期、成长期、成熟期、衰退期或蜕变期）的某一特定成长阶段内的资产变动；而"代际成长"是指企业生命周期的前后两个相邻的成长阶段之间过渡时期的资产变动。企业则通过"代内成长"与"代际成长"两种不同的成长类型的交替变换实现企业可持续性发展。

肖智润（2005）提出实现"代内成长"和"代际成长"是企业可持续性发展的关键。他提出的动态核心能力演进模型中提到构建企业动态核心能力是促进企业这两种成长类型前后更迭的关键途径。因此，探讨企业动态核心能力的构建问题可以推动企业的可持续性发展。

郭骁和夏洪胜（2007）引入了自组织理论来研究企业代际路径可持续发展的研究机理。他们以企业代际可持续发展为研究对象，结合自组织理论从生物进化论的角度，分析了企业代际路径的组织及其自组织特性，说明企业实现代际飞跃的必要性。

汤鸿等（2009）明确给出了代内成长和代际成长的含义。"代内成长"是企业在竞争环境、经营理念与战略变化不明显的状态下，资产量变为主导的由小到大的变化过程，在外界市场竞争中，优势主要体现在企业间的横向比较；"代际成长"则是企业在不同成长阶段间跨越的进程中，在竞争环境、战略与经营理念呈现出重大变化的情况下，资产是质变为主导的由弱到强的跳跃式过程，因此其他企业的竞争优势体现在"纵向"演进。因此，企业进行资源、管理及技术创新要强调三者的协同，才能跨越代际陷阱，实现企业可持续性发展。

基于生命周期理论和"企业代"思想对企业成长阶段进行划分，得出企业在其生命周期的创业期、成长期、成熟期内，都可以再划分为代内成长和代际成长。企业在代内成长和代际成长的不断交替中，实现由创业期向成长期，进而向成熟期和蜕变期过渡，实现企业的可持续性发展。

2.2.4　企业能力

在潘罗斯（1959）基于资源的视角来研究企业成长的分析框架中，就已经提及了企业能力的重要作用，这也是现代经济学对企业能力研究的一个开端。潘罗斯指出企业成长的动力源于立足于企业资源基础上的企业能力。1972 年经济学家理查德森对企业能力提出了明确的界定,认为企业能力作为企业一切活动的基础,不断地反映了知识、经历以及技能的积累。此后企业能力理论得到了进一步的发展。80年代以后,企业能力理论分成了资源基础论(Wernerfelt,1984)和核心能力论两大流派,90 年代形成了动态能力论和知识论两大流派。本书将对企业核心能力和动态能力两个方面理论进行归纳总结。

1. 核心能力的研究

企业核心能力是由普拉哈拉德和哈默(Prahalad and Hamel,1990)在《企业核心能力》一文中提出的。他们认为企业获得竞争优势不单单只是依靠企业资源,还取决于企业积累的知识、技术和技能以及它们之间的有机组合。Javidan(1998)认为能力具有一个逐层提升的演进逻辑,即核心能力是由资源、资源能力、竞争力逐层提升得到的。

国内学者严基河(1997)认为核心能力是企业竞争力的基础。企业在核心能力的培养过程中构成了企业资产和知识的相互作用的一个互补体系。企业由持续的技术创新来获得企业竞争优势的关键在于培养和促进企业核心能力发展。由此可见,企业竞争优势的获得是以企业核心能力为基础的。

芮明杰和潘可军(1999)提出核心能力又称为核心专长,是指企业长期在一定的领域进行管理或工作而积累的知识,使得企业拥有一组技术或技能,从而形成的企业核心能力。芮明杰的观点中提出,企业核心能力的获得是以技术或技能为基础的。企业长期致力于一定领域的发展,在此领域中知识和技能的积累明显高于其他企业,由此获得的才是有助于企业在竞争中获胜的核心能力。

万迪肪等(2000)对于核心能力的理解更加深入,他们认为核心能力是指企业在特定的经营环境中,通过融合多方面技能、互补性资产以及运行机制来组成竞争能力和竞争优势的基础。此时学者们关于核心能力的认识已不再局限于强调知识、技能等单方面的作用,他们指出企业核心能力不仅在企业运行机制、关键技术、关键设备等方面优于竞争对手,而且在于这些方面的融合达成的共同竞争优势。此处的融合具体是指不同管理系统、技术体系及技能的有机组合,是构成识别以及提供竞争优势的知识体系。

邹国庆和徐庆仑(2005)引入文化和制度来研究企业核心能力。由此将核心能力定义为企业在技术、文化、组织管理和制度支持下,对知识和技能的协同性整合能力。企业核心能力是在长期过程中形成的,通过不断学习积累得出的运用各种不同的资源和能力的本领,是企业获得竞争力的源泉。

王江(2010)从企业隐性知识的视角来对企业核心能力进行研究。他认为,企业所拥有的显性知识是容易复制和模仿的,所以很容易被竞争对手获得,因此其不能成为企业的核心能力为企业带来持续竞争优势。但是企业的隐性知识由于其稀缺性及不可复制性，很难流出企业，就很容易为企业获得持续的竞争优势。

综上所述，可以得出学者们对企业核心能力的研究主要倾向于以下两种：一种是从企业核心能力的构成来界定其含义，认为其是指企业的研发能力、营销能力和制造能力等。另一种是从企业的隐性知识入手，认为企业只有获得了竞争对手无法模拟和复制的隐性知识，才是获得核心能力并达到持续优势的根本。这两方面的研究共同揭示了企业核心能力的内在，并表明了企业核心能力如何帮助企业获得竞争优势。

2. 动态能力的研究

在对于企业核心能力的研究上，学者们逐渐发现，企业核心能力大多是在一定的环境中形成的。但是企业内外部环境是复杂并不断的动态变化的，因此在一定时期形成的核心能力在变化了的环境下，又能由推动企业成长的动力转化为阻碍企业成长的阻力。基于此，Teece 和 Pisano（1994）提出了动态能力的概念，定义其为改变能力的能力。Teece 等（1997）在对企业动态能力研究的基础上，提出了著名的动态能力研究框架。在此研究框架中把企业的动态能力概括为 3 个维度，即过程、位势和路径。他强调在应对外界不可预测的、快速变化的动态环境下，企业通过整合、建构并重新构造等方式对组织内外的能力进行变换，由此来维持企业。在此之后，快速整合资源来应对动态环境的动态能力理论研究成为理论界研究的又一个焦点，学者们由此展开了企业动态能力理论的深入研究。

Zollo 和 Winter（2002）则强调动态能力是在一种集体行动行为下得出的学习性的稳定模式。组织就是通过利用这种模式来系统性地产生并修正组织内部长期产生的运营惯例，以此来达到追求更高效益的目的。Helfat 和 Peteraf（2003）对于动态能力是一种特殊惯例的说法比较认同，他们由此强调动态能力本身不是一种能力。组织是通过这种特殊惯例来进行学习、变动和适应等，最终达到能力不断动态演进的目的。

Wang 和 Ahmed（2007）则从重构的角度对动态能力进行阐述。他们认为动态能力是以变化的环境作为行为向导，在企业内部不断地进行资源和能力的整合、重新配置、更新和再造，以此来实现对企业核心能力的升级和重构。

我国学者董俊武等（2004）在其研究中提到企业在不断地追寻新知识的过程，就是其对企业能力不断改善的过程，最终的结果是建立一套新的知识结构来实现企业能力的重构。其中组织知识和动态能力的演变是通过四个阶段循环进行的，即产生变异、内部选择、传播和保持。

　　李大元等（2009）在对国外学者的研究进行综合分析的基础上，立足于整合的资源基础观、企业行为理论和演化经济学的视角，提出企业动态能力是为了适应创造性变化的环境有目的地对自身资源、管理和过程进行创作或改变的模式化能力。

　　罗珉和刘永俊（2009）在对企业动态能力构成的四个维度进行了定义，这四个维度是指市场导向的感知能力、组织学习的吸收能力、社会网络的关系能力和沟通协调的整合能力。通过对企业动态能力四个维度的分析得出提升企业动态能力的重点，从而得出企业通过动态能力来协调企业核心能力，最终获得企业竞争力。

　　潘安成和邹媛春（2010）提出企业核心能力作用力的衰退一方面是由于环境的动态变化，另一方面在于竞争对手行为的改变以及新技术的产生，由此以来企业核心能力的刚性越发地凸显。更新企业原有核心能力的过程就是企业在消除与新环境不适合知识的同时不断吸收新知识，逐渐形成新的核心能力的过程。由此可见，此时对企业动态能力的描述与界定较以前的研究有了更全面的提升与改善，更接近企业动态能力的本质。

　　在现有对动态能力内涵研究的基础上，本书认为，动态能力是一种通过对核心能力进行更新以实现企业适应环境动态变化获取竞争优势的模式化活动。动态能力首先是一种企业为了实现适应环境变化进行的有目的的活动，通过对企业现有能力进行调整形成适应环境的新能力，以获取竞争优势实现企业经营战略，这种对核心能力的改变活动不是偶然出现的，而是形成既定模式的规律化活动。因此，本书力求构建的能力系统是以企业不同的生命周期阶段和不同的成长类型作为基础的，结合企业能力对企业成长因素创新的实际作用，得出企业能力重构以及企业能力策略，对企业可持续性发展起到了进一步的推动作用。

2.3　企业成长扩散机制研究

2.3.1　扩散模式

1. 扩散的界定

　　在国内外的文献中，"扩散"（dispersal）一词均有不少同义词或近义词出现。在中文文献中，"扩散"一词则根据不同生物类群也有不同的术语，即迁飞或扩散（昆虫）、洄游（鱼类和其他水生生物）、迁徙或扩散（鸟类和兽类）、传播或扩散（也称散布，植物种子或果实）、传播或蔓延或流行（疾病、微生物）和流行或迁移（人口）等（肖治术和张知彬，2004）；在英文文献中，以"dispersal"出现的频次最高，其他替代"dispersal"的词有"dispersion"（主要指扩散的结果，即生物的散布状态）、"dissemination"、"migration"等。

扩散的最早研究可追溯到 20 世纪初，1903 年，法国的社会学家和社会心理学家 Gaariel Tarde 出版了扩散的代表作 *The Laws of Imitation*，这里的 Imitation 就是现在的 dispersal。20 年代，出现了一批英国和德国扩散学家，他们从人类学角度研究扩散，是传统学派的开拓者。此后，研究者又从不同角度展开对扩散的研究，本书主要从五个学科方面对其进行界定。生物学中，扩散是指某一生物个体从一个地方向另一个地方的旅行或运动（肖治术和张知彬，2006），各种生物都能通过主动扩散或被动扩散的方式扩大栖居范围，以便获得更多资源；化学中，扩散是指一种物质的分子从高密度区域向低密度区域转移，最终使密度趋于一致、均匀分布的现象；物理学中，扩散是指物质内质点运动的基本方式，当温度高于绝对零度时，任何物系内的质点都在做热运动；在医学中，最为典型的就是病毒扩散，指病毒不仅在原发部位继续生长、蔓延而且还可以通过多种途径扩散至身体其他部位；在传播学中，美国著名的传播理论学家 Roger（罗杰斯，2002）在其著作《创新的扩散》一书中界定了扩散，他认为扩散是创新通过一段时间，经由特定渠道，在某一社会团体的成员中传播的过程，它是特殊类型的传播，所传播的信息与新观念有关，而观念之新奇赋予扩散一种特质。同时，它也是一种社会变化，可以被定义为社会系统的结构和功能发生变化的过程，它既包含了自发的传播，又包含了自觉的传播。

曼斯菲尔德（Mansfield，1961）视扩散为一个模仿学习过程，在很大程度上由创新扩散的采纳者决定，潜在采纳者受到的影响越大，其采用创新技术的可能性就越大。梅特卡夫（Metcalfe，1981）觉得扩散是一个选择的过程，既包括顾客对企业产品的选择，也包括企业对于各种不同层次技术的选择，通过这些相互作用的选择过程，创新技术不断得到改进并广泛应用。Fisher 和 Pry（1971）认为扩散更多表现为老技术（老产品）被新技术（新产品）替代的过程，扩散的速度由这两种技术（产品）竞争的结果决定。Reinganum（1981）认为创新者与采纳者的博弈过程就是扩散，垄断博弈均衡的扩散会导致潜在使用者在不同时间段运用创新技术，进而得到一条扩散曲线。

根据扩散内容不同，可以将科技型中小企业可持续性发展扩散划分为技术扩散、管理扩散和文化扩散。

（1）技术扩散。科技型中小企业与其他企业的区别在于人才和研发投资的力度，其主要表现在科技型企业所独特的技术优势这一特点。技术扩散是科技型企业通过一些方式将其技术向其他企业扩散出去，如利用其工艺、人才、产品和专利等向外流动，接受并利用扩散出去的技术的企业也将会在人力、工艺、技术等方面发生变化，进而可以优化企业的资源配置，提高企业创造经济的能力，提高整个社会的经济效益（王春法，2004）。另外技术扩散也改变了社会的生产和交换，提高了经济效率，也增加了整个社会的经济产出。

（2）管理扩散。科技型企业的技术优势是由先进的管理方式发挥出来的，二者相互对应。管理扩散的发生通过一些方式进行，如人员的流动，可以将该企业先进的管理方式带到其他企业；通过对具有先进管理方式的企业进行考察参观，从而学习其中的管理方式和理念，将其运用到自己的企业中。通过这些方式将好的管理方式和理念运用到本企业，可以改善自身的管理，使自身的资源配置更加合理，最终提高企业创造经济效益的能力。

（3）文化扩散。具备先进文化的科技型企业通过对其他企业的文化渲染，使其他企业感受到先进文化的重要性，促使这些企业对自身的企业文化进行改变，利用文化带动经济效益，从而提高企业的生产效益和创造经济效益的能力（左萍，2008），如格兰仕为了推广微波炉市场的发展，与中央电视台共同提出"微波美食"的口号，使微波炉"简单、快捷、健康"的烹调文化被更多人认同，并使其在中国市场迅速发展和壮大。

综上所述，我们认为企业扩散是在保持企业主体不变的情况下，将企业的具体运营组织机构（采购、生产、销售和管理机构）进行分设，在地区和空间上进行重新分布，科技型中小企业可持续性发展扩散是指科技型企业自愿或者不自愿地将其技术、管理、文化等优势通过各种渠道传播向其他企业乃至整个社会，并在这些企业和社会中产生良好的经济效益或社会效益，从而提高整个社会经济产出的过程。

2. 企业成长模式的内容

国内外关于企业成长模式方面的研究有很多，尤其是在 20 世纪 90 年代互联网兴起以后，"成长模式"成为企业界的时髦术语，其内涵也逐步扩大到企业管理领域。

企业成长模式理论最早可以追溯到斯密 1776 年出版的《国富论》。他第一次系统阐述了劳动分工是如何促进劳动生产率并进而影响经济成长的。马歇尔在其《经济学原理》中指出企业要想获得成长，既要处理好企业的内部经济问题，也要处理好企业外部的经济问题。但是，在新古典的理论中，对于企业成长的研究侧重于企业外部市场结构的研究，探讨在这些不同的市场结构条件下，企业如何实现利润的最大化。注重的是企业利润和销售规模的变化，而对于企业内部的结构则没有予以关注（钟幼茶，2007）。

尹义省（1999）认为企业成长模式，主要包括基于经营结构发展的成长模式、基于组织结构发展的成长模式、基于空间结构发展的成长模式及基于技术结构发展的成长模式。

Bates（2001）提出了基于企业经营结构发展的三种企业成长模式，即以扩大某一产品产量为特征的规模型成长、以在新的产业从事新的业务为特征的多角化成长以及以购买上游或下游企业扩展生产链为特征的纵向成长。基于组织结构发展的企业成长模式主要是研究企业市场份额增长、雇员人数增加等原因导致的以企业分散和裂解为特征的分散化成长模式和集团化成长模式；因为企业成长涉及地域变动而生成空间结构发展的成长模式，从而形成区域性企业。上面提出的基于经营结构发展的成长模式、基于组织结构发展的成长模式对于解决大型企业的成长可能关系更大，中小企业的成长由于其规模，资本以及其他条件的限制，对于这些模式可能还不能很好地运用（徐红，2009）。

单文和韩福荣（2002）在继承前述几位学者对企业生命周期理论的研究后，重新重视了爱迪思在生命周期模型中所提出的灵活性和可控性两个因素，并加入了企业规模这个维度，构成了一个三维企业成长模型，并就企业的应变程度、可控程度和规模之间的定量关系进行量化研究，在对三维企业模型量化研究的基础上，发现了两种成长模式：一种是成功企业的成长模式——常春藤模式，另一种是流星式模式。

周三多和周建（2002）的专业化—多元化—归核化成长模式。周三多将杨杜二维成长模型中企业成长的过程总结为：单一产品—主导产品—多元化经营的过程，并分析了张格林三维企业成长模型中企业规模、事业结构与竞争能力三者的关系之后，结合美国学者马基兹（Markides，1995）的归核化理论，认为企业的成长过程遵循专业化—多元化—归核化的路径。

3. 企业扩散的基本模式

企业扩散的模式有很多，本书依据企业扩散方式及特点，将其归纳为以下三种主要类型，即复制扩散、衍生扩散和裂变扩散。

1）复制扩散

复制扩散要求企业必须做到既要"形复制"，更要"神复制"。"形复制"是表面的浅层次的复制，比较容易学习和复制；而"神复制"则是本质上深层次的复制，需要企业认真、刻苦地学习与体会。采用复制扩散方式来扩大企业规模，促进企业发展的企业类型更多是零售型企业，该类型企业有着自己的核心竞争力，在一定时期内、一定条件下通过复制扩散，即企业凭借统一的技术、品牌商标、店貌、标准、服务、管理等进行核心技术的同一产品和类似产品的快速蔓延扩散，同时企业利用自身的核心竞争力作为手段扩散同一产品和类似产品，利用现代信息技术对核心技术的同一产品和类似产品进行复制控制，提升企业的整体价值和市场影响力。例如，如果某个企业存在一些创收资产10亿元的产品，那么资产100亿元、1 000 亿元等的大企业也可以存在，因为后者至少可以复制出 10 个、100 个乃至 1 000 个类似产品满足不同客户的需求，扩大自己产品的市场占有率（李陈华和文启湘，2004）。

2）衍生扩散

衍生的概念趋同于裂变扩散，但是更类似于物理学中的"裂变"的概念，即原子核"裂变"成两个或多个其他元素的原子核，也就是重原子核通过核反应分裂成两个或几个中等质量的原子核，并同时释放出大量的中子和能量的过程（郑健壮和吴晓波，2004）。

因此，衍生扩散是企业发展到一定的阶段，并在规模、技术、生产、装备、资金、品牌、管理、赢利能力和企业文化等核心竞争力的各要素具备以后，根据自己所面临的竞争形势、市场变化，为达到一定的发展目标所采取的一种快速发展方式，即通过资产重组、制度创新、技术创新、文化导向、管理克隆等方法进行衍生扩散，最终形成以母公司原有品牌为核心，多个下支机构与母体组织存在某种形式的联系，从而快速发展成为一家大型公司。

3）裂变扩散

对于裂变扩散一词，Carayannis 等（1998）认为，裂变扩散就是指从母组织将技术进行转移并使之商业化，且创立新的公司，能够增加就业率和创造财富。这种观点将裂变扩散的范围限定于技术方面的扩散。此后也有学者根据实际情况，对其进行更进一步的研究，李永刚（2002）将"spin-off"翻译成裂变，认为裂变是指小企业的管理技术骨干从原来企业辞职，开办一个与原来企业技术产品市场类型基本上相同的新企业，运用原来公司学到的管理、市场信息、知识和技术。这样将裂变扩散突破局限于技术方面的扩散，将裂变扩散的范围加大。还有其他学者对裂变扩散型企业进行研究，但在具体内容指向上都存在着不同的理解。从最广泛的意义上讲，一些学者认为，只要新创企业与另外一个企业存在某种联系，就应被理解为裂变企业，另外一些学者则将其严格限定为母体企业有计划设立的新企业（Klepper，2001）。

因此，裂变扩散可以概述为公司内部管理技术骨干人员在原来母公司内搞出技术发明或者有这方面的技术基础，脱离母公司为新技术的发展开辟新的道路而创建自己独立的新公司，并将新研发的技术产品通过市场或非市场渠道在使用者和潜在使用者之间进行传播、推广和应用，因而与母体企业一般不存在有机的资源与能力协作，与母体企业也不存在必然的股权联系。

2.3.2　公司创业

20 世纪 80 年代末以来，伴随经济全球化以及技术更新的不断加速，市场竞争程度日益增强，产品和企业生命周期逐步缩短，对于现有企业（established corporate）而言，原有的商业模式受到严峻的挑战，而如何保持竞争优势、延长生命周期，实现企业持续成长就成为企业亟待解决的问题。对此，无论是理论界的专家学者还是企业界的管理人士都逐渐认识到在现存企业内实施创业可以作为创造价值和创新的手段，进而提高公司的竞争地位，改变公司的经营现状并实现持续成长。学者们普遍认为持续创新和创业是企业持续成长的重要手段。在这种情况下，已建企业内部的创业问题，开始引起学术界的关注，创业研究逐步从新建公司（start-up）转向已建公司（established company），创业研究的焦点开始从创业者个体转向公司层面，试图了解和认识企业内部的创业活动对于增强公司竞争优势和绩效的过程与机制，由此形成了企业创业理论的一个新的研究领域——公司创业（corporate entrepreneurship，CE）。

1. 公司创业内涵研究

丹尼·米勒（Miller）1983年在《管理科学》杂志上发表的论文首次提出"公司创业就是与产品、市场和技术革新相关的公司活动"。随后，公司创业的概念不断发展演进，出现了许多新的专业术语，如内创业（intrapreneurship），公司业务新拓（corporate venturing）等。表2.1总结了不同时期的学者对公司创业的相关定义（张映红，2006；刘汝翠，2006）。

表 2.1　公司创业的不同概念界定

相关文献	概念名称	界定
Burgelman（1983）	公司创业	公司创业指公司通过内部发展而进行的多元化过程，这种多元化要求新的资源组合，以将公司业务扩展到公司当前能力和机会允许的范围
Ellis（1988）	公司业务新拓	公司业务新拓就是实施与当前业务不相关的、采用一种独立部门结构，实施一种组合全新资源的过程的战略
Jennings 和 Lumpkin（1989）	公司创业	公司创业是指公司在新产品或新市场方面的扩展。如果一个组织开发高于平均水平数量的新产品或新市场，那么这个组织就是创业型组织
Guth 和 Ginsberg（1990）	公司创业	公司创业包括两种类型的现象和过程：①在已建公司中新业务的产生，如内部创新或风险企业；②通过更新、改变关键构想来实现组织转型，如战略更新
Zahra（1993）	公司创业	公司创业是一个组织更新过程，它具有两个区别和相关的维度：创新、建立新企业或新业务和战略更新
Zahra（1995，1996）	公司创业	公司创业是公司创新、更新、冒险努力的总和。创新包括开发新产品、生产流程和组织系统。更新是指通过改变业务范围、竞争方式来激活公司的经营，它也意味着创建或收购新公司的能力、并利用它们来增加股东价值。冒险指公司通过现有或新市场扩张业务而进入新的领域

续表

相关文献	概念名称	界定
Carrier（1996）	内部公司创业	内部公司创业是指为了提高组织盈利能力和促进公司竞争地位，在已建公司内部创造新业务的过程
Covin 和 Miles（1999）	公司创业	公司创业可以看做：① 在现存组织中创建新业务、内部革新或合资联盟；② 通过组织战略转型，即通过资源重组创造新财富
Hisrich 和 Peters（1986），Antoncic 和 Hisrich（2001）	内创业	在已建公司内开展的活动，包括新业务开拓，以及其他的革新活动，诸如开发新产品、新服务、新技术、新管理技能、新战略和新竞争方式

资料来源：根据相关文献整理

通过表 2.1 对公司创业不同角度的描述可以看出公司创业主要包括两个层次，即公司业务新拓和战略更新，公司创业层次结构如图 2.1 所示。

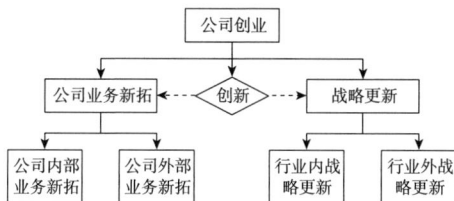

图 2.1 公司创业层次结构

公司业务新拓就是在现有的市场之外开展新的业务，可以通过在公司外部开展，即公司的创业活动是半独立或者完全独立于现存公司控制之外的情况，也可通过内部变革来实现（Thomke et al.，1998），即在现有组织内部实施创业活动。

战略更新就是公司在整体上改变资源配置的方式，以更好地达到和维持公司绩效的过程（Stopford and Baden-Fuller，1994）。这种类型的公司创业是公司基于资源配置方式改变而进行的战略定位、经营理念、竞争模式、业务范围等全方位的改变和创新。战略更新包括行业内部和外部战略更新，行业内部战略更新是指在本行业内部采取新的市场定位和竞争战略，从而获得市场上的相对竞争优势；行业外部战略更新是指跨越本行业而创造一种新的产业组织并制定新的竞争规则的创业战略。

综上所述，关于公司创业的定义虽然尚未统一，但迄今为止，学术界对于公司创业的研究对象已经有了共识，即公司创业是研究已建公司层面的创业活动，关注的焦点是在公司战略中注入创业精神。在本书中，把公司创业定义为：已建企业为了应对市场环境的变化，在企业内部进行的创业活动，它是建立在识别市场机会和资源组合的基础上，以创新和战略变革为核心的组织活动。公司创业活动的目的在于激活企业消逝的活力、提高企业的自主创新能力、增强企业的柔性以及对环境变化的反应速度，提升已建企业的市场竞争力。

2. 公司创业维度研究

回顾以往相关的研究，可以将公司创业划分为以下四个维度，如图 2.2 所示。

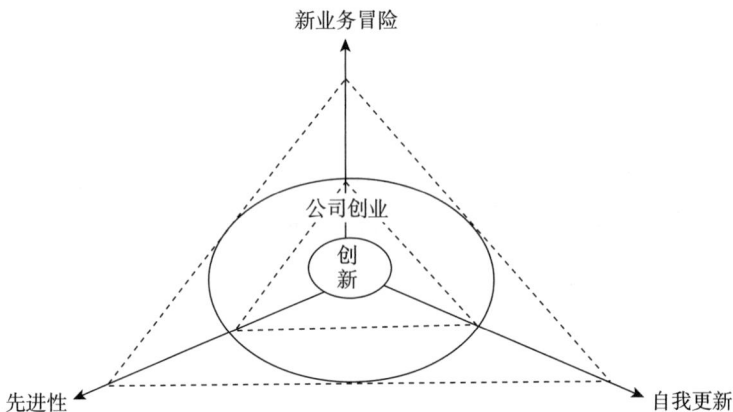

图 2.2　公司创业的维度划分

一是新业务冒险（new business venturing），指寻求和进入与企业当前的产品和市场相关的新业务。Stopford 和 Baden-Fuller（1994）认为，新业务冒险是公司创业最显著的特征，因为它能促使现存企业内产生新的产品和业务。Borthwick 等（1986）认为新业务冒险是指公司以前没有从事过，需要公司获得新的设备、人员或知识来进行的新业务的经营。Zahra（1991）认为新业务冒险意味着公司通过在现有市场或新市场上扩展经营而进入新业务领域。新业务冒险可能出于不同的目的，包括提高公司盈利能力，产生战略变革，鼓励创新以及获取新的知识。

二是创新（innovativeness），指新产品、新服务和新技术的开发与创造。Covin and Miles（1999）认为创新是创业的核心，它涉及将新产品、程序、技术、系统和方法引入公司或市场。所有类型的创业都基于创新，创新是公司创业结构的中心点，而其他创业维度是创新的前因变量、结果变量或相关变量。如果没有创新，即使其他维度存在，也不能称之为创业。Lumpkin 和 Dess（1996）认为创新分为产品创新、市场创新与技术创新。企业的创新活动反映了企业追求新机会的重要手段。

三是自我更新（self-renewal），是指企业在战略层次上进行组织重组与组织变革（Zahra，1991）。Sharma 和 Chrisman（1999）认为自我更新反映的是，组织建立所依据的核心理念的革新造成的组织变化。自我更新包括战略上的变革和组织自身的变革，具体表现为业务概念的重新定义、重组和系统性变革的引入。

四是先进性（progressiveness），是相对于企业竞争对手的角度而言的，是指在与同行业企业的竞争过程中，企业看重并且善于主动预测潜在的市场机遇，并快速采取行动主动对外部环境的变化做出反应从而增强自身的竞争优势。Stopford 和 Baden-Fuller（1994）认为一个行动领先的企业倾向于通过一系列的试验来主动承担风险，寻找新机会，不管这个机会是否在原有事业领域范围内，并且在追求机遇的过程中，它们敢于尝试，并且非常的大胆和激进（Lumpkin and Dess，1996；Covin，1991），具体表现为，公司在关键业务领域往往是市场领导者（leader）而非追随者（follower），总能比竞争者先一步创造新产品或新技术。

3. 公司创业的理论模型

从 20 世纪 80 年代后期公司创业研究热潮兴起到目前为止，公司创业的研究和创业的研究一样都还处在探索阶段，为探索公司创业的内在规律，为更多的企业进行公司创业提供指导，学者们针对公司创业，从不同的角度，提出了许多理论模型。下面将对一些具有代表性的模型进行简单介绍。

1）公司创业与战略管理结合模型

Guth 和 Ginsberg（1990）提出了一个公司创业与战略管理相结合的模型，如图 2.3 所示。该模型论证了公司创业的领域伴随着两种过程——内部冒险（现存组织通过新业务的产生而冒风险）和组织内改变运作的战略更新启动，并且把影响公司创业的因素分为外部环境、组织行为、战略领导者和组织绩效四个方面。其中，外部环境能形成公司创业的外部动力或压力，可以促进或阻碍公司创业行为的发生；战略领导者因素能够影响企业内部创业团队的产生和运作；组织行为因素可以通过对公司创业活动的鼓励或者抑制，在企业内部形成一种特殊的公司创业氛围和组织文化；组织绩效因素则能够形成一种企业创业的内部压力。

2）公司创业行为—绩效模型

Covin 和 Slevin（1990）提出了公司创业行为与绩效关系的模型，如图 2.4 所示。该模型认为行为是公司创业过程中的核心基本要素，并提出了与创业行为有关的五个因素，包括创业态势（entrepreneurial posture）、外部变量、战略变量、内部变量、公司绩效，并且详细描述了它们之间的相互作用关系，阐明了外部变量、内部变量以及战略变量对创业态势作用影响程度的大小，以及它们对公司创业与公司绩效之间的调节作用。

3）公司创业互动模型

Hornsby 等（1993）在对公司创业过程研究的基础上，建立了公司创业的交互模型（interactive model），如图 2.5 所示。该模型最大的特点是强调了公司内部创

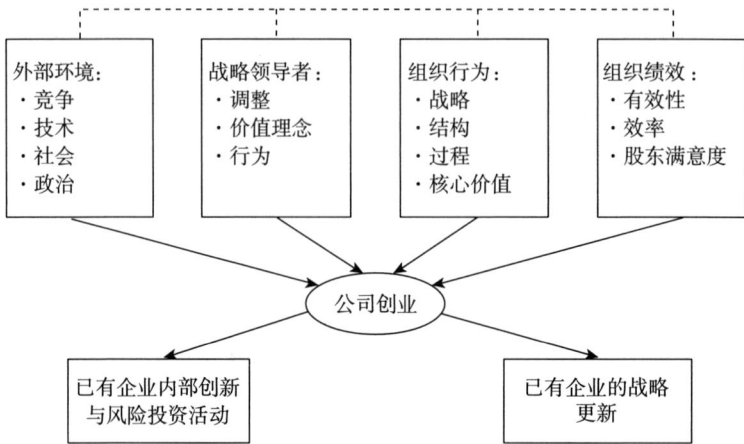

图 2.3　公司创业与战略管理的匹配模型

资料来源：Guth W D，Ginsberg A. Guest editors' introduction：corporate entreprateship. Strategic Management Journal, 1990，11：36-39

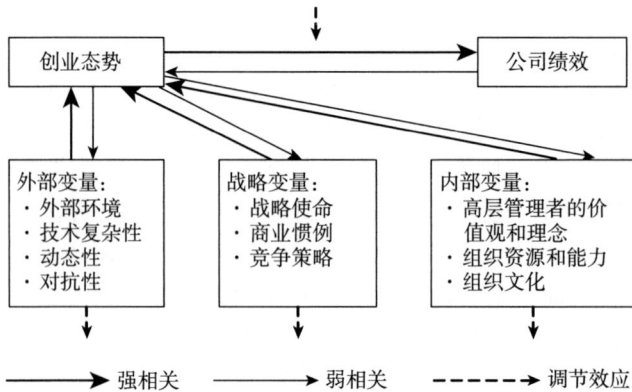

图 2.4　创业行为—绩效模型

资料来源：Covin J G，Slevin D P. A conceptual model of entrepreneurship as firm behavior.Entrepreneurship Theory and Practice，1991，（16）：7-26

业的三大驱动因素——突发事件、组织特征、个体特征以及三者之间的互动关系。该模型指出公司内部创业的过程起始于突发事件（可能是新技术的发展，也可能是公司的一次变革、一次并购等），在组织特征（包括管理支持、自制/自由、激励机制、时间、组织边界）和个体特征（包括冒险倾向、渴望自由、成就的需求、目标导向、内部控制）的共同作用的情况下形成创业行为的决策并制订出可能的商务计划，通过对可获得资源和克服障碍能力的评估，最后确定公司创业活动的实施。

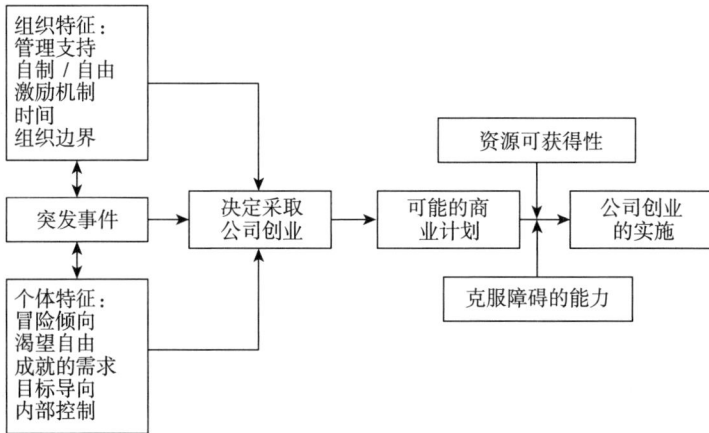

图 2.5　公司创业互动模型

资料来源：Hornsby J S，Naffziger D W，Kuratko D F，et al.An interactive model of the corporate entrepreneurship process.Entrepreneurship：Theory and Practice，1993，17（2）：29-38

4）创业的投入与产出整合模型

莫里斯（Morries）等于 1994 年提出了创业过程分析的整合模型，该模型不仅适用于分析创建独立的新企业，也适用于分析公司内部创业，有助于我们全面理解创业的本质，如图 2.6 所示。整合模型是围绕整个创业过程的投入和产出过程建立的，其基本分析逻辑是：在一定的组织背景下，创业者个人识别环境中的机会，并由此形成独特的商业概念和商业模式，调动创业所需的资源，通过创业过程，投入这些资源，承担适当的风险，产生必要的新产品和新服务，进而达到利润和收益的增长。需要特别指出的是创业强度、创业事件和创业密集度。创业程度在不同行业是不同的，如 IT 行业创业程度会高于一般传统行业。创业过程会消耗无数的时间，如融资、员工招募、新企业设立等。创业事件数量和创业程度合起来构成了创业强度。

4. 公司创业影响因素研究

企业进行公司创业的过程充满了风险，在很多层面都具有不确定性和模糊性（马鸿佳，2009）。只有不断发掘问题并掌握关键要素，才能指导公司创业活动的顺利进行。影响公司创业成功的因素很多，目前由于国内外学者关于公司创业因素的研究针对的问题不同，研究视角不同，得到的关于公司创业的影响因素也不尽相同。

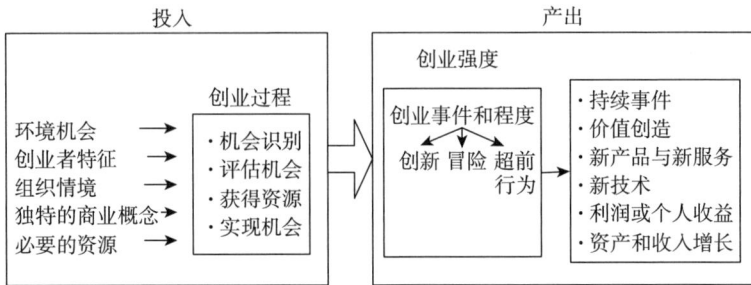

图 2.6　创业过程整合模型

资料来源： Morries M H, Lewis P S, Sexton D L. Reconceptualizing entrepreneurship: an input-output

perspective.SAM Advanced Management Journal, 1994, 59（1）: 21-31

Miller（1983）从外部环境的角度入手，把外部环境分为动荡性（由于各种变化所引起的市场不稳定）、复杂性和敌对性（敌对竞争者的威胁）三个维度进行一系列的研究。他将创业导向划分为风险承担、创新以及领先行动三个维度，并在此基础上开发了量表。通过对 52 家企业的实证研究指出外部环境的动态性和异质性与企业的创业态势和创业强度典型相关，在此基础上进一步研究发现，环境的异质性、动态性和敌对性与风险承担、战略性产品创新以及领先行动之间存在显著的正相关关系。

Keats 和 Hitt（1988）、Antoncic 和 Hisrich（2001）以及 Simsek 等（2008）从外部环境宽裕性对公司创业作用关系入手，认为宽裕的外部环境能够给企业提供更多的创业机会和发展机会，也会使企业拥有更多的冗余资源，因而企业更倾向于进行风险投资、创新以及战略更新等公司创业活动。

R. D. Russell 和 C. J. Russell（1992）、Zahra 等（2001）、Simsek 等（2007，2008）等从外部环境复杂性与创业机会获得的相互关系入手，认为创业型企业会在复杂的环境中主动搜寻和利用机会，因而从事更多的创业活动；而保守型企业为了适应复杂的环境，也不得不开展创新和创业活动。因此，无论是对于创业型企业还是保守型企业来说，环境复杂性都与公司创业活动呈显著的正相关关系。

Shane 和 Venkataranian（2000）从公司创业机会的角度入手，认为如何发现和开发创业机会是企业进行公司创业的重要前因变量，机会是创业研究中的核心问题，他指出真正的创业过程开始于商业机会的发现，创业则是围绕着机会的识别、开发和利用的一系列过程。

国内学者唐靖和姜彦福（2008）也肯定了创业机会对整个公司创业活动的重要性，指出了创业机会的识别和利用对公司创业的决定作用，他们根据文献研究构建了创业环境—机会识别—创业决策模型，指出在不同的创业环境中，创业者应当采用不同的创业机会认知和决策行为模式。

Simsek 等（2008）也从公司创业机会的角度出发，指出企业对机会的警觉性（information alertness），即企业感应市场环境、政策环境和技术环境变化的能力，以及处理和利用有价值的商业机会的能力是公司创业活动的重要前因变量，内企业家对竞争环境的感知是公司创业的重要影响因素，而其可自由支配的组织冗余资源则是外部环境影响公司创业的中介变量，并且该观点也在 Simsek 等人此后的实证研究中得到了证实。

Fry（1987）、Kanter（1988）以及 Hisrich 和 Peters（1986）从公司创业资源的角度出发，认为资源的可获得性是企业实施公司创业的关键组织特征。Kuratko 等（1990）也通过实证验证了资源的获得在公司创业过程中的重要性。此外，Wiklund 和 ShePherd（2003）的研究还指出，当企业拥有的重要资源越多，内部创业团队成员越富有创业精神时，公司创业更能达到正向的提升效果。

Hayton（2005）也从创业资源的角度出发，基于资源基础观提出了一个三维度智力资本框架，该框架是由知识产权、人力资本以及声誉资本三部分构成。该研究表明高科技企业所处的行业环境、技术环境以及其自身所拥有的特征，会为其带来丰富的资源种类，企业可以利用这些独特的资源优势来降低风险、提高创新和风险投资回报，进而促进公司创业活动的开展。Hayton 以 237 家在 1994~1998 年完成首次公开募股（initial public offerings，IPO）的美国高科技企业为样本的一项研究显示，公司创业团队的人力资本多样性和组织声誉对公司创业具有显著的正面影响。

Yiu 和 Lau（2008）从企业社会网络资源的角度出发，运用企业间网络理论分析了企业政治资源、社会资源和声誉资源等因素对公司创业的影响。研究中明确指出企业应当重视社会网络关系，建立自己的政治资源、声誉资源以及社会资源，以便为公司创业活动构建良好的外部环境。

唐铭聪（1992）通过对社会网络的相关研究指出，企业社会网络资源有利于提升创业导向和市场导向。刘常勇（2006）也认为社会网络是创业者获得信息和资源的重要渠道，指出社会网络在创业研究模式中可以作为自变量探讨网络如何影响创业过程。

Srivastava 和 Lee（2005）从公司创业团队的角度出发，指出企业的创新和冒险行为在很大程度上取决于公司创业团队，并且考察了公司创业团队的规模、异质性和成员专业技能对企业开发新产品行为的影响，结果表明适度的团队规模加上团队成员技能的互补对新产品的开发生产和销售都具有正面的影响。

Ginsberg 和 Hay（1994）以及 Pearce 等（1997）也基于公司创业团队的角度，提出创业团队中的核心领导者在公司创业过程中起着十分重要的作用，其作为信息流的推动力，在组织中起着上传下达的作用，是高层管理者与公司创业成员之间信息沟通的桥梁，创业团队中核心领导者的存在将组织协调公司创业行为。

　　Miller（1983）从组织中权利释放程度的角度出发，指出一定程度的权利释放反而有助于各个层级的员工提出富有创意的想法，开展创新和创业活动。因此，赋予一定程度的工作自主权会对公司创业活动产生正面影响。

　　Pinchot（1986）从公司创业组织氛围角度出发，指出公司创业需要一个宽松的内部组织环境，当企业具备一个支持公司创业的组织氛围时，再利用其拥有的资源加以支持，就能大大提高公司创业成功的可能性。Hornsby 等（2002）也认为从企业的组织文化和氛围角度来考察公司创业的影响因素是非常有必要的。为此，这几位学者开展了一系列研究，从组织内部环境的角度提出促进公司创业成功的 5 项因素，包括管理层的支持、合理报酬奖励、创业资源的提供、工作自主权以及鼓励员工创新冒险的组织文化。Hornsby 等还在 2008 年对美国各企业的 523 名管理人员进行实证研究，得出这五项因素对提升公司创业行为和促进公司创业的成功有着显著的正面影响。

　　Song 和 Parry（1997）为了找出公司创业的促进因素，进行了相关的实证研究，通过对日本众多高新技术企业 4 年内新产品开发的跟踪研究，发现高新技术企业新产品开发成功与否与信息共享、企业的营销与技术资源、技术能力、新产品开发的效率和经验以及市场环境状况等因素正相关。

　　Hayton（2004）从人力资源管理实践的角度出发进行的相关研究发现，在高新技术行业，激励薪酬、员工参与、倡导员工建议等自主性人力资源实践，会诱发员工的承诺、合作、知识共享以及角色外行为，并进一步提升公司创业行为。

　　国内学者薛红志和张玉利（2003）从管理层的角度分析了管理层的支持在公司创业中的重要作用，并指出企业的高层管理人员应将重心放到公司创业上，积极营造支持公司创业的良好氛围，时刻树立公司的价值观。

　　何志聪和王重鸣（2005）认为高层管理者应当有目的地测试员工的个性特质，并赋予其更多的创新机会，如风险取向、内部控制源、成就动机、自主取向等，通过这种方式可以大大提高公司创业的成功性。

　　刘汝萃和金洁（2007）从战略层面的角度出发，指出公司创业是组织的一种战略选择，导致这种选择的动因和推动力量可概括为三种，即外部环境的影响、内创业家的推动以及合适的组织环境。

　　林嵩和冯婷（2009）指出，公司创业能否顺利推行，一个重要的因素就是战略领导者的能力。公司的战略领导者是公司战略规划的主体，也是创业团队组建的领导人，他们是战略的制定者、领导者、组织者和控制者。在公司创业战略推行过程中，优秀的战略领导者不仅能够维持更高的员工凝聚力和协同力、激发更强的员工创造力，同时也能够带领创业团队及时发现潜在的公司创业机会，通过整合企业内外部的资源，实现在新领域上的突破。

　　曹珺艳（2006）通过对全国 309 家科技型中小企业进行的实证研究，归纳出影响科技型中小企业内部创业的五大影响因素,分别是管理者素质、社会网络的应用能力、员工的技能、R&D(research and development,即研究与开发)能力以及质量管理体系。

本书根据国内外大量关于公司创业影响因素的文献研究以及现有的公司创业模型,将公司创业的影响因素归纳为外部环境、机会摄取、创业资源、创业团队及组织氛围,并将这五方面的影响因素作为问卷调查的内容。外部环境因素包括社会经济技术发展水平、政府部门的政策支持度、外部竞争压力等;机会摄取因素包括感应环境变化的能力、创业机会识别的能力以及充分利用创业机会的能力;创业资源因素包括资金资源、技术资源、人力资源、社会网络资源等;创业团队因素包括团队核心领导人的个人特质、创业团队成员的专业水平、团队成员的异质性和互补性、团队成员的凝聚力等;组织氛围因素包括管理层的支持、员工工作自主权、创业导向的组织文化、合理的报酬奖励等。

2.4　科技型中小企业研究

2.4.1　科技型中小企业的界定

科技型中小企业是指以科技人员为主创办的,主要从事科学研究、技术服务、技术转让、技术咨询、技术开发和进行研制、开发、生产高新技术及其产品和服务的中小规模企业,以科技成果商品化为主要内容,以市场为导向实行自筹资金、自我约束、自负盈亏、自我发展、自主经营、自愿组合的知识密集型经济实体(章仁俊,2002)。通过对技术含量和生产经营规模的分析,综合国家有关部门对科技型中小企业曾做出的定量界定,我国对科技型中小企业的基本界定大致可以总结为表 2.2。

表 2.2　科技型中小企业的基本界定

项目	特征
技术及相关产品	主导产品有较高的技术含量,企业有较高的生产经营管理水平,拥有自主知识产权或无知识产权纠纷
资产规模	5 000 万元以下
职工人数	(1)不超过 500 人 (2)大专以上学历的科技人员占职工总数的比例不低于 30% (3)直接从事研究开发的科技人员占职工总数的 10%以上
研发经费投入	不低于年销售收入的 3%
销售收入	技术产品销售收入和技术性收入两项之和不低于当年总收入的 45%

通过表 2.2 可以对科技型中小企业的主要认定标准如下（章仁俊，2002）：① 科技型中小企业已在所在地工商行政管理机关依法登记注册，具备企业法人资格，具有健全的财务管理制度；② 一般主导产品都有很高的技术含量，生产经营管理水平非常高，拥有自主知识产权或无知识产权纠纷存在；③企业资产规模一般在 5 000 万元以下；④500 人以下的职工人数，占职工总数的比例不低于 30%的大专以上学历的科技人员，直接从事研究开发的科技人员占职工总数的 10%以上；⑤ 研发经费投入不得低于年销售收入的 3%；⑥技术产品销售收入和技术性收入两项之和不低于当年总收入的 45%。

对于科技型中小企业各国都有着不同的叫法。在美国叫"技术密集型企业"（new technology-based firm，NTBF）。在韩国，把研究开发费用占销售额一般在 5%~6%的企业、生产创意型产品和以技术开发为主业的企业统称为"风险企业"（venture business）。在日本，将研究开发费用高于销售额 3%以上的中小企业叫做"风险企业"（孙明华，2006）。本书则将其统称为科技型中小企业或者"small and middle scale scientific enterprise"。

2.4.2　科技型中小企业各成长阶段的特征

企业可持续性发展，它既包括企业规模的增长，也包括企业素质的提高。因此，企业可持续性发展就是一个企业由小到大，由弱到强的动态变化过程（陆立军，2002）。科技型中小企业自然也不例外。结合科技型中小企业其独有的成长规律，可以将该类企业的发展过程划分为不同的阶段。

1983 年，美国的奎因（Robert E. Quinn）和卡梅隆（Kim Cameron）在《组织文化诊断与变革》一文中，按照每一阶段的组织特性和遇到的组织危机将组织的生命周期分为四个阶段，即启动阶段、再收集阶段、制度化阶段和结构化精致阶段（卡梅隆和奎因，2006）。Miller 和 Friesen 在 1984 年提出了五阶段理论，即新生期、成长期、成熟期、复苏期和衰退期（李俊男，2010）。20 世纪 90 年代以来，占据了支配地位的是四阶段理论，这四个阶段具体被命名为起步新生阶段、成长/扩张阶段、成熟/多样化阶段、衰退/复苏阶段。最近的研究一般都将企业生命周期划分为起步、成长、成熟和衰退四个阶段，而且这种阶段的划分模型被普遍接受（巨荣良，2004）。

在国外学者对企业成长阶段划分研究的基础上，我国学者也对其进行了研究。国内最早对企业生命周期进行研究的是陈佳贵（2002）教授，他通过对正常发育型企业进行研究，探讨了企业成长各阶段的主要特征并专门对企业衰退进行研究。他认为企业进入衰退期后有两种前途：衰亡和蜕变（陈佳贵，2002）。此后，李业按照销售额把企业发展分为初生、成长、成熟和衰退四个阶段（魏光兴，2005a）。

周三多和邹统钎按照企业经营战略将企业成长历程总结为专业化、多元化和归核化三个阶段（李进波和丁雨，2010）。

在众多国内外学者对其进行研究的基础上，本书将企业成长划分为初创期、成长期、快速成长期、稳定发展期、蜕变期或衰退期这样五个阶段（魏光兴，2005b）（图2.7）。科技型中小企业通过一段时间的艰苦创业，使科研成果向现实生产力转移的目标实现，在快速成长期开始由小变大、实力逐渐增强，便开始以扩大市场份额为战略目标，形成了规模经济所需要的核心能力（傅远佳，2009）。因此本书将科技型中小企业可持续性发展由小到大的突破界定于企业快速成长阶段，主要介绍科技型中小企业快速成长期的发展特征（米俊和曹利军，2007），总体而言有资源投入、经营风险、成长速度、创新能力、组织协调能力以及集群程度这六个方面（傅梅烂等，2005）。

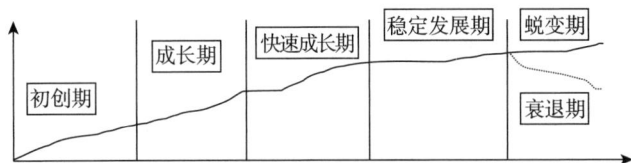

图 2.7 科技型中小企业成长五阶段

第一，资源投入大。在这段时期，与一般的中小型企业相比，科技型中小企业会快速增长以符合当时市场的需要，需要投入的资金比一般中小型企业更多。如果要使一项新的科技成果实现产业化，通常都要经过研发、试点和产业化这三个阶段（刘静，2008）。传统企业的生产经营活动与以上所述的经营活动有所不同，这些经营活动在企业发展到一定阶段后，企业需要根据自己的发展需要投入大量的人力资源。一般情况下，研发、试点和产业化它们需要投入的比例为 1∶10∶100。从投入项目上分析，科技型中小企业的投入主要集中于技术研发和智力资本，一般来说，这种投入水平和投入力度要比一般中小型企业高。另外，伴随着迅速发展的科学技术，日趋成熟的生产工艺，科技型中小企业用来更新设备的费用也较大，而且更新的频率也越来越高（方琳瑜，2010）。

第二，经营风险大。科技型中小企业进入快速成长期后，仍然面临着财务、管理、技术、市场、环境等方面存在着很多不确定性。在美国，科技型中小企业的成功率只有15%~20%，80%以上的企业会受挫，某些项目的成功率甚至低于3%（徐明亮，2009）。由于高科技产品具有高度的时效性和升级较快等特点，在竞争日趋激烈的市场环境中，即使是成功的高科技企业，在一项产品上，能保持5年以上兴旺期的也只占30%。根据许多研究者对美国中小企业的研究，在所有的科技型中小企业中，在第一个5年内倒闭的约有68%的企业，可生存6~10年的约有19%的企业，仅有 20%~30%的企业仍在发展（何峥和陈德棉，2004）。同时由于科技进步速度的加快，科技型中小企业受到的影响超过了一般的中小型企业，上面所描述的风险，科技型中小企业受到的影响比一般的中小型企业要多很多。企业可以将单一经营优势转换为综合经营优势，从而增强抵抗风险的能力。

第三，成长速度快。科技型产品如果在市场上获得了成功，主要是因为具有知识产权保护、技术诀窍、技术领先、特许经营等特点。这些企业将会有独特的市场优势，其产品和服务的附加值较高，企业就会得到更快速的发展（孙兰和冯超，2012）。另外为了更多地获取技术垄断资金以及尽快地收回在科技研发过程中所花费的资金，就必须更快地开拓市场，以规模优势和现金流量的增加用以避免可能会随时出现的"夭折"风险。而超高速成长一旦实现不了的话，就可能随时失去其本来所具有的技术优势，甚至会给自己的财务带来巨大的压力。

第四，创新能力强。科技型中小企业成长的决定因素是其所具备的技术和创新能力。如果企业没有技术或者是技术创新能力较低，就说明它无法在竞争的环境下生存，也必将慢慢衰落直至消亡（黄志民和郭海燕，2003）。这一阶段企业主要围绕两个方面展开：一是合理配置和利用人才、技术和资本等各种资源要素，扩大规模，降低成本，迅速占领市场，增强竞争力；二是保持活跃的技术创新能力，加强科技型中小企业高技术产品（服务）或工艺的研究开发优势。前者涉及企业经营管理的各方面的问题，与之相应的企业创新主要表现为管理创新和市场创新。其中管理创新是核心，因为在这一阶段，吸引各方面的优秀人才投身企业成了关键。后者要求企业具备较强的技术创新能力，围绕企业的经营主业，从战略上、整体上安排和实施技术创新，并且创新活动具有明确的目标指向和价值取向。科技型中小企业是企业群体中重要的组成部分，因为它们的创新能力是最强的，是科技创新的主流。它们能够将已研发的科技利用到生产中带动经济效益，能够用科学技术顶替落后的劳动密集型生产模式，不断提高生产效率，进而不断提高企业的经济效益。科技型中小企业发展的特点，就是在技术上保持领先水平，这就意味着科技型中小企业不会只依赖一种产品或者一项技术，只有不断地在技术上进行研发或改进，才会在市场上生产和发展并且壮大。所以，有创新才能保证科技型中小企业永葆活力。

第五，组织协调能力灵活。科技型中小企业在规模上的特征为，其在适应进行内部沟通、外部支持创新活动、外部环境以及制度与文化建设方面具有较为明显的组织优势（毕克新等，2010）。科技型中小企业因为规模小这一因素，在市场竞争的压力下具有发展的内在动力，而且灵活性强，一旦发现发展方向不对，其转产比大中型企业容易。在这一阶段，科技型中小企业为了能够保证其有效地运用内部非正式交流网络传递信息，一般都采用相对灵活且富有弹性的组织结构，这相对于一些大型企业来说，更便于营销人员、管理人员、技术人员之间进行正式或非正式的交流，更有利于技术知识共享（吴伟，2012）。

第六，集群程度高。集群是在高新技术领域内相互关联的企业与机构在一定的地域内集聚，形成上、中、下游结构（从原材料供应到销售渠道甚至最终用户）完整、外围支持产业体系健全、充满创新活力的有机体系（张尹聪，2006）。知识密集程度更高、信息变化更快、技术更加未定型的产业，产业集群效应更加明显。对于科技型中小企业进行的技术创新，技术依赖性极强：第一，技术是相互依存的，需要通畅的信息交流渠道；第二，技术之间的竞争是一个正反馈的，它可以促进技术间的相互模仿和学习，这就有利于技术进步（刘东辉，2006）。因此，科技型中小企业存在着相互吸引，更容易形成集群现象。

2.4.3　科技型中小企业发展影响因素

美国加州大学的 Saxenian（1994）教授，对美国加州硅谷科技型中小企业进行了独到而深入的研究，发现产业集群对科技型中小企业的发展存在重大影响作用，而企业间的合作文化则是推动产业集群的关键。斯坦福大学的 Gilson（1999）同样对硅谷和 128 公路的成功和失败的原因进行了考察。其在了解到新经济地理学关于企业间作为聚集经济体进行知识转移的观点之后，提出了自己的看法，即认为员工流动在企业间的知识流动上起关键作用。Engel 和 Fier（2000）进一步检验了高新技术初创企业主要建立在科技发展和基础设施条件良好的地区这一论断。其研究评价结果证实了在高等教育机构林立且特殊人力资本不断涌现的地区建立企业，比在具有公共融资机构的地区建立企业更重要的假设。并发现，高新技术初创企业集中于邻近技术机构的区域内。

吴添祖等（2000）对不同国家和地区的科技型企业的发展进行了实证研究，认为企业主体、融资战略和政府行为是影响企业发展的主要因素。许庆瑞（2000）分别对美国、北京、上海和深圳等地的专家学者和高新技术产业界人士进行访谈和问卷调查，得到与科技型企业发展相关的重要因素，包括企业家、创业文化、研究型大学、生活与工作环境、风险资本、人才、人才流动性、中介机构、政府支持、产业技术选择、产业空间、市场容量、孵化器、空间布局和对企业家的激励等。调查结果显示，各地科技型企业的成功因素存在较大程度的相似性。李柏洲和靳娜莉（2003）从高新技术产业发展经验出发，认为形成地区性科技型中小企业成长系统的关键因素包括诱发因素、创新资源、相互依存的企业网络以及提供支持的外部环境。他们针对发现的问题，提出促进我国高新技术企业成长系统形成的具体对策，包括增加基础研究力度、加大对科技型中小企业扶持力度、发展知识服务业形成高新技术企业网络、提高产业外向化程度以及建立科技型企业多元化投融资体系等方面。

从研究成果看，以往研究从企业外部的市场、产业集群、服务机构以及企业内部管理要素中的人力资源、知识与技术、资金及组织等方面考虑科技型中小企业发展的影响因素。

2.4.4　科技型中小企业管理机制

对科技型中小企业管理机制的研究主要围绕技术创新、人力资源管理以及投资管理等管理环节展开。

王昕宇和华欣（2009）从企业生命周期的角度，研究科技型中小企业的技术创新活动，在分析企业不同生命周期技术创新障碍的基础上，对相应的技术创新模式进行了研究，进而提出克服技术创新障碍和改革技术创新模式的可行对策。郭碧坚（2001）认为，在知识经济时代，高技术企业的创新行为由诸多因素交互作用，而企业研发、生产与销售等部门的人力资源决定着企业创新活动的成败。为此，她从企业经营战略的角度出发，提出在不同战略之下，企业人力资源需要具备的特质，并提出必要的人力资源管理活动。黄肖鹤和顾琴轩（2004）分析了科技型企业人才资源的特点，提出科技型企业人力资源开发与管理有别于一般的企业。科技型企业的组织结构设计，必须充分考虑知识型员工的特点及其需求，他提出人才创新管理模式要树立"创新人"的新理念，营造相互尊重及和谐的工作环境，改革管理制度形成完善的激励机制。张桂英（2010）认为人力资源是现代企业中最重要的资源，有效地开发与科学地管理人力资源是现代企业走向成功的关键，其在对我国科技型中小企业人力资源的特点进行分析的基础上，提出了切实可行的管理对策，包括建立战略人力资源管理体系、完善绩效考核与激励机制以及建立人才储备系统等。

陈玉娟等（2009）从科技型中小企业在创业创新过程中普遍存在的融资难的问题出发，对企业持续发展过程中政府金融支持体系的建立对策进行了研究，包括搭建交流平台、健全评估体系、多方位提供资本支持以及引导企业提升信用等级。李春玲等（2009）从科技型中小企业人力资本投资风险的特点入手，分析了人力资本投资风险的影响因素，并提出投资风险的评价指标体系，构建投资风险灰色模糊优选模型，从而提高了科技型中小企业人力资本投资风险评价的客观性和可操作性。高宁和庞小宁（2010）认为，当前抑制科技型中小企业持续快速发展的问题凸显，进而提出科技型中小企业的发展变革模式，即补偿性发展模式，以促进企业可持续发展。

第3章 科技型中小企业可持续性发展动力机制的构建

本章从生命周期的角度，通过实证调查重点研究了企业初创期与整个企业成长系统突破成长上限的动力来源，挖掘驱动科技型中小企业可持续性发展的基础动力因素和直接动力因素，以得出影响科技型中小企业成长的主要因素，并构建科技型中小企业可持续性发展动力机制。

3.1 科技型新创企业可持续性发展动力机制的构建

本部分首先明确我国科技型新创企业的界定，并结合文献综述提炼出的科技型新创企业可持续性发展的基础影响因素和直接影响因素，构建出分析理论模型，并进行实证检验。

3.1.1 科技型新创企业的界定

首先，有关新创企业的界定，学术界主要从企业年限方面对其进行探讨，但始终没有形成统一的标准。许多专家学者，如爱迪思（2004）、Drazin 和 Kazanjian（1990）、陈佳贵（1995），以及林强（2003）等，虽然对企业成长阶段的划分有所不同，但都认同新创企业处于企业早期成长的一个特殊阶段。Chrisman 等（1998）认为，在新企业没有发展至成熟阶段之前，一直处在"新创"阶段，因此被称为"新创企业"。Lussier（1995）在对新创企业关键成功因素进行探索的过程中，将新创企业的年限界定为 1~10 年。Yli-Renko 等（2001）在其关于新创企业实证研究中，以企业年限在 10 年以下的为研究对象。林强（2003）在对新创企业研究成果进行整理的基础上，发现企业早期成长阶段所需经历的时间长短取决于其所处行业、拥有的资源以及实施的战略等要素，新创企业最短可以用 3~5 年的时间走向成熟，而较长的需要历经 8~12 年。曲延军（2005）认为，由于我国目前没有建立健全的风险投资制度，创业企业在成长过程中需要更长的时间，因此将新创企业的年龄界定为 10 年以下。

综合新创企业以及科技型企业的认定方法，本书将科技型新创企业界定为：第一，主要从事高新技术产品的研制、开发、生产或转让、咨询等服务以及对传统技术进行改造的企业，主要从事高新技术产品制造、技术研发、转让、服务和促进科技成果转化和产业化活动；第二，具备独立企业法人资格，由科技人员领办或创办，具有一支直接从事研究开发的科技人员队伍，领导班子有较强的市场开拓能力以及较高的经营管理水平，并有持续创新的意识，有健全的财务管理制度和合格的财务管理人员；第三，职工人数在 500 人以下，具有大专以上学历的科技人员占职工总数的比例不低于 30%，直接从事研究开发的科技人员占职工总数的比例不低于 10%；第四，有良好的经营业绩，资产负债率不超过 70%，销售额不足 3 亿元或资产总额低于 4 亿元的企业，每年用于高新技术产品研究开发的经费不低于销售额的 5%（当年注册的新办企业不受此款限制）；第五，注册成立不足 10 年，正处于创业初始或成长早期阶段，并且尚未在公开市场上市。

3.1.2　科技型新创企业可持续性发展动力机制理论模型的构建

依据前述文献研究归纳得出，企业家能力、人力资源管理能力、组织效率以及外部环境状况四个因素对科技型新创企业可持续性发展具有基础性的影响作用，市场机会管理能力、技术管理能力及资源管理能力三个因素对科技型新创企业可持续性发展具有直接的影响因素，且企业家能力、人力资源管理、组织效率以及外部环境的基础性的影响作用要通过市场机会管理能力、技术管理能力及资源管理能力的中介作用才能发挥；反过来，市场机会管理能力、技术管理能力及资源管理能力的直接影响作用必须在企业家能力、人力资源管理、组织效率以及外部环境充分保障的前提下才能发挥直接影响作用。本书在此基础上构建出科技型新创企业可持续性发展动力机制理论模型，如图 3.1 所示。本书将市场机会管理能力、技术管理能力及资源管理能力三个因素称为驱动科技型新创企业可持续性发展的直接动力因素；将企业家能力、人力资源管理、组织效率以及外部环境四个因素称为驱动科技型新创企业可持续性发展的基础动力因素。

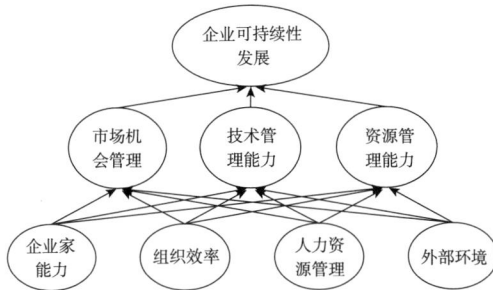

图 3.1　科技型新创企业可持续性发展动力机制理论模型（一）

1. 基础性动力因素分析与相关假设

1）企业家能力

20 世纪后期，西方发达国家新企业大量兴起，"企业家精神"的概念也随之出现，并被世界范围内的企业界所广泛推崇。

学术界早在 20 世纪 40 年代就开始了对企业家的研究。1942 年创新主义经济学之父美籍奥地利经济学家熊彼特在其《资本主义、社会主义与民主主义》一书中将企业家定义为"创新者"，使这一独特要素开始被研究学者关注。随后，学者对企业家在企业发展过程中的作用进行了广泛而深入的研究。大多数研究成果表明，企业家在胆识、知识与人格等方面具有某些特质，并且对企业成长具有极为巨大的贡献（孙早和刘庆岩，2006）。一些对企业家功能的实证研究还证实，企业家的管理能力能够直接地为企业带来经济效益，包括利润的提高及市场占有率的上升。这引发了像 Chandler 和 Hanks（1994）发出的关于"管理活动出效益"的感叹。Johnson（1990）用循证分析方法回顾了以往的研究，并发现企业家特质是预测企业绩效最显著的特征变量。福斯和克努森（1998）认为，在企业成长过程中，企业家所能达到的能力极限以及企业补充新管理能力的局限从根本上影响着企业的成长。刘芍佳和李骥（1998）认为，企业家掌握的资源数量与质量以及环境随机因素这两个内外因变量相关，这些内外因变量共同作用于企业绩效。Davidsson 和 Wiklund（2000）认为企业家能够促进企业竞争优势的产生，企业竞争优势来源于企业家发现并利用市场潜在机会的能力。贾生华（2004）把企业家能力视为一种不完善的能力集合，而企业竞争优势的创造及保持过程就是企业家不断克服自身极限，完善能力的过程。

在市场变化日趋加速、科学技术突飞猛进的今天，尤其是在我国大力倡导科技先行的大环境下，科技型新创企业中的企业家越发地显现出其居于核心地位的作用。事实上，在规模相对较小且对科技资源需求相对较多的科技型中小企业中，企业家不仅要具备必要的领导才能，还应具有应变力、洞察力、决策力及承担风险的勇气与气魄，以应对外部不确定性、资源短缺以及市场需求快速变化等多方面的挑战，需要其通过某些特殊的人格特征及心理因素对企业成长产生影响。相关实证研究也表明，关于企业家个体的人力资本要素与新创企业成长之间存在一定的相关性（Thomas et al.，2002）。领导新创企业向高成长企业发展的企业家具有独特的能力（毕海德，2004）。因此，企业家能力是驱动科技型新创企业可持续性发展的基础动力因素。

依据以上分析，本书做出如下假设。

H₃.₁：企业家能力与科技型新创企业的可持续性发展存在正相关。

2）组织效率

组织效率指组织目标管理能力的总和，反映组织目标的实现程度，并体现组织中各类活动的效果以及各类关系的运行情况。其具体表现为组织的协调能力、适应外部环境的能力、决策能力以及运行能力等。现代企业要求，组织目标明确，工作任务分工清晰，权力分配恰当，组织内部各部门沟通顺畅且可以达到协调一致，组织整体运行有序，并可以迅速准确地执行企业各项战略，使企业总体经营目标的实现更为顺畅，从而实现企业可持续性发展。根据经济与管理学原理，一部企业成长史实质上即为组织不断演化、组织效率不断提升的过程。X效率理论和新制度经济学深入企业内部，探究制度的结构与性质，开始触及组织效率的制度本质。概括起来就是，产权制度、企业治理结构、激励管理制度以及企业文化等均是影响组织效率的关键因素。由此可见，在组织效率的范畴里，企业成长本质上即为基于组织效率基础上的能力扩张。因此，组织效率是推动企业可持续性发展的基础动力因素。

对于科技型新创企业，其在从孕育诞生到成长壮大的过程中，对组织结构的需求不断提升，而需求的提升又导致组织结构的不断调整以及组织功能的重新挖掘，致使企业对其各部门职能进行重新审视与整合，不断优化组织内部环境，以完善组织各项功能的发挥，以求最终实现企业的可持续性发展。本书认为，在科技型新创企业中，组织效率对以下几个方面起着至关重要的作用：第一，组织效率影响技术的稳定性与创新。古典经济学的分工理论对组织效率与技术效率的关系做出了解释，认为专业化分工以及规模经济，对于新工艺的引入以及工具的改善具有重要影响。第二，组织效率影响企业对外部市场需求的适应程度。企业与网络其他结点间的频繁交流互动，有助于开展创新协作，可以对捕捉到的市场机会做出更快更有效的反应。第三，组织效率影响企业内外部各项资源与能力的整合。通过建构有效的外部组织关系，一方面企业可以利用外部网络结构充分挖掘企业外部网络资源，企业间通过共享资源，实现企业间资源共享与互补，从而探寻企业新的增长点；另一方面企业可以借助外部资源激活企业内部冗余资源，提高资源利用率，为企业可持续性发展提供强大的资源保障,从而加快企业成长速度。因此,组织效率是科技型新创企业的基础动力因素。

依据以上分析,本书做出如下假设。

$H_{3.2}$:组织效率与科技型新创企业的可持续性发展存在正相关。

3)人力资源管理

现今,在企业发展过程中,人力资源及其管理被赋予越来越重要的地位。调研显示,发达国家 75%以上的资本不属于实物资本,而来源于高效能的人力资源管理带来的人力资本。大量实证研究表明,人力资源管理对企业成长以及持续竞争力的保持有着正向影响。Terpstra 和 Rozell(1993)发现人员招聘与甄选的有效性与企业盈利、盈利成长状况以及整体绩效间都存在显著的正相关关系。Miller(1985)以及 Ngo 等(1998)研究发现,员工培训规划以及其实施效果对企业财务绩效具有显著的积极影响。Delery 和 Doty(1996)在考察多项人力资源管理活动与组织绩效的关系后,发现成果导向的绩效评估以及利润分享计划对组织绩效有着积极影响。Fey 等(2000)通过对管理者与基层员工的区别性分析,发现无论是管理者还是员工样本,薪酬水平都对组织绩效产生影响。近期研究成果则表明,企业内外部人力资源管理形成的叠加作用,对企业绩效的贡献更为显著。

对于科技型新创企业来说,技术创新与应用需要高质量的人力资本。而高效的人力资源管理则是通过对人力资源进行开发而带来资本增值的重要途径。人力资源管理对科技型新创企业的可持续性发展的影响主要表现在以下方面:第一,通过具有能动性的人力资源,获取、整合并利用物力、资金、知识、信息以及技术等资源。第二,不同于其他任何资源,在企业研发与生产经营活动中,人才具有极强的主动创造性,人力资源管理能够推进人才在企业体制、技术、产品与市场等方面的创新,并迅速形成企业的新竞争优势。第三,科技型新创企业面临着来自组织内外部的多种不确定性,使人力资源创造价值的过程同时具有路径依赖及因果关系模糊的特征,从而有利于构筑竞争对手难以模仿的竞争优势,以此来保证企业的可持续性发展。因此,这里将人力资源管理视作科技型新创企业的基础动力来源。

依据以上分析,本书做出如下假设。

$H_{3.3}$:人力资源管理与科技型新创企业的可持续性发展存在正相关。

4)外部环境

由于科技型新创企业的自身资源与能力有限,容易受到外部市场环境的影响,所以需要来自诸如政府部门、金融机构、科研机构、供应商、经销商以及竞争者等外部主体的帮助。大量研究表明,外部环境会对企业的发展与成长产生影响,并且外部主体的一些积极行为能够促使企业竞争优势的形成,并推动其持续成长。吴思华(1997)与朱沛等(2010)通过研究发现,企业间合作能够使企业有效降低成本、分散风险、高效取得关键资源、迅速掌握新机会,并最终转化为竞争优势。Dale

（2003）通过对企业外部网络关系与其竞争优势的关系研究发现，企业的外部相关主体能够在渠道、合作、分享、补充与沟通等方面为企业提供帮助。其中，渠道功能能够使企业或供销商的渠道快速推广并分销产品或服务；合作功能能够帮助企业攻克技术难题；分享功能可帮助企业获得并配置各类资源；补充功能促使企业间产品或服务的重新组合，以形成完整的产品或服务系统；沟通功能促使合作伙伴加强沟通与协调，并抑制对方的投机行为。相关实证分析表明，新创企业与其外部网络关系对象的沟通品质越好，相互信任程度越高，彼此对关系的承诺程度越高，越有利于新创企业掌握更充分、更完备的创业机会的相关信息与知识，从而更有利于其识别或发现更多创业机会，能够更快地成长。

对于科技型新创企业来说，外部主体行为的影响力及其意义更加重大。Weisz等（2004）的研究表明，企业外部社会资本越多，新创企业绩效就越好。外部网络能够为新创企业提供不同类型的社会资源，对于创业机会的发现，商业计划的检验以及资源获取都具有重要作用（Aldrich，2000）。新创企业不仅从外部网络获取信息、资源、市场甚至是技术（Gulati et al.，2000），还通过外部联系构建无形的声誉资源和提高组织合法性（Deephouse，2000），降低制度约束（Park and Luo，2001），这些都有利于克服新创企业弱性所产生的劣势（Stinchcombe，1965）。例如，通过合作关系网络，新创企业能够获取互补的知识资源和市场信息（Hagedoorn，1993），创业投资机构的合作投资信号也能够帮助新创企业与潜在的供应商、客户和投资者建立合作关系（Lee et al.，2001）。这些外部关系网络中的资源接近、支持以及信任既可以通过正式的市场交易也可以通过非正式的关系获取，然而在绩效前景仍然具有很多不确定性的初创阶段，新创企业主要依靠创业者个人关系网络形成互惠和信任的嵌入性关系获取外界的资源承诺（Uzzi，1996）。因此，这里将外部主体作为科技型新创企业的一项基础动力来源。

依据以上分析，本书做出如下假设。

$H_{3.4}$：外部主体的积极行为与科技型新创企业的可持续性发展存在正相关。

2. 直接动力因素及其中介作用分析与相关假设

目前，学者对企业可持续性发展影响因素的分析侧重于强调整体性与构成性，但因素间的相互关系及作用机理仍不明确，造成对企业成长切实发挥作用的直接动力来源不明。本书认为，科技型新创企业的可持续性发展的直接动力来源于市场机会管理能力、技术管理能力以及资源管理能力，并且其他管理活动均在构筑这三类能力的基础上，对企业可持续性发展产生影响，也就是说市场机会管理能力、技术管理能力以及资源管理能力，在企业家能力、战略管理、组织效率、人力资源管理以及外部主体行为对科技型新创企业可持续性发展的影响关系中起着中介作用（O'Regan et al.，2006）。

1）市场机会管理能力

市场机会或商业机会是指，具有吸引力的并较为持久的商务活动空间，并最终表现在能够为消费者或客户创造价值或增加价值的产品或服务之中（Thornton 等，2001）。市场机会管理则是对分散在市场中的各类商机进行收集、筛选、分析与应用，从而使市场机会转变成企业财富的过程，这是实现企业可持续性发展的重要手段。

实践表明，对市场机会进行有效管理，能够使企业得到长足的发展。例如，日本企业生产的产品一度在国际市场中被认为是档次低且缺乏竞争力的代表。日本企业凭借敏锐的商业嗅觉以及顽强的市场开拓精神，采取避实击虚的渗透战术，迅速在世界市场上站稳脚跟。最关键的原因就是其能够围绕商业机会制定战略与策略，并展开一系列经营活动，这致使诸如丰田、东芝、索尼以及松下等一大批科技型企业的迅速崛起。如今，在日本企业中已经将收集消费者情报发展成一门相对独立且复杂的技术。

科技型新创企业的成长更是与市场密切相伴的。首先，对于科技型企业来讲，由于技术研发的高投入与高风险性，企业必须时刻关注技术与产品特性的市场需求情况，及时对市场信息进行搜集、整理与分析，以考察新技术以及产品的市场接纳程度。对于新创企业而言，市场为其成长既提供了约束条件，又给予了支撑条件，企业的成立与发挥依赖于市场机会，其进一步的成长也需要通过自身经营活动贴近市场来实现。

但是，目标市场的收益仅仅是一种潜在的可能性收益，能否转化为企业现实盈利，需要企业依托企业家能力、战略管理、组织效率、人力资源管理以及外部主体行为推动企业更全面立体的掌握市场，增强市场机会管理的有效性。首先，企业家经由其自身能力对市场机会进行感知，针对美国大企业成长过程的实证研究表明，企业家能力在捕捉市场机会以及进行组织创新等方面发挥着重要作用，企业家能力通过作用于市场机会影响企业的成长状况（潘安成和邹媛春，2010）。第二，对处于初创期的科技型企业而言，制定生存型战略是企业实现成长的第一步。第三，组织效率影响企业对外部市场需求的适应程度。第四，人力资源及其管理上的措施能够在一定程度上促使企业贴近市场，从市场需求出发考虑企业的产品与发展。企业实践发现，越来越多的企业开始实施全员式营销以使每位员工充分接触市场，发现市场机会。第五，外部网络的恰当运用使企业能够有效了解市场信息。企业通过与网络其他结点间的频繁交流互动，有助于开展创新协作，可以对捕捉到的市场机会做出更快更有效的反应。

综合以上分析，本书提出如下理论假设。

H$_{3.5}$：市场机会管理能力对科技型新创企业的可持续性发展存在正向影响。

H$_{3.6}$：市场机会管理能力在企业家能力、组织效率、人力资源管理以及外部环境对科技型新创企业可持续性发展的影响关系中起中介作用。

在实证研究处理时，考虑具体操作变量的影响，因此将假设细化如下。

H$_{3.6a}$：市场机会管理能力在企业家能力对科技型新创企业可持续性发展的影响关系中起中介作用。

H$_{3.6b}$：市场机会管理能力在组织效率对科技型新创企业可持续性发展的影响关系中起中介作用。

H$_{3.6c}$：市场机会管理能力在人力资源管理对科技型新创企业可持续性发展的影响关系中起中介作用。

H$_{3.6d}$：市场机会管理能力在外部环境对科技型新创企业可持续性发展的影响关系中起中介作用。

2）技术管理能力

技术能力对于培养与提高企业的核心能力具有积极的促进作用（钱德勒，1987）。科技型企业是由技术本身支撑起来的，从科技型企业的整个生命周期来看，技术因素在其整个成长过程都应作为核心因素加以考虑。国外大量研究认为，技术能力是影响企业绩效的重要因素（吴晓云和袁磊，2003；Park and Bae，2004；Saemundsson，2005；王核成，2001）。Autio（2000）指出，对核心技术的模仿能力与高技术电子公司的国际成长绩效呈正相关关系。陈琦（2009）以技术核心能力为研究视角，研究了其对科技型企业成长的作用机理并对其与科技型企业成长的相关性进行了研究。研究发现，科技型企业的技术核心能力对其成长有着显著的正向影响。

但是，仅凭借技术能力的力量不足以支撑企业的持续高速成长，还需要企业家能力、组织效率、人力资源管理以及外部主体行为，共同推动企业全方位地实现技术管理。首先，科技型新创企业的企业家对技术能力拥有相对完全的指导力。刘怀民和关伟（2008）通过民营企业与国有企业的对比性实证研究发现，企业家的技术权利能够有效地促进技术创新，提升技术能力。并且，企业家的技术能力与创新意识，能够为企业员工的创新活动留出空间，极大地激发其创新行为。第二，组织为企业技术能力提升提供环境保障，从而提高治理绩效。Henderson（2006）认为，企业组织的能力缺陷是其不连续技术变革失败的主要原因。第三，人力资源管理能够促使企业技术能力保持稳定并得到持续性的提升，从而促进企业可持续性发展。相关研究表明，管理人才与专业技术人才的稳定性对企业技术能力以及可持续性发展起着保障性的基础作用（黄鹏和李晓轩，2006）。此外，针对华为的研究表明，其技术优势的保持以及组织的迅速成长，与其强大的技术人员阵容以及规范的人力资源管理体系有着密切的联系。柯林斯与史密斯（Colins and Smith，2006）对科技型企业的研究表明，基于承诺的人力资源管理实践能够培养企业内部相互信任和合作的社会氛围，这种氛围促进了企业知识交换和整合能力的提高，从而提高了企业销售增长和新产品开发的利润。第五，外部相关主体行为对企业技术能力的提升存在间接促进作用。例如，政府出台的高新技术产业政策可以对企业技术的研发与管理起到一定的指引作用；行业协会可以为企业技术活动提供更加有针对性的服务；科技型新创企业通过合资合作、直接投资进行纵向产业集成以及技术并购、二次创新等手段进行横向产业集群能够使企业实现高效成长（王海龙和武春友，2007）。

综合以上分析，本书提出如下理论假设。

$H_{3.7}$：技术管理能力对科技型新创企业的可持续性发展存在正向影响。

$H_{3.8}$：技术管理能力在企业家能力、组织效率、人力资源管理以及外部主体行为对科技型新创企业可持续性发展的影响关系中起中介作用。

在实证研究处理时，考虑具体操作变量的影响，因此将假设细化如下。

$H_{3.8a}$：技术管理能力在企业家能力对科技型新创企业可持续性发展的影响关系中起中介作用。

$H_{3.8b}$：技术管理能力在组织效率对科技型新创企业可持续性发展的影响关系中起中介作用。

$H_{3.8c}$：技术管理能力在人力资源管理对科技型新创企业可持续性发展的影响关系中起中介作用。

$H_{3.8d}$：技术管理能力在外部主体行为对科技型新创企业可持续性发展的影响关系中起中介作用。

3）资源管理能力

资源基础论学者将企业视作资源组成的集合，认为企业的成长取决于现有资源的有效利用，同时也是企业不断挖掘并利用资源的无限过程（Penrose，1959）。并且也在一定程度上反映了企业资源动态演化过程（王庆喜，2004）。资源基础观认为，新创企业的资源拥有量及吸引资源的能力是影响其成长的关键因素。Barney（1986）与 Conner（1991）分别进行了理论分析与实证分析，发现特定的企业资产和独特的资产配置是新创企业取得优异绩效的关键。

然而，企业资源管理能力需要企业各个部门与层级，乃至企业外部力量的帮助才能得以提升。本书认为，企业资源能力同样需要企业家能力、组织效率、人力资源管理以及外部主体行为的推动来实现，并且对科技型新创企业的可持续性发展产生积极影响。首先，企业家能力影响企业资源能力。在科技型新创企业中，企业资源整合活动具有很强的不确定性。潘罗斯（1959）认为企业家发现生产性机会的能力差异是形成企业绩效差异的根源之一。钱德勒（1987）强调了美国大企业成长过程中企业家能力在捕捉市场机会和进行组织创新等方面的重要性，认为企业家能力通过作用于组织资源影响企业长期发展。事实上，企业家作为通晓全局的领导者，其具备组合资源、选择资源的先决条件与能力（贺小刚，2006），其通过新创意、新构想，对不同资源进行更有价值的重新整合，能够为企业赢得持续成长优势

（张茉楠和李汉铃，2005）。第二，组织效率直接影响资源管理效果。企业在资源管理所包含的一系列活动中，会涉及组织结构的调整以及组织制度与管理方法等方面的重新适应，并且需要组织内各部门之间进行有效的协调和配合。实证研究也表明，组织管理的有效性对资源整合的成功具有至关重要的意义（McGough et al.，2005）。第三，科技型新创企业员工少、人才缺乏的特征，决定了每名员工都可能成为资源协调者的可能性。相关研究表明，员工各自拥有的独特的专业知识以及不同的工作经历，能够使其更容易应对资源管理中出现的组织动态性与环境复杂性的情况；并且，拥有不同知识类型和职业背景的成员，在新资源选择与配置过程中，更容易形成创新性方案，从而赋予组织更多的活力，以促使企业实现可持续性发展（Jackson，1991）。另外，在不确定性较高的环境下，员工知识多样性在资源选择过程中尤为重要（Jr et al.，2006）。最后，外部主体行为对企业资源管理有辅助作用。琼斯和乔治（2003）认为，企业外部环境虽然影响企业边界，但应将其视为对企业资源管理产生影响的一切力量与条件的集合。企业外部相关利益主体包括政府、支持性组织（如金融机构、行业协会、科技服务机构等）以及与企业存在贸易往来或合作关系的企业（如同类生产厂家、采购商、经销商等）等。

综合以上分析，本书提出如下理论假设。

$H_{3.9}$：资源管理能力对科技型新创企业的可持续性发展存在正向影响。

$H_{3.10}$：资源管理能力在企业家能力、组织效率、人力资源管理以及外部主体行为对科技型新创企业可持续性发展的影响关系中起中介作用。

在实证研究处理时，考虑具体操作变量的影响，因此将假设细化如下。

$H_{3.10a}$：资源管理能力在企业家能力对科技型新创企业可持续性发展的影响关系中起中介作用。

$H_{3.10b}$：资源管理能力在组织效率对科技型新创企业可持续性发展的影响关系中起中介作用。

$H_{3.10c}$：资源管理能力在人力资源管理对科技型新创企业可持续性发展的影响关系中起中介作用。

$H_{3.10d}$：资源管理能力在外部主体行为对科技型新创企业可持续性发展的影响关系中起中介作用。

3.1.3　科技型新创企业可持续性发展动力机制理论模型实证研究设计

实证研究设计部分，首先对实证研究的流程进行设计，进而论述调查对象的选择方法、调查方法以及样本数量的确定方法；其次对理论模型中的变量进行量化界定，进而生成调查问卷；最后对问卷数据分析的方法进行介绍。

1. 实证研究流程设计

本书利用实证研究分析驱动我国科技型新创企业可持续性发展的基础动力因素、直接动力因素及其相互关系，以及它们对企业成长的作用机理。为促使实证研究顺利进行，对实证研究流程进行预先设计，具体流程如图 3.2 所示。

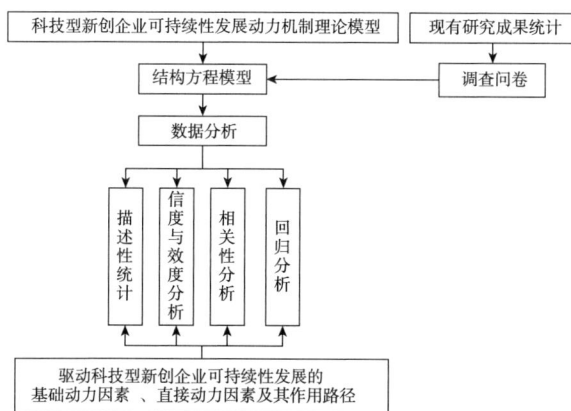

图 3.2　实证研究流程

首先，为便于利用分析软件对样本数据进行处理，将本章中建立的科技型新创企业可持续性发展动力机制模型拆分为四个结构方程模型。

其次，对现有相关研究成果进行统计，归纳科技型新创企业可持续性发展动力机制中结构变量的测量变量，据此生成调研问卷。

最后，向确定调研对象发放问卷，在回收问卷后对样本进行数据分析，具体方法包括描述性统计、信度与效度检验、相关性分析以及回归分析。

2. 结构方程模型的简化

由于本书利用结构方程模型方法、采用结构方程模型专用数据分析软件对数据进行处理。考虑到本书建立的科技型新创企业可持续性发展动力机制理论模型（一）（图 3.1）较为复杂，不利于数据处理的可操作性，故对模型进行拆分，将最底层的四个基础影响因素拆开，分别考察市场机会管理、技术管理以及资源管理在基础影响因素与企业可持续性发展间的中介作用，从而形成结构方程模型（一）、结构方程模型（二）、结构方程模型（三）及结构方程模型（四），如图 3.3~图 3.6 所示。

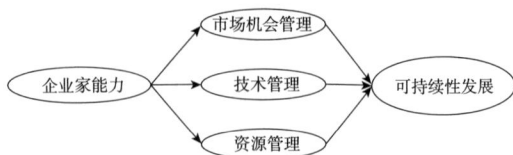

图 3.3　结构方程模型（一）

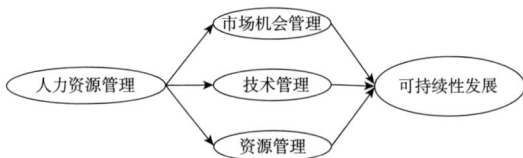

图 3.4　结构方程模型（二）

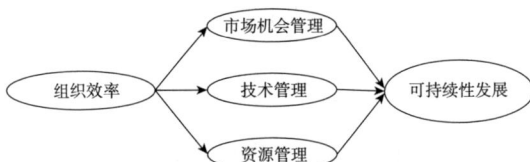

图 3.5　结构方程模型（三）

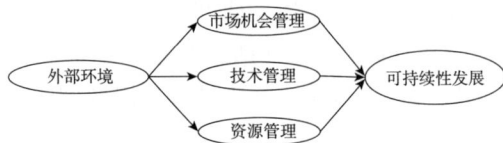

图 3.6　结构方程模型（四）

3. 数据来源

本书面向我国科技型新创企业进行关于企业可持续性发展问题的相关调研，关于调查对象的选择以及有效样本数量的确定具体如下。

1）调查对象的选择

本书实证调查部分，从企业层面以及个人层面这两方面考虑问卷发放对象的选择，被调查的企业与个人具体应符合以下要求。

第一，企业层面问卷发放对象的选择。本书严格按照 3.1 节中对科技型新创企业的界定，对企业进行选择。由于本书旨在针对我国企业的管理特征建立可持续性发展管理机制，因此，调研不包含中外合资企业、国外跨国公司驻华子公司等。另外，本次调研对企业所处行业不做限制。

第二，个人层面问卷发放对象的选择。由于本书涉及企业整体成长问题，因此被调查的个人应以对企业总体情况极为熟悉的企业高层领导为主。但考虑到调查过程中的实际困难，本书对调查对象放宽至企业中层领导，但中层领导所占比例不超过高层领导。此外，问卷发放的个人还应符合以下条件：对本书的相关问题有充分的了解；接受此种问卷调研的方式；在调查期间能够给予充分配合。

2）样本数量的确定

本书依据相关统计理论，对样本所达到的数量进行分析以及确定。

回归分析要求，样本量至少为模型变量数目的 5 倍。本书建立的理论模型涉及 8 个变量，因此至少应取得 40 个样本，才能符合统计方法的要求。本书准备采用结构方程模型，对数据进行验证性因素分析。结构方程模型分析方法要求最小样本数量应达到设计分析参数的数量加上 50。

另外，一些学者认为当样本数量达到 100~200 时，卡方检验收敛性较好；也有学者认为样本量应达到 200 个以上，测量误差更易符合要求。本书为使研究结果更容易反映真实情况，将调研样本量确定为 200 个。

4. 变量可操作性测量与调查问卷设计

科技型新创企业可持续性发展动力机制结构方程模型有 8 个潜变量，因无法进行直接测量，本书试图依据结构方程模型分析方法的要求，通过文献整理的方法，找到 2~4 个测量变量来对结构变量进行可操作化测量，进而设计相关问卷题目，生成调研问卷。

1）企业可持续性发展可操作化测量

本书选择将科技型新创企业的可持续性发展作为因变量。通过对 2003 年至今的 19 篇国内外关于企业可持续性发展评价的研究，对企业可持续性发展评价指标进行归纳，如表 3.1 所示。

表 3.1　企业可持续性发展评价指标研究状况

相关文献	盈利持续性	销售额增长程度	员工增长数量	规模成长状况	产品组合成长状况	运营能力	资本积累程度
刘旭东等（2010）	√	√					
庞艳桃和周亚（2010）	√	√			√		
何元斌（2009）	√	√		√			
吴永林等（2008）	√	√	√			√	

续表

相关文献	盈利持续性	销售额增长程度	员工增长数量	规模成长状况	产品组合成长状况	运营能力	资本积累程度
高志和刘素坤（2008）	√	√					
黄如金（2008）	√						
O'Regan 等（2006）		√		√			
汤学俊（2006a）	√	√		√	√	√	
赵永亮和倪自银（2006）	√						√
黄健（2006）	√						√
慕静等（2005）	√					√	
郭蕊等（2005）				√	√		
中国中小企业国际合作协会（2010）	√	√					
Barringger 等（2005）		√					
Cho 和 Pucik（2005）	√						
弗拉姆豪茨和兰德尔（2004）		√					
陈晓红（2004）	√	√					
李柏洲和李海超（2004）	√			√	√		
Delmar 等（2003）		√	√				
总计	15	14	2	5	3	4	3

从表 3.1 可以看出，大部分研究将企业盈利持续性以及企业销售额增长程度作为评价企业可持续性发展的关键指标。为此，本书将企业盈利持续性和企业销售额增长程度作为评价企业可持续性发展的关键指标。

2）基础性影响因素（内生变量）可操作化测量

（1）企业家能力测量指标的确定。通过对 2003 年至今的 18 篇国内外关于企业家能力的研究，对企业家能力测量指标进行归纳，如表 3.2 所示。

表 3.2　企业家能力测量指标研究状况

相关文献	创新精神	冒险精神	远见	领导力	成就欲	知识储备	自我控制力	意志力	决策力	关系能力
陈林杰（2010）				√						
庞艳桃和周亚（2010）	√					√				
李前兵（2010）	√	√	√							

续表

相关文献	创新精神	冒险精神	远见	领导力	成就欲	知识储备	自我控制力	意志力	决策力	关系能力
王勇（2009）				√		√				√
张瑾（2009）	√	√	√	√	√	√				√
杨发文（2008）	√	√	√			√		√	√	
许庆高和周鸿勇（2009）	√		√	√					√	√
付宏等（2008）	√		√		√	√	√			
任荣伟和林显沃（2008）	√									√
吕一博等（2008）	√	√	√							
张焕勇（2007）	√	√				√		√	√	
赵永亮和倪自银（2006）	√				√	√				√
贺小刚和李新春（2005）	√		√			√			√	
西蒙（2005）			√					√		
何伟（2005）	√	√			√				√	
李乾文（2005）	√	√	√		√					
Andersson（2003）	√	√	√		√					
Watson 等（2003）			√			√				
总计	14	10	12	5	6	10	1	3	5	5

从表 3.2 可以看出，大部分研究将创新精神、冒险精神、远见以及知识储备作为评价企业家能力的指标。为此，本书将创新精神、冒险精神、远见以及知识储备作为评价企业家能力的指标。

（2）组织效率测量指标的确定。通过对 2005 年至今的 18 篇国内外关于组织效率的研究，对组织效率测量指标进行归纳，如表 3.3 所示。

表 3.3 组织效率测量指标研究状况

相关文献	组织制度	凝聚力	协调能力	决策能力	变革能力	企业文化
张玉明和刘德胜（2010）			√			√
刘旭东等（2010）			√	√		
陈林杰（2010）			√		√	√
王勇（2009）			√			√
徐强和李垣（2009）			√		√	√
常华兵（2009）			√	√	√	
杨发文（2008）	√		√		√	√

续表

相关文献	组织制度	凝聚力	协调能力	决策能力	变革能力	企业文化
赵永亮和倪自银（2006）		√	√	√	√	√
庞艳桃和周亚（2010）	√	√	√			√
梁晓雅和卢向华（2010）	√				√	√
刘林（2010）		√	√		√	√
刘帮成和姜太平（2010）	√		√		√	√
张军波（2008）		√	√	√	√	√
黄春和吴凯雷（2007）		√	√		√	√
史宝康和郭斌（2010）	√	√	√	√		√
向刚等（2009）	√		√		√	√
刘耀（2008）	√		√		√	√
贺守海和张习宁（2009）	√	√	√		√	
总计	8	7	17	4	14	15

从表 3.3 可以看出，大部分研究将协调能力、变革能力以及企业文化作为评价企业组织效率的测量指标。为此，本书将协调能力、变革能力以及企业文化作为评价企业组织效率的测量指标。

（3）人力资源管理能力测量指标的确定。通过对 2003 年至今的 15 篇国内外关于人力资源管理的研究，对企业人力资源管理能力测量指标进行归纳，如表 3.4 所示。

表 3.4　企业人力资源管理能力测量指标研究状况

相关文献	员工培训	激励	员工管理制度	胜任力	管理梯队建设
张玉明和刘德胜（2010）	√	√			√
王勇（2009）		√	√		√
何元斌（2009）	√				√
朱伟民（2007）					√
任荣伟和林显沃（2008）	√	√		√	√
赵永亮和倪自银（2006）	√	√			√
陈耀和汤学俊（2006）	√	√	√		
汤学俊（2006b）	√				√
汤亚莉和任涛（2006）	√				√
Smith 等（2005）	√	√			√
Jansen 等（2005）	√				√
Subramaniam 和 Youndt（2005）	√	√			√

续表

相关文献	员工培训	激励	员工管理制度	胜任力	管理梯队建设
薄湘平等（2005）	√	√			√
郭蕊（2005）					√
Wright 等（2003）	√	√			
总计	14	12	3	1	13

从表 3.4 可以看出，大部分研究将员工培训、激励以及管理梯队建设作为评价企业人力资源管理能力的测量指标。为此，本书将员工培训、激励以及管理梯队建设作为评价企业人力资源管理能力的测量指标。

（4）企业外部环境测量指标的确定。通过对 2004 年至今的 28 篇国内外关于企业外部环境的研究，对企业外部环境测量指标进行归纳，如表 3.5 所示。

表 3.5　企业外部环境测量指标研究状况

相关文献	政府政策	科技支持	人力资源	融资环境	产业集群	法律环境	区位环境	经济环境	社会文化
万福和鲍统霞（2010）	√	√	√	√	√				
马小援（2010）		√					√	√	
冯文娜（2010）		√		√	√				
关健等（2009）	√	√			√				
张玉明和刘德胜（2010）	√	√		√			√		
张玉明和王英姿（2009）	√	√		√					
Su 等（2009）	√			√					
Li 等（2008）		√		√					
Wu 等（2009）		√		√			√	√	
Cassia 和 Colombelli（2008）		√			√				
王勇（2009）	√	√		√			√		
陈晓红和张傅强（2008）	√		√				√	√	√
付宏等（2008）	√		√		√	√			
吕一博等（2008）		√			√				
王庆喜和宝贡敏（2007）	√			√	√				
余红剑（2007）	√	√		√					
邬爱其（2007）	√	√	√		√	√	√	√	√
Batjargal（2007）				√					
Song 等（2007）	√	√		√					
Lechner 等（2006）	√	√		√					
Fukugawa（2006）	√	√		√	√				

续表

相关文献	政府政策	科技支持	人力资源	融资环境	产业集群	法律环境	区位环境	经济环境	社会文化
杨蕙馨和朱晓静（2006）	√								
Vanhees（2006）	√	√		√	√				
Zaheer 和 Bell（2005）	√	√		√	√				
Batjargal（2005）									
李柏洲和李海超（2004）	√				√				
Tseng 等（2004）	√	√		√	√				
林润辉（2004）	√	√	√	√	√	√	√	√	√
总计	20	20	5	20	22	3	7	5	3

从表 3.5 可以看出，大部分研究将政府政策、科技支持、融资环境以及产业集群作为评价企业外部环境的测量指标。为此，本书将政府政策、科技环境、融资环境以及产业集群作为评价企业外部环境的测量指标。

3）直接影响因素（中间变量）可操作化测量

（1）市场机会管理能力测量指标的确定。通过对 2003 年至今的 16 篇国内外关于市场机会的研究，对市场机会管理能力测量指标进行归纳，如表 3.6 所示。

表 3.6　市场机会管理能力测量指标研究状况

相关文献	市场机会感知能力	客户关系	市场拓宽能力	市场机会应变能力
刘旭东等（2010）	√	√	√	
庞艳桃和周亚（2010）	√			
万福和鲍统霞（2010）		√		
王勇（2009）	√	√	√	√
任荣伟和林显沃（2008）	√	√		
韩顺平和王永贵（2006）		√	√	
赵永亮和倪自银（2006）	√	√	√	
黄健（2006）	√			√
慕静等（2005）		√		
郭蕊等（2005）	√	√		√
Barringger 等（2005）	√		√	
Cho 和 Pucik（2005）	√	√		
Flamholtz 和 Randle（弗拉姆豪茨和兰德尔，2004）	√	√	√	
陈晓红（2004）		√		
李柏洲和李海超（2004）	√			√

续表

相关文献	市场机会感知能力	客户关系	市场拓宽能力	市场机会应变能力
Delmar 等（2003）	√	√		
总计	12	12	6	4

从表 3.6 可以看出，大部分研究将市场机会感知能力以及客户关系作为评价市场机会管理能力的测量指标。为此，本书将市场机会感知能力和客户关系作为评价市场机会管理能力的测量指标。

（2）技术管理能力测量指标的确定。通过对 2003 年至今的 24 篇国内外关于技术管理的研究，对企业技术管理能力测量指标进行归纳，如表 3.7 所示。

表 3.7　技术管理能力测量指标研究状况

相关文献	技术创新	技术商品化	研发能力	核心技术领先优势	技术标准化程度	专利数量的增长
刘旭东等（2010）	√	√				
庞艳桃和周亚（2010）						√
陈林杰（2010）	√					
张玉明和刘德胜（2010）	√	√				
王勇（2009）	√		√	√	√	
陈晓红和张傅强（2008）	√	√	√			√
陈琦（2009）	√	√		√		
曹兴等（2010）	√	√	√			
曹兴和曹伟针（2008）	√					
吴永林等（2008）	√				√	√
吕一博等（2008）	√	√	√			
徐英吉（2008）		√	√		√	
曹兴和潘金丽（2007）		√			√	
赵永亮和倪自银（2006）	√					
Cho 和 Pucik（2005）	√	√		√		√
Hayton（2005）	√				√	
Lensink 等（2005）	√	√		√		
费冬青和徐飞（2005）	√	√	√		√	
安同良（2004）	√	√				√
曹兴和许媛媛（2004）	√	√				√
季玉群和黄鸥（2004）	√			√	√	
牛雁翎和张少杰（2005）	√	√	√			
邹国庆和徐庆仑（2005）	√	√	√			

相关文献	技术创新	技术商品化	研发能力	核心技术领先优势	技术标准化程度	专利数量的增长
徐飞等（2005）	√	√				
总计	21	18	10	5	8	7

从表 3.7 可以看出，大部分研究将技术创新以及技术商品化作为评价企业技术管理能力的测量指标。为此，本书将技术创新以及技术商品化作为评价市场机会管理能力的测量指标。

（3）资源能力测量指标的确定。通过对 2004 年至今的 25 篇国内外关于企业资源能力的研究，对资源管理能力测量指标进行归纳，如表 3.8 所示。

表 3.8　资源能力测量指标研究状况

相关文献	资源获取能力	资源整合能力	资源配置能力	资源积累能力	资源吸收能力
刘旭东等（2010）	√	√	√		
陈林杰（2010）	√	√			
李宇凯（2010）			√		
曹兴等（2010）	√	√	√		√
吴永林等（2008）	√	√	√		
饶扬德（2009）		√	√		√
丁慧平等（2009）					
吕一博等（2008）	√			√	√
赵永亮和倪自银（2006）	√	√	√		
刘林（2010）		√	√		
黄建（2006）	√	√	√		√
黄津孚（2004）	√				
许晓明（2004）	√		√		√
宋建彪（2004）		√	√	√	
杨发文（2008）	√	√	√		
汤学俊（2006b）	√	√		√	
何元斌（2009）		√	√		
吴清津和陈涛（2000）	√	√	√	√	
李文辉（2010）	√	√		√	√
常华兵（2009）	√	√	√	√	
张军波（2008）	√	√	√		
Burgelman 等（2008）	√			√	

续表

相关文献	资源获取能力	资源整合能力	资源配置能力	资源积累能力	资源吸收能力
史宝康和郭斌（2010）	√		√		
庞艳桃和周亚（2010）			√	√	√
刘帮成和姜太平（2010）	√	√	√		
总计	18	18	18	8	7

从表 3.8 可以看出，大部分研究将资源获取能力、资源整合能力以及资源配置能力作为评价企业技术管理能力的测量指标。为此，本书将资源获取能力、资源整合能力以及资源配置能力作为评价资源管理能力的测量指标。

4）调查问卷设计

本书依据上述文献研究，归纳得出科技型新创企业可持续性发展动力来源与影响因素量表，如表 3.9 所示。在此基础上进行调查问卷设计。

表 3.9　科技型企业可持续性发展动力来源与影响因素量表

潜变量	测量变量
企业可持续性发展（z）	企业能够保持盈利的持续性（z1）
	企业能够保持销售额的持续性（z2）
	企业能够保持资本积累的持续性（z3）
企业市场机会管理能力（y1）	企业能够快速准确感知潜在市场机会（y11）
	企业拥有良好的客户关系（y12）
企业技术管理能力（y2）	企业能够实现持续性的技术创新（y21）
	企业能够高效地实现新技术的商品化（y22）
企业资源能力（y3）	企业能够有效获取所需资源（y31）
	企业能够高效整合各类资源（y32）
	企业能够拥有较合理的资源配置水平（y33）
企业家能力（x1）	企业管理者具有极强的创新精神（x11）
	企业管理者拥有发展远见（x12）
	企业管理者拥有丰富的知识储备（x13）
企业组织效率（x2）	企业组织具有很强的协调沟通能力（x21）
	企业组织具有很强的适应变革能力（x22）
	企业拥有独特且健全的企业文化（x23）
企业人力资源管理能力（x3）	企业经常对员工进行有效的培训（x31）
	企业拥有行之有效的员工激励措施（x32）
	企业拥有稳定的管理团队且具有健全的管理人才储备制度（x33）

续表

潜变量	测量变量
企业外部环境（x4）	企业获得了有力的政策支持（x41）
	企业具有明显的产业集群优势（x42）
	企业能够有效获得科技机构（高校、咨询服务公司等）的支持（x43）
	企业能够有效获得外部资金支持（x44）

问卷问题设计分为两大部分。

问卷的第一部分主要涉及企业基本情况，包括企业成立年限、企业总人数、企业销售额、企业总资产额、企业每年用于高新技术产品研究开发经费占销售额的比例、企业具有大专以上学历的科技人员占职工总数的比例，以及直接从事研究开发的科技人员占职工总数的比例。此部分的目的是对问卷发放对象的科技型新创企业特征进行验证，以保证研究的有效性以及针对性。

问卷的第二部分是依据本书构建的理论模型中的结构变量以及测量变量，设计问卷问题，请企业管理者进行打分。问卷提问方式基于李克特量表法（Liket Scale）进行设计，即问题由针对某种事物的态度或看法的陈述组成。问卷问题的打分方式采用 5 级打分法，分数越高则反应问卷发放对象对某项测量指标的满意程度就越低。

3.1.4　科技型新创企业可持续性发展动力来源实证分析

本书于 2011 年 2~3 月进行了问卷的发放。调研以天津滨海新区以及天津华苑产业园区内科技型新创企业为对象，共发放 400 份问卷。经过挑选、筛选掉不符合要求的问卷，最后共收回符合本书对科技型新创企业界定的公司的有效问卷为 237 份，有效问卷回收率为 59.25%。

1. 描述性统计

从总体上看，本次调研的有效问卷回收率较高，其主要原因是调研充分利用了天津市科技型企业孵化中心等机构的关系网络，进行了企业的搜索与走访，保证了问卷的回收基本达到预期目标。同时也说明天津市科技型新创企业的集群特征明显。以下为有效问卷来源企业的基本情况。

1）企业成立年限

在受访的 237 家企业中，企业成立年限为 2~5 年的有 136 家，占样本总量的 57.38%；有 95 家企业成立年限在 6~9 年，占样本总量的 40.08%；而仅有 6 家企业的成立年限在 1 年以内，占样本总量的 2.54%。这说明目前多半的天津市科技型新创企业发展历程较短，尚未进入转化为成熟企业的阶段。

2）企业总人数

在受访的 237 家企业中，员工总人数在 50 人以下的企业有 77 家，占样本总量的 32.49%；员工总人数在 50~200 人的企业有 82 家，占样本总量的 34.60%；员工总人数在 200~500 人的企业有 78 家，占样本总量的 32.91%。这说明天津市科技型新创企业的规模相对较为平均。

3）销售额

在受访的 237 家企业中，企业年销售额在 1 亿元以下的有 117 家，占样本总量的 49.37%；销售额在 1 亿~2 亿元的有 40 家，占样本总量的 16.88%；销售额在 2 亿~3 亿元的有 80 家，占样本总量的 33.75%。这表明在天津市科技型新创企业中，大部分企业销售额偏低。同时，超过 1/3 的企业销售额相对较高，表明天津市企业生产的产品或服务的销售情况呈现两极分化的状况。

4）企业资产总额

在受访的 237 家企业中，资产总额在 50 万元以下的企业有 31 家，占样本总量的 13.08%；资产总额在 50 万~500 万元的企业有 62 家，占样本总量的 26.16%；资产总额在 500 万~1 000 万元的企业有 48 家，占样本总量的 20.25%；资产总额在 5 000 万~4 亿元的企业有 96 家，占样本总量的 40.51%。这表明大多数的受访企业在经过了相对较短的发展历程后，资产总额得到一定程度上的积累，同时也表明其经营状况基本良好，在目前的情况下企业生存可以保障。

5）企业每年用于高新技术产品研究开发的经费占销售额的比例

在受访的 237 家企业中，有 191 家企业每年用于高新技术产品研究开发的经费占销售额的比例达到 5%~10%，占样本总量的 80.59%；46 家企业每年用于高新技术产品研究开发的经费占销售额的比例达到 10% 以上，占样本总量的 19.41%。这说明多数科技型新创企业将高新技术产品研究开发经费维持在一定水平，即可以满足其正常的技术研发与生产；少部分企业需要提高研究开发经费比例来维持其生产经营活动，或希望由此进一步提升产品或服务的技术附加值以获得更多利润。

6）企业具有大专以上学历的科技人员占员工总数的比例

在受访的 237 家企业中，有 155 家企业具有大专以上学历的科技人员占员工总数的比例达到 30%~50%，占样本总量的 65.40%；有 82 家企业具有大专以上学历的科技人员占员工总数的比例达到 50% 以上，占样本总量的 34.60%。这说明天津市科技型新创企业均对员工整体素质水平给予了较高的重视。并且，超过 1/3 的企业，其经营活动需要极高水平的人力资源储量予以支持。

7）企业直接从事研究开发的科技人员占职工总数的比例

在受访的 237 家企业中，有 125 家企业直接从事研究开发的科技人员占职工总数的比例达到 10%~20%，占样本总量的 52.74%；有 112 家企业直接从事研究开发的科技人员占职工总数的比例达到 20% 以上，占样本总量的 47.26%。这表明天津市科技型新创企业的经营活动中，技术的 R&D 是较为关键的工作。

2. 效度与信度检验

1）信度检验

本书利用 SPSS 17.0 统计软件，采用 Cronbach's α 系数对科技型新创企业可持续性发展动力机制理论模型测量问卷的信度进行检验。信度检验包括总体信度分析以及各个维度信度分析两个部分。

（1）测量问卷总体信度分析。本书依据信度分析的两个条件，对问卷信度进行检验。两个条件包括：①测量项目与测量项目总体的相关系数与其他项目的差距大小。在通常情况下，以该测量项目与测量项目总体相关系数小于 0.35 为标准，若低于此标准，则判断该测量项目的信度较低。②删除某一测量项目后的 α 系数的变化情况。若删除某测量项目后 α 系数明显提高，说明删除该测量项目能提升问卷的整体信度。当两个条件同时符合时，该测量项目应该删除。

从本书各测量项目与测量项目总体的相关系数中可以看出，若删除其中任一条，α 系数均无大幅度变化，故不考虑删除测量项目。科技型新创企业可持续性发展测量以及影响因素的测量总体信度均很高，α 信度系数分别达到了 0.866、0.895 和 0.889，与标准化的 α 系数相差不大。信度分析说明测量问卷的内部一致性与稳定性均较高，测量问卷总体信度达到标准，具体信度分析数据如表 3.10 所示。

表 3.10 科技型新创企业可持续性发展及动力因素测量问卷总体信度

科技型新创企业可持续性发展的测量					
测量项目	删除后的 α 值	测量项目	删除后的 α 值	测量项目	删除后的 α 值
z1	0.822	z2	0.901	z3	0.895
α =0.866		标准项目 α 系数=0.879			
科技型新创企业可持续性发展直接动力因素的测量					
测量项目	删除后的 α 值	测量项目	删除后的 α 值	测量项目	删除后的 α 值
y11	0.891	y21	0.878	y31	0.912
y12	0.875	y22	0.902	y32	0.885
				y33	0.876
α =0.895		标准项目 α 系数=0.896			
科技型新创企业可持续性发展基础动力因素的测量					
测量项目	删除后的 α 值	测量项目	删除后的 α 值	测量项目	删除后的 α 值
x11	0.872	x23	0.893	x41	0.883
x12	0.910	x31	0.896	x42	0.885
x13	0.884	x32	0.869	x43	0.895
x21	0.892	x33	0.905	x44	0.892
x22	0.886				
α =0.889		标准项目 α 系数=0.887			

（2）问卷中各维度信度分析。本书测量问卷中的影响因素的测量共有 7 个维度，每个维度包含若干项测量项目，因此需要对这 7 个维度分别进行信度分析。通过信度分析得出结果，如表 3.11 所示。

表 3.11　测量问卷各维度信度

维度	企业可持续性发展的测量			
	测量项目	删除后的 α 值	测量项目	删除后的 α 值
市场机会管理能力	$y11$	0.932	$y12$	0.918
	$\alpha=0.912$		标准项目 α 系数=0.914	
技术管理能力	测量项目	删除后的 α 值	测量项目	删除后的 α 值
	$y21$	0.935	$y22$	0.912
	$\alpha=0.936$		标准项目 α 系数=0.935	
资源管理能力	测量项目	删除后的 α 值	测量项目	删除后的 α 值
	$y31$	0.954	$y32$	0.946
	$y33$	0.937		
	$\alpha=0.951$		标准项目 α 系数=0.949	
企业家能力	测量项目	删除后的 α 值	测量项目	删除后的 α 值
	$x11$	0.949	$x12$	0.941
	$x13$	0.939		
	$\alpha=0.945$		标准项目 α 系数=0.944	
组织效率	测量项目	删除后的 α 值	测量项目	删除后的 α 值
	$x21$	0.927	$x22$	0.921
	$x23$	0.926		
	$\alpha=0.923$		标准项目 α 系数=0.924	
人力资源管理能力	测量项目	删除后的 α 值	测量项目	删除后的 α 值
	$x31$	0.942	$x32$	0.938
	$x33$	0.944		
	$\alpha=0.947$		标准项目 α 系数=0.945	
外部环境影响	测量项目	删除后的 α 值	测量项目	删除后的 α 值
	$x41$	0.936	$x42$	0.937
	$x43$	0.945	$x44$	0.942
	$\alpha=0.927$		标准项目 α 系数=0.928	

表 3.11 中，市场机会管理能力、技术管理能力、资源管理能力、企业家能力、组织效率、人力资源管理能力以及外部环境影响维度的 α 信度系数分别为 0.912、0.936、0.951、0.945、0.923、0.947 和 0.927，其标准化的 α 系数分别为 0.914、0.935、0.949、0.944、0.924、0.945 和 0.928。由此可见，所有维度的信度都比较理想。在各个维度中，若删除其中任一题项，则相应的 α 系数没有很大的变化（表 3.11），一般都是减少或保持不变，所以不考虑删除题项。综合以上各个维度的信度分析，认为样本数据是可靠的。

因此，由上述信度分析可知，问卷总体信度和问卷各维度信度都在 0.8 以上，均达到了高信度状态。为此，本书调研问卷中的各题项均予以接受，不对问卷内容作任何调整。

2）效度检验

本书的效度检验将问卷分为三个部分进行测量：第一部分为企业可持续性发展评价指标分量表，即因变量分量表；第二部分为包含市场机会管理能力、技术管理能力以及资源管理能力的分量表，即涉及直接动力因素的分量表；第三部分则是对企业家能力、组织效率、人力资源管理能力及外部环境这四个分量表分别进行效度检验。这里，采用因子分析进行效度检验，具体做法是采用主成分分析法进行分析，并以方差最大旋转法进行旋转，取得因子负荷量矩阵。

本书利用 SPSS 17.0 统计软件进行此项检验。根据大多数专家学者的建议，因子分析的先决条件是样本充足量 KMO（Kaiser-Meyer-Olkin）样本测度值大于 0.5，并且 Bartlett's 球形检验小于 0.05。因此，测量变量应选取 KMO 的绝对值大于 0.5 且 Bartlett's 球形检验小于 0.05 的变量。具体效度分析结果如下。

（1）科技型新创企业可持续性发展分量表因子分析。科技型新创企业可持续性发展（即因变量）分量表集中了问卷主干问题中的第 1~3 个题项。首先对样本充分性进行检验（表 3.12），KMO 的样本测度值为 0.729，远远高于 0.5，适合进行因子分析，同时 Bartlett's 球形检验小于 0.001，拒绝相关系数矩阵为单位矩阵的零假设，非常适合进行因子分析。

表 3.12　KMO 和 Bartlett's 球形检验（因变量分量表）（一）

取样足够度的 KMO 度量		0.729
Bartlett's 球形检验	近似卡方	153.721
	df	3
	Sig.	0.000

因子分析结果见表 3.13 和表 3.14。从表 3.13 中可以看出，样本数据特征值为 2.375。在要求特征值大于 1 的情况下，只能提取一个因子，无法旋转因子。由于表 3.14 中显示的因子载荷值均大于 0.35（根据大多数专家学者的建议，取因子负荷量为 0.35 为最低可接受的标准）。所以，因变量（科技型新创企业的可持续性发展）构面具有较好的结构效度。此构面为单构面，由于其解释方差高达 79.162%，可以说包含了这个层面的大部分信息，说明该分量表的结构效度可以通过。所以，设定其抽取的因子为科技型新创企业可持续性发展的可测量变量。

表 3.13　因变量测量指标因子分析结果（一）

成分	初始特征值			提取平方和载入		
	合计	方差的/%	累计/%	合计	方差的/%	累计/%
1	2.375	79.162	79.162	2.375	79.162	79.162
2	0.365	12.182	91.345			
3	0.260	8.655	100.000			

注：提取方法为主成分分析法

表 3.14　正交旋转后的因变量（企业可持续性发展）分量表因子载荷矩阵

成分矩阵[1]

变量	成分
	1
VAR00001	0.884
VAR00002	0.911
VAR00003	0.873

1）已提取了 1 个成分

注：提取方法为主成分分析法

（2）直接动力因素分量表的因子分析。直接影响因素分量表集中了问卷主体部分的第 4~10 个题项，KMO 的样本测度值为 0.702（表 3.15），高于 0.5，适合进行因子分析。同时，Bartlett's 球形检验小于 0.001，拒绝相关系数矩阵为单位矩阵的零假设，同样支持因子分析。

表 3.15　KMO 和 Bartlett's 球形检验（因变量分量表）（二）

取样足够度的 KMO 度量		0.702
Bartlett's 球形检验	近似卡方	311.898
	df	7
	Sig.	0.000

利用 SPSS 17.0 软件进行因子分析，得到表 3.16。从表 3.16 可以看出，第一、第二、第三以及第四主因子特征值的累计贡献率达到 93.495%，说明 4 个主因子基本包括了 7 个指标的总信息量，说明该分量表的结构效度可以通过。另外，也同时说明可以通过对这 4 个主因子的分析来达到获取几乎全部信息的目的。

表 3.16　解释总方差

成分	初始特征值			提取平方和载入			旋转平方和载入		
	合计	方差的/%	累计/%	合计	方差的/%	累计/%	合计	方差的/%	累计/%
$y11$	3.174	45.343	45.343	3.174	45.343	45.343	2.378	33.972	33.972
$y12$	1.460	20.853	66.196	1.460	20.854	66.196	2.256	32.225	66.197

续表

成分	初始特征值			提取平方和载入			旋转平方和载入		
	合计	方差的/%	累计/%	合计	方差的/%	累计/%	合计	方差的/%	累计/%
$y21$	1.989	17.030	83.226	1.989	12.134	78.330	2.316	17.126	83.323
$y22$	1.526	10.269	93.495	1.526	15.165	93.495	2.268	10.172	93.495
$y31$	0.396	2.077	95.566						
$y32$	0.281	1.940	97.506						
$y33$	0.175	2.494	100.000						

注：提取方法为主成分分析法

　　通过因变量分量表正交旋转后的因素载荷矩阵，对测量因子进行重新审视。由表 3.17 可以看到，第一主因子中，$y11$（机会感知）以及 $y33$（资源配置）均具有高载荷。考虑到企业资源配置在很大程度上依据对市场机会的感知，两个项目在因果关系上的确存在一定的相关性，因此仅保留机会感知因子。在第二主因子中，$y12$（客户关系）以及 $y31$（资源获取），均具有高载荷。考虑到科技型企业依托科技资源的资源需求特性，以及其科技资源来源于其所依赖的外部环境，因此将 $y31$ 合并到 $y12$ 中，仅保留客户关系因子。在第三主因子中，$y21$（技术创新）以及 $y32$（资源整合）均具有载荷，考虑到科技型企业的主要资源为知识技术资源并且企业进行资源整合的目的是通过技术创新赢取收益，故将 $y32$ 合并到 $y21$ 中，仅保留技术创新因子。在第四主因子中，仅有技术商品化的载荷较高，故保留技术商品化因子。

表 3.17　因变量分量表正交旋转后的因素载荷矩阵 [1]

变量	成分			
	1	2	3	4
$y11$	0.935	0.183	0.096	0.088
$y12$	0.428	0.954	−0.578	0.232
$y21$	0.060	0.054	0.911	0.052
$y22$	0.141	0.283	0.333	0.967
$y31$	0.308	0.672	0.203	0.204
$y32$	0.079	0.138	0.830	0.220
$y33$	0.783	0.111	0.085	0.142

1）旋转在 7 次迭代后收敛

　　注：提取方法为主成分分析法；旋转法为具有 Kaiser 标准化的正交旋转法；阴影部分为每个主因子中的高载荷

　　从上述分析来看，资源管理能力因素的特征值远小于 1，且贡献率仅为 6.505%；同时资源管理能力因子分别与市场机会管理能力及技术管理能力的因子具有较高的载荷值，即说明资源管理能力的三个测量变量分别包含于市场机会管理能力及技术管理能力的测量变量中，因此本书将删除科技型新创企业可持续性发展动力机制理论模型中的资源管理能力因素，并对假设做出相应修改，即删除 $H_{3.9}$、$H_{3.10}$、$H_{3.10a}$、$H_{3.10b}$、$H_{3.10c}$ 以及 $H_{3.10d}$。

（3）基础动力因素分量表的因子分析。因为本书选择以每个基础动力因素对企业可持续性发展的影响进行研究，故本部分分别针对企业家能力、组织效率、人力资源管理能力以及外部环境四个维度进行因子分析。

第一，企业家能力。该维度分量表集中了问卷中第 11~13 个题项，KMO 的样本测度值为 0.765（表 3.18），远远高于 0.5，适合进行因子分析，同时 Bartlett's 球形检验小于 0.001，拒绝相关系数矩阵为单位矩阵的零假设，也支持因子分析。

表 3.18　KMO 和 Bartlett's 球形检验（因变量分量表）（三）

取样足够度的 KMO 度量		0.765
Bartlett's 球形检验	近似卡方	298.828
	df	3
	Sig.	0.000

因子分析结果见表 3.19 和表 3.20。从表 3.18 中可以看出，其特征值是 2.137，在要求特征值大于 1 的情况下，只能提取一个因子，无法旋转因子。由于表 3.20 中显示的载荷值均大于 0.35，所以企业家能力维度的测量变量具有较好的结构效度。此构面为单构面，由于其解释方差百分比高达 81.678%，能够包含该层面的大部分信息，所以设定其抽取的因子为企业家能力可测变量。

表 3.19　因变量测量指标因子分析结果（二）

成分	初始特征值			提取平方和载入		
	合计	方差的/%	累计/%	合计	方差的/%	累计/%
1	2.137	81.678	81.678	2.137	81.678	81.678
2	0.402	10.182	91.860			
3	0.306	8.140	100.000			

注：提取方法为主成分分析法

表 3.20　企业家能力测量变量正交旋转后的因素载荷矩阵

成分矩阵[1]

变量	成分
	1
$x11$	0.864
$x12$	0.917
$x13$	0.923

1）已提取了 1 个成分

注：提取方法为主成分分析法

第二，组织效率。该维度分量表集中了问卷中第 14~16 个题项，KMO 的样本测度值为 0.784（表 3.21），远远高于 0.5，适合进行因子分析，同时 Bartlett's 球形检验小于 0.001，拒绝相关系数矩阵为单位矩阵的零假设，同样支持因子分析。

表 3.21　KMO 和 Bartlett's 球形检验（组织效率分量表）

取样足够度的 KMO 度量		0.784
Bartlett's 球形检验	近似卡方	307.414
	df	3
	Sig.	0.000

因子分析结果见表 3.22 和表 3.23。从表 3.22 中可以看到，其特征值为 1.968。在要求特征值大于 1 的情况下，只能提取一个因子，无法旋转因子。由于表 3.23 中显示的载荷值均大于 0.35，所以组织效率维度的测量变量具有较好的结构效度。此构面为单构面，由于其解释方差高达 80.162%，基本能够包含此构面的大部分信息，所以设定其抽取的因子为组织效率的测量变量。

表 3.22　组织效率分量表测量指标因子分析结果

成分	初始特征值			提取平方和载入		
	合计	方差的/%	累计/%	合计	方差的/%	累计/%
1	1.968	80.162	80.162	1.968	80.162	80.162
2	0.389	11.560	91.722			
3	0.278	8.278	100.000			

注：提取方法为主成分分析法

表 3.23　组织效率分量表测量变量正交旋转后的因子载荷矩阵

成分矩阵[1)]

变量	成分
	1
x21	0.896
x22	0.923
x23	0.885

1）已提取了 1 个成分

注：提取方法为主成分分析法

第三，人力资源管理能力。该维度分量表集中了问卷中第 17~19 个题项，KMO 的样本测度值为 0.812（表 3.24），远远高于 0.35，适合进行因子分析，同时 Bartlett's 球形检验小于 0.001，拒绝相关系数矩阵为单位矩阵的零假设，也支持因子分析。

表 3.24　KMO 和 Bartlett's 球形检验（人力资源管理能力分量表）

	取样足够的 KMO 度量	0.812
Bartlett's 球形检验	近似卡方	296.768
	df	3
	Sig.	0.000

　　因子分析结果见表 3.25 和表 3.26。从表 3.25 中可以看出，其特征值是 1.236。在要求特征值大于 1 的情况下，只能提取一个因子，无法旋转因子。由于表 3.26 中显示的载荷值均大于 0.35，所以人力资源管理能力维度的测量变量具有较好的结构效度。此构面为单构面，由于其解释方差高达 85.672%，包含了此构面的大部分信息，所以设定其抽取的因子为人力资源管理能力的测量变量。

表 3.25　人力资源管理能力分量表测量指标因子分析结果

成分	初始特征值			提取平方和载入		
	合计	方差的/%	累计/%	合计	方差的/%	累计/%
1	1.236	85.672	85.672	1.236	85.672	85.672
2	0.401	8.320	93.992			
3	0.296	7.008	100.000			

注：提取方法为主成分分析法

表 3.26　人力资源管理能力分量表测量变量正交旋转后的因子载荷矩阵

成分矩阵[1]

变量	成分
	1
$x31$	0.921
$x32$	0.897
$x33$	0.889

1）已提取了 1 个成分

注：提取方法为主成分分析法

　　第四，外部环境。该维度分量表集中了问卷中第 20~23 个题项，KMO 的样本测度值为 0.786（表 3.27），远远高于 0.5，适合进行因子分析，同时 Bartlett's 球形检验小于 0.001，拒绝相关系数矩阵为单位矩阵的零假设，非常适合进行因子分析。

表 3.27　KMO 和 Bartlett's 球形检验（因变量分量表）（四）

取样足够度的 KMO 度量		0.786
Bartlett's 球形检验	近似卡方	365.361
	df	4
	Sig.	0.000

　　因子分析结果见表 3.28 和表 3.29。从表 3.28 中可以看出，其特征值是 2.046。在要求特征值大于 1 的情况下，只能提取一个因子，无法旋转因子。由于表 3.29 中显示的载荷值均大于 0.5，所以外部环境维度的测量变量具有较好的结构效度。此构面为单构面，由于其解释方差高达 87.956%，能够包含该构面的大部分信息，所以设定其抽取的因子为外部环境的测量变量。

表 3.28　外部环境分量表测量指标因子分析结果

成分	初始特征值			提取平方和载入		
	合计	方差的/%	累计/%	合计	方差的/%	累计/%
1	2.046	89.956	89.956	2.046	89.956	89.956
2	0.429	7.004	96.960			
3	0.233	3.040	100.000			

注：提取方法为主成分分析法

表 3.29　外部环境分量表测量变量正交旋转后的因子载荷矩阵

成分矩阵[1]

变量	成分
	1
$x41$	0.908
$x42$	0.891
$x43$	0.897
$x44$	0.875

1）已提取了 1 个成分

注：提取方法为主成分分析法

3. 结构方程模型评价与相关分析

　　针对删除资源管理能力因素后的科技型新创企业可持续性发展动力机制理论模型的 4 个分模型分别进行结构模型评价与各因素间的相关性分析。首先，通过计算拟合指数完成结构方程模型的整体评价。拟合指数是拟合优度统计量的简称，其是通过构造统计量，衡量 $S - \sum(\theta)$ 的差距，比较观察到的协方差与期望协方差之间的差异，评价和测量模型的绝对拟合程度。

　　其次，本书利用 SPSS 17.0 分别对 4 个结构方程模型中的变量做 Pearson 相关分析,对分模型中发生影响关系的因素间相关性进行考察,作为进一步进行回归分析的依据。按照 Knight(1993)的分类标准,相关系数大于 0.7 为高度相关,介于 0.4~0.7 为中等相关,小于 0.4 为低度相关。通过各潜变量之间的路径系数可以得出各潜变量之间的相关性,路径系数为正(负)表明变量之间呈正(负)相关,绝对值越大正(负)相关性越强。

（1）以企业家能力为基础动力因素的结构方程模型。通过 LISREL 8.7 的验证性分析模块对该分量表继续作一阶验证性因子分析。在对修改后的模型（一）进行进一步调整,即在市场机会管理与技术管理间添加路径后,模型主要拟合度指标如表 3.30 中的 $F1$ 所示。

表 3.30　因变量分量表验证性因子分析拟合度检验（一）

变量	χ^2	df	χ^2/df	P	RMSEA	GFI	AGFI	NFI/NNFI	PGFI	CFI
$F1$	5.22	3	1.74	0.078 5	0.041	0.97	0.94	0.97/0.99	0.75	0.98

$F1$ 的χ^2/df<2、P>0.05,RMSEA<0.05,显示因变量企业可持续性发展的验证因子模型与样本数据无明显差异,其他指标,如 GFI、AGFI、CFI、NFI 等接近于 1,比较理想。由于各拟合指数均符合判定标准,说明结构方程模型拟合地比较好。由于检验的结果比较显著,无需删减路径进行修正。结构方程模型路径（一）如图 3.7 所示。

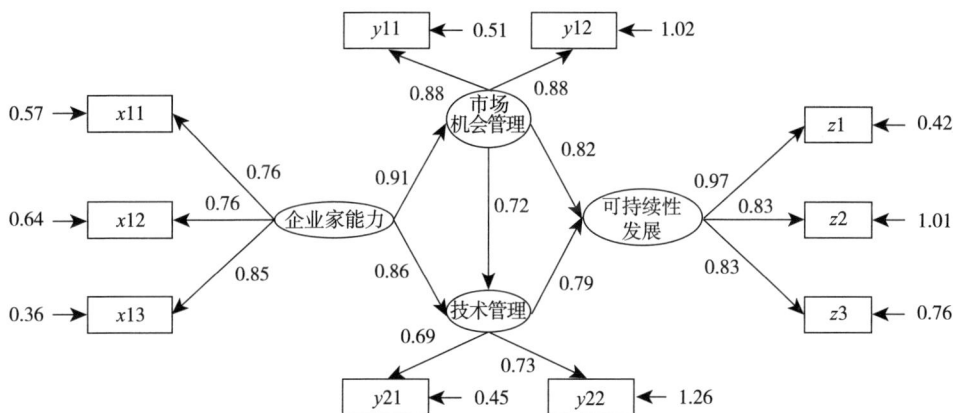

图 3.7　结构方程模型路径（一）

从图 3.7 可知,市场机会管理及技术管理对企业可持续性发展的影响系数分别为 0.82 和 0.79,说明市场机会管理及技术管理均对企业可持续性发展有着明显的、直接的正面影响作用。同时,市场机会管理对技术管理的影响系数为 0.72,说明受访的科技型新创企业进行的技术管理大多遵循市场需求。另外,企业家能力对市场机会管理及技术管理的影响系数分别为 0.91 和 0.86,说明在科技型新创企业中,企业家能力在很大程度上影响着市场机会管理及技术管理的方向与成效。

（2）以人力资源管理能力为基础动力因素的结构方程模型。通过 LISREL 8.7 的验证性分析模块对该分量表继续作一阶验证性因子分析。在对修改后的模型（二）进行进一步调整，即在市场机会管理与技术管理间添加路径后，原始模型的主要拟合度指标如表 3.31 中的 $F2$ 所示。

表 3.31　因变量分量表验证性因子分析拟合度检验（二）

变量	χ^2	df	χ^2/df	P	RMSEA	GFI	AGFI	NFI/NNFI	PGFI	CFI
$F2$	5.46	3	1.82	0.065 5	0.029	0.97	0.94	0.97/0.99	0.73	0.98

$F2$ 的 χ^2/df<2、P>0.05，RMSEA<0.05，显示因变量企业可持续性发展的验证因子模型与样本数据无明显差异，其他指标，如 GFI、AGFI、CFI、NFI 等接近于 1，比较理想。由于各拟合指数均符合判定标准，说明结构方程模型拟合地比较好。由于检验的结果比较显著，无需删减路径进行修正。结构方程模型路径（二）如图 3.8 所示。

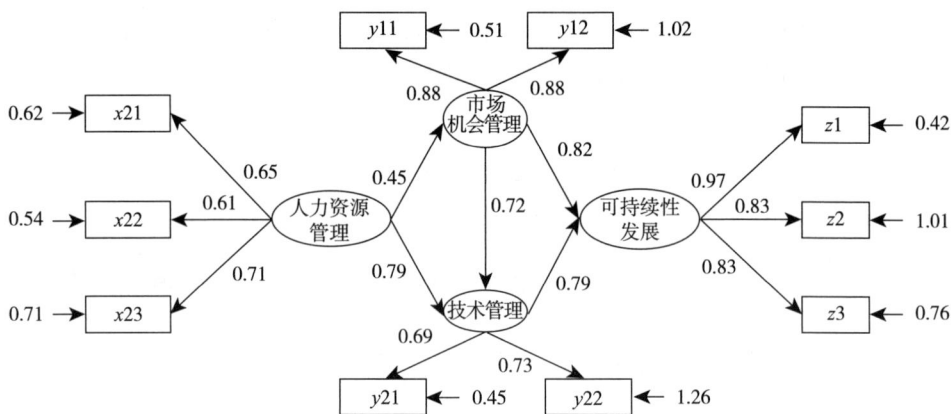

图 3.8　结构方程模型路径（二）

从图 3.8 可知，人力资源管理对市场机会管理的影响系数为 0.45，达到了中等相关水平，但明显低于企业家能力对市场机会管理达到的 0.91 的影响程度。说明在科技型新创企业中，由于企业自身所处阶段的限制以及企业家社会资源的优势，企业家用于对市场需求管理的精力与其他员工相比较多，对市场的把握较敏锐。

（3）以组织效率为基础动力因素的结构方程模型。通过 LISREL 8.7 的验证性分析模块对该分量表继续作一阶验证性因子分析。在对修改后的模型（三）进行进一步调整，即在市场机会管理与技术管理间添加路径后，原始模型的主要拟合度指标如表 3.32 中的 $F3$ 所示。

表 3.32　因变量分量表验证性因子分析拟合度检验（三）

变量	χ^2	df	χ^2/df	P	RMSEA	GFI	AGFI	NFI/NNFI	PGFI	CFI
$F3$	17.47	11	1.59	0.0622	0.032	0.97	0.94	0.97/0.99	0.64	0.97

$F3$ 的 χ^2/df<2、P>0.05，RMSEA<0.05，显示因变量企业可持续性发展的验证因子模型与样本数据无明显差异，其他指标，如 GFI、AGFI、CFI、NFI 等接近于1，比较理想。由于各拟合指数均符合判定标准，说明结构方程模型拟合地比较好。由于检验的结果比较显著，无需删减路径进行修正。结构方程模型路径（三）如图 3.9 所示。

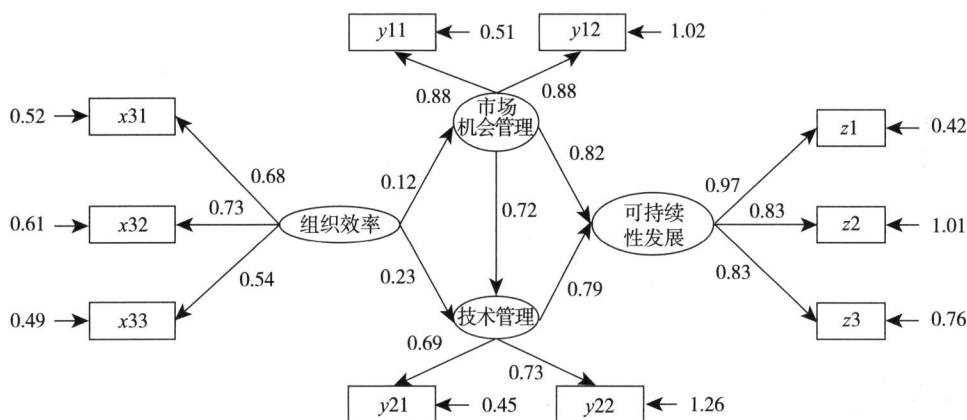

图 3.9　结构方程模型路径（三）

从图 3.9 可知，组织效率对市场机会管理以及技术管理的影响系数分别为 0.12 和 0.23，处于低程度相关的水平。说明在科技型新创企业所处阶段，由于员工数量限制在一定的水平之内、企业自身发展方向的不确定性，以及管理的相对薄弱，企业尚难以形成整体优势，使组织效率整体作用发挥不足。

（4）以外部环境为基础动力因素的结构方程模型。通过 LISREL 8.7 的验证性分析模块对该分量表继续作一阶验证性因子分析。在对修改后的模型（四）进行进一步调整，即在市场机会管理与技术管理间添加路径后，原始模型的主要拟合度指标如表 3.33 中的 $F4$ 所示。

表 3.33　因变量分量表验证性因子分析拟合度检验（四）

变量	χ^2	df	χ^2/df	P	RMSEA	GFI	AGFI	NFI/NNFI	PGFI	CFI
$F4$	6.76	4	1.69	0.0599	0.027	0.98	0.96	0.97/0.99	0.85	0.97

$F4$ 的 χ^2/df<2、P>0.05，RMSEA<0.05，显示因变量企业可持续性发展的验证因子模型与样本数据无明显差异，其他指标，如 GFI、AGFI、CFI、NFI 等接近于

1，比较理想。由于各拟合指数均符合判定标准，说明结构方程模型拟合地比较好。由于检验的结果比较显著，无需删减路径进行修正。结构方程模型路径（四）如图 3.10 所示。

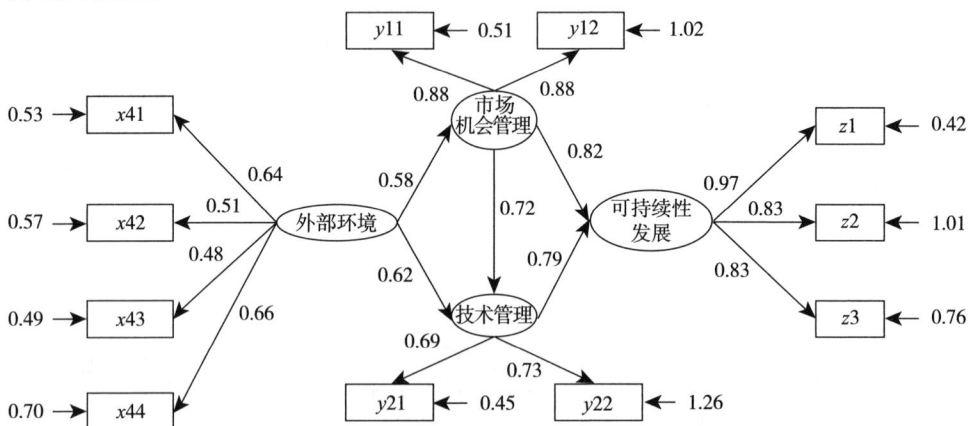

图 3.10　结构方程模型路径（四）

从图 3.10 可知，外部环境对市场机会管理以及技术管理的影响系数分别为 0.58 和 0.62，达到中等相关水平，说明外部环境在一定程度上影响了企业市场机会与技术的管理，同时也说明政府政策、行业协会、融资机构等外部主体对科技型新创企业可持续性发展的作用尚未达到最佳，仍有职能挖掘与提升的空间。

通过相关分析，发现市场机会管理及技术管理均与科技型新创企业可持续性发展存在显著的相关关系；企业家能力、人力资源管理及外部环境对市场机会管理与技术管理均有一定程度的相关性。因此，有进一步利用企业家能力、人力资源管理及外部环境的相关数据，考察市场机会管理、技术管理对科技型新创企业可持续性发展的直接动力影响的必要性。

另外，从相关分析中也看到，组织效率对市场机会管理与技术管理的相关关系不明显，为此，删除科技型新创企业可持续性发展动力机制理论模型（一）（图 3.1）中的组织效率因素，同时相应的删除 $H_{3.2}$：组织效率与科技型新创企业的可持续性发展存在正相关。

4. 企业可持续性发展影响因素的回归分析

依据上述相关分析结果，删除了资源管理能力与组织效率两个因素，为此，应对科技型新创企业可持续性发展的动力机制理论模型进行修订并重新构建，如图 3.11 所示。本部分将在新构建的科技型新创企业可持续性发展动力机制理论模型的基础上，采用多重回归方法对添加中介变量前后的模型加以分析及比较，以考察科技型新创企业可持续性发展的直接动力因素的中介作用。在具体分析过程中，对基础动力因素（外生变量）、直接动力因素（中介变量）与企业可持续性发展（最终因变量）的关系进行回归分析，以确定其之间的关系。

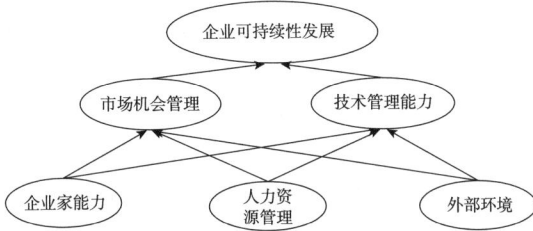

图 3.11　科技型新创企业可持续性发展动力机制理论模型（二）

1）基础动力因素的直接作用分析

科技型新创企业可持续性发展动力机制理论模型（二）中包含的基础影响因素，包括企业家能力、人力资源管理以及外部环境 3 个维度在内的 10 个测量变量。因变量则利用企业盈利持续程度、销售额增长的持续程度以及企业资本积累的能力共同衡量的科技型新创企业可持续性发展状况。使用变量强制进入法，利用基础影响因素的 10 个测量变量对因变量企业可持续性发展做回归，标准化后的回归结果如表 3.34 所示。

表 3.34　科技型新创企业可持续性发展基础因素作用多重回归分析

变量	模型一	
	因变量：科技型新创企业可持续性发展	
	β	T
企业家创新精神	0.918*	2.164
企业家发展远见	0.221*	2.367
企业家知识储备	0.159	2.285
培训的实效性	0.157	1.530
员工激励措施的有效性	0.225*	2.231
管理团队稳定性	0.156	1.980
政府支持力度	0.256*	2.342
产业集群优势	0.285*	1.980
科技机构支持	0.250*	2.014
外部资金支持力度	0.196*	1.725
R	0.802	
R^2	0.643	
R^2_{adj}	0.554	
F	11.986***	

***表示在 $P<0.001$ 的水平上达到显著，**表示在 $P<0.01$ 的水平上达到显著，*表示在 $P<0.05$ 的水平上达到显著

从模型一的整体拟合情况看，指标系数 R^2 与 R^2_{adj} 的值分别为 0.643 及 0.554，表明在总方差中超过一半可以被自变量所解释。另外，回归效果的 F 检验值为

11.986，在 $P<0.001$ 的水平上达到显著，表明该模型的整体拟合优度较好。

从各自变量对因变量的回归结果来看。从模型一可以看出，在所有自变量中，企业家创新精神（0.198，2.164）、企业家发展远见（0.221，2.367）、员工激励措施的有效性（0.225，2.231）、政府支持力度（0.256，2.342）、产业集群优势（0.285，1.980）、科技机构支持（0.250，2.014）、外部资金支持力度（0.196，1.725），7 个变量对科技型新创企业可持续性发展的作用在 $P<0.05$ 的水平上达到显著。故此可判断，随着企业家创新精神、企业家发展远见、员工激励措施的有效性、政府支持力度、产业集群优势、科技机构支持以及外部资金支持力度的强化，科技型新创企业可持续性发展就越有利。除此以外，其余三个自变量（企业家知识储备、培训的实效性及管理团队稳定性）的作用均不显著。因此，企业家创新精神、企业家发展远见、员工激励措施的有效性、政府支持力度、产业集群优势、科技机构支持以及外部资金支持力度均对科技型新创企业可持续性发展产生较明显的驱动作用。

2）直接动力因素的中介作用分析

（1）市场机会管理能力的中介作用分析。以市场机会管理能力为因变量继续对前述 10 个测量变量做回归，结果见表 3.35 中的模型二；接着，以企业可持续性发展为因变量，对包括市场机会管理能力在内的测量变量及前述 10 个测量变量做回归，结果见表 3.35 中的模型三。

表3.35 企业可持续性发展直接动力多重回归分析（以市场机会管理能力为中介）

变量	模型					
	一		二		三	
	因变量：企业可持续性发展		因变量：市场机会管理能力		因变量：企业可持续性发展	
	β	T	β	T	β	T
企业家创新精神	0.198*	2.164	0.205*	2.184	0.141	1.559
企业家发展远见	0.221*	2.367	0.195*	2.013	0.101	1.259
企业家知识储备	0.159	2.285	0.107	0.756	0.075	0.426
培训的实效性	0.157	1.530	0.082	0.841	0.240	0.463
员工激励措施的有效性	0.225*	2.231	0.043	0.681	0.284*	2.153
管理团队稳定性	0.156	1.980	0.056	0.658	0.096	1.206
政府支持力度	0.256*	2.342	0.036	0.866	0.372*	2.560
产业集群优势	0.285*	1.980	0.315*	2.864	0.061	0.848
科技机构支持	0.250*	2.014	0.056	0.876	0.183	1.979
外部资金支持力度	0.196*	1.725	0.076	1.203	0.376*	2.453
					0.166*	1.548
R	0.802		0.696		0.772	
R^2	0.643		0.484		0.596	

续表

变量	模型					
	一		二		三	
	因变量： 企业可持续性发展		因变量： 市场机会管理能力		因变量： 企业可持续性发展	
	β	T	β	T	β	T
R^2_{adj}	0.554		0.462		0.523	
F	11.986***		10.869***		11.454***	

***表示在 $P<0.001$ 的水平上达到显著，**表示在 $P<0.01$ 的水平上达到显著，*表示在 $P<0.05$ 的水平上达到显著

　　模型二的判定系数 R^2 和 R^2_{adj} 的值分别是 0.484 和 0.462，表明总方差中超过十分之四可以被自变量所解释，表示回归效果的 F 检验值为 10.869，在 $P<0.001$ 的水平上达到显著，表明该模型的整体拟合优度尚可。

　　模型三的判定系数 R^2 和 R^2_{adj} 的值分别是 0.596 和 0.523，说明总方差中超过一半可以被自变量所解释，表示回归效果的 F 检验值为 11.454，在 $P<0.001$ 的水平上达到显著，表明该模型的整体拟合优度较好。

　　模型三的自变量回归结果显示，市场机会管理能力对企业可持续性发展的作用显著（0.166，1.548），说明市场机会管理能力在某些自变量与科技型新创企业可持续性发展之间具有中介作用。

　　按照中介作用的判定原则，在本书中市场机会管理能力对某个变量与企业可持续性发展之间起中介作用的前提是该变量在模型一与模型二中均显著，在模型三中不显著或显著性降低。按此要求，考察企业家创新精神，其在模型一中显著（0.198，2.164），在模型二中也显著（0.205，2.184），但在加入假设中介变量市场机会管理能力的模型三中不显著（0.141，1.559），据此判定市场机会管理能力在企业家创新精神与企业可持续性发展之间起到了完全的中介作用。

　　考察企业家发展远见，其在模型一中显著（0.221，2.367），在模型二中也显著（0.195，2.013），但在加入假设中介变量市场机会管理能力的模型三中不显著（0.101，1.259），据此判定市场机会管理能力在企业家发展远见与企业可持续性发展之间起到了完全的中介作用。

　　考察员工激励措施的有效性，其在模型一中和加入中介变量市场机会管理能力的模型三中均显著，但在模型二中不显著，故判断市场机会管理能力在员工激励措施的有效性与企业可持续性发展之间不具有中介作用。

　　考察管理团队稳定性，其在模型一、模型二和模型三中均不显著，故判断市场机会管理能力在管理团队稳定性与企业可持续性发展之间不具有中介作用。

　　考察政府支持力度，其在模型一和模型三中均显著，但在模型二中不显著，故判断市场机会管理能力在政府支持力度与企业可持续性发展之间不具有中介作用。

考察产业集群优势,其在模型一中显著(0.285,1.980),在模型二中也显著(0.315,2.864),但在加入假设中介变量市场机会管理能力的模型三中不显著(0.061,0.848),据此判定市场机会管理能力在产业集群优势与企业可持续性发展之间起到了完全的中介作用。

考察科技机构支持,其在模型一和模型三中均显著,但在模型二中不显著,故判断市场机会管理能力在科技机构支持与企业可持续性发展之间不具有中介作用。

考察外部资金支持力度,其在模型一中显著,但在模型二和模型三中均不显著,故判断市场机会管理能力在外部资金支持力度与企业可持续性发展之间不具有中介作用。

综合上述分析判断,市场机会管理能力在企业家创新精神、企业家发展远见以及产业集群优势的基础动力的作用下,能够形成对科技型新创企业可持续性发展的直接动力。

(2)技术管理能力的中介作用分析。以技术管理能力为因变量对 10 个自变量做回归,结果见表 3.36 中的模型二。以可持续性发展为因变量对包括企业文化凝聚力在内的 n 个因变量做回归,结果见表 3.36 中的模型三。

模型二的判定系数 R^2 和 R^2_{adj} 的值分别是 0.561 和 0.508,说明总方差中超过约 50%能够被自变量所解释,表示回归效果的 F 检验值为 10.036,在 $P<0.001$ 的水平上显著,该模型的整体拟合优度较好。

模型三的判定系数 R^2 和 R^2_{adj} 的值分别是 0.637 和 0.598,说明总方差超过一半能够被自变量所解释,表示回归效果的 F 检验值为 10.845,在 $P<0.001$ 的水平上显著,该模型的整体拟合优度较好。

模型三的自变量作用结果显示,技术管理能力对企业可持续性发展的作用显著(0.241,2.346),说明技术管理能力可能在某些自变量与科技型新创企业可持续性发展之间具有中介作用。

表 3.36　企业可持续性发展直接动力因素多重回归分析（以技术管理能力为中介）

变量	模型					
	一		二		三	
	因变量: 企业可持续性发展		因变量: 技术管理能力		因变量: 企业可持续性发展	
	β	T	β	T	β	T
企业家创新精神	0.198*	2.164	0.326*	2.923	0.132	1.496
企业家发展远见	0.221*	2.367	0.021	0.536	0.246*	1.567
企业家知识储备	0.159	2.285	0.031	0.456	0.351	2.736
培训的实效性	0.157	1.530	0.064	1.045	0.234	2.531
员工激励措施的有效性	0.225*	2.231	0.286*	2.512	0.143	1.564

续表

变量	模型					
	一		二		三	
	因变量：企业可持续性发展		因变量：技术管理能力		因变量：企业可持续性发展	
	β	T	β	T	β	T
管理团队稳定性	0.156	1.980	0.013	0.286	0.235*	2.143
政府支持力度	0.256*	2.342	0.042	0.732	0.376*	2.986
产业集群优势	0.285*	1.980	0.023	0.465	0.243*	2.453
科技机构支持	0.250*	2.014	0.365*	2.867	0.165*	1.657
外部资金支持力度	0.196*	1.725	0.056	0.867	0.086*	1.678
					0.241*	2.346
R	0.802		0.749		0.798	
R^2	0.643		0.561		0.637	
R^2_{adj}	0.554		0.508		0.598	
F	11.986***		10.036***		10.845***	

***表示在 $P<0.001$ 的水平上达到显著，**表示在 $P<0.01$ 的水平上达到显著，*表示在 $P<0.05$ 的水平上达到显著

考察企业家创新精神，其在模型一中显著（0.198，2.164），在模型二中也显著（0.326，2.923），但在加入假设中介变量技术管理能力的模型三中不显著（0.132，1.496），据此判定技术管理能力在企业家创新精神与企业可持续性发展之间起到了完全的中介作用。

考察企业家发展远见，其在模型一和模型三中均显著，在模型二中不显著，故判断技术管理能力在企业家发展远见与企业可持续性发展之间不具有中介作用。

考察员工激励措施的有效性，其在模型一中显著（0.225，2.231），在模型二中也显著（0.286，2.512），但在加入假设中介变量技术管理能力的模型三中不显著（0.143，1.564），据此判定技术管理能力在员工激励措施的有效性与企业可持续性发展之间起到了完全的中介作用。

考察管理团队稳定性，其在模型三中显著，但在模型一和模型二中均不显著，故判断技术管理能力在管理团队稳定性与企业可持续性发展之间不具有中介作用。

考察政府支持力度，其在模型一和模型三中均显著，但在模型二中不显著，故判断技术管理能力在政府支持力度与企业可持续性发展之间不具有中介作用。

考察产业集群优势，其在模型一和模型三中均显著，但在模型二不显著，故判断技术管理能力在产业集群优势与企业可持续性发展之间不具有中介作用。

考察科技机构支持，其在模型一、模型二以及模型三中均显著，但在模型三中的显著性明显低于在模型一中的显著性，故判断技术管理能力在科技机构支持与

企业可持续性发展之间具有部分的中介作用。

考察外部资金支持力度,其在模型一和模型三中均显著,但在模型二中不显著,故判断技术管理能力在外部资金支持力度与企业可持续性发展之间不具有中介作用。

综合上述分析判断,技术管理能力在企业家创新精神、员工激励措施的有效性以及科技机构支持的基础动力的作用下,能够形成对科技型新创企业可持续性发展的直接动力。

综合以上实证分析,得出以下结论:①企业家创新精神、企业家发展远见、员工激励措施的有效性、政府支持力度、产业集群优势、科技机构支持以及外部资金支持力度 7 个因素是科技型新创企业可持续性发展的基础动力因素;②市场机会管理能力在企业家创新精神、企业家发展远见以及产业集群优势的基础动力的作用下,能够形成对科技型新创企业可持续性发展的直接动力作用;③技术管理能力在企业家创新精神、员工激励措施的有效性以及科技机构支持的基础动力的作用下,能够形成对科技型新创企业可持续性发展的直接动力作用;④科技型新创企业的市场机会管理能力对其自身的技术管理能力具有直接影响作用。

3.2　科技型中小企业成长能力系统的构建

3.2.1　科技型中小企业成长机理构建

1. 科技型中小企业可持续性成长上限分析

哈佛大学教授格雷纳(1985)指出,企业成长的每个阶段都由两部分组成:一部分是前期的演进;另一部分是后期的危机或变革。正是由于后期的危机或变革才促使企业向前跃进到下一个生命阶段。格雷纳在其"五阶段成长模型"中对企业成长过程的阐述如下:一方面,随着企业经验的积累,企业规模不断扩大,逐步迈入成熟,企业呈现出良好的成长态势;另一方面,在企业内部有两种力相互作用,即动力(推动企业成长)与阻力(阻碍企业成长)。在企业的一个成长阶段,企业的一种能力可能是企业推动此阶段成长的动力,同时又可能是阻碍其迈入下一阶段成长的阻力。因此,企业保持持续成长力的关键就是其自身能否突破阻碍进入下一阶段成长。

随后学者对于企业的动力与阻力又进行了深一步的研究。1998 年美国管理学家彼得·圣吉的名著《第五项修炼——学习型组织的艺术与实务》中最早提出"成长上限"这个名词。他认为:企业并不是因为达到了成长的极限,其成长才出现了减缓、停顿，甚至下滑，而是由于在企业的成长过程出现了一种或多种因素的相互作用限制了企业的成长。企业持续的创新就如同企业的"引擎"，它促使企业持续成长、前进。随着企业的产生，就面临着资金短缺、人才储备匮乏、市场的竞争和全方位的挤压等因素的限制，这就决定着企业只有通过创新来获得生存与成长。企业要通过不断地突破成长上限来实现其可持续性发展的过程，而阶段性创新则是企业突破成长上限和维持持续成长的关键。在每一个阶段内，企业都会遇到危机，从而企业的成长出现阶段性的成长上限，企业此时需要适时改变创新因素，从而突破成长上限后进入下一个发展阶段，以此保证企业持续成长。

对比格雷纳的"危机"观点和圣吉的"成长上限"观点，格雷纳提出的"危机"的概念局限性比较强，只解释了企业阶段性遇到危机的问题，而圣吉的"成长上限"的含义更广泛，是阻碍或限制企业成长的一切因素的集合（罗余才和李功网，2009）。因此，本书结合格雷纳和圣吉两位学者的观点，采用"成长上限"这一概念来描述企业每阶段遇到的限制性因素的集合。基于对企业成长影响因素的总结，再结合圣吉的"成长上限"观点，本书认为科技型中小企业的成长上限主要表现在三个方面，即资源上限、管理上限和技术上限。本书从这三方面来全面分析科技型中小企业成长过程中遇到的问题，力求突破科技型中小企业成长上限，以此保障企业的不断成长。

2. 科技型中小企业代际成长与代内成长分析

我国学者邢建国（2006）引入"企业代"这一概念来说明企业的可持续性发展，他将"企业代"运用到企业成长过程中来描述企业成长包括不同发展阶段在一个生命周期内的前后更迭现象。在企业成长的整个生命周期中，包括两种不同的成长类型，即代内成长与代际成长。企业的代内成长是一种稳定的成长过程，是指在稳定的环境下，即市场环境、运营模式以及经营过程保持基本不变的情况下，企业资产发生的一种量变过程（由小到大）。由此可见，在此阶段，企业的成长趋势比较缓慢，成长力处于缓慢增长时期。企业的代际成长是一种快速的成长过程，是指在变化的环境下，即经营环境的变化迅速，企业资产结构发生根本性调整的过程。与此同时，企业核心能力也呈现出新旧更迭，由此随着企业资产的扩张，企业的竞争优势也进行着代际推进。换言之，企业的代内成长不过是给定的竞争优势或核心能力的市场释放过程，而代际推进则是企业核心能力的重构过程。没有这种核心能力的重构，便不存在企业的代际成长。

对于科技型中小企业而言，创新是带来竞争优势或核心能力的源泉。在外部环境基本不变的情况下，由于科技型中小企业给定影响因素创新的竞争优势的市场释放，企业成长力缓慢地增强，给企业带来了稳步的代内成长期。但随着外部环境的变化以及给定创新的竞争优势的不断衰退，此时的创新不能继续维持成长力的缓慢成长，从而达到了成长的上限。科技型中小企业只有通过转变其他影响因素的创新获得新的竞争优势或核心能力，才能使企业的成长力由停滞扭转为快速增强的局面，由此来突破成长上限带来的成长困境，步入快速成长的代际成长期。

企业持续成长存在着代内成长与代际成长两部分，并且两者存在着密切联系、不可分割：从一方面讲，两者之间是互为前提和基础。企业代际推进的冲动要在代内成长发展到一定程度的基础上；反之，代际成长的空间往往又受到代内成长的程度的影响。虽然代际成长是企业快速成长时期，但是这需要建立在企业代内成长为其提供良好的"平台"的基础上才能得以实现，代内成长是影响代际更替高度及其频度的重要影响因素，因此代内成长构成企业寿命周期的主干。科技型中小企业成长各阶段的代内成长不仅要保障当期利润的继续增长，而且要在稳定成长的同时保障企业成长的潜力及其可持续性，从而为企业代际成长提供坚实的基础。从另一方面讲，代际成长和代内成长决定着企业的成长潜力、成长速度以及成长程度，企业的成长性和可持续性也都是由这两种成长力类型所决定的（邢建国，2006）。科技型中小企业可持续性发展的一般约束条件就是同时实现企业代内成长和代际成长两种不同的成长类型，同时这两种成长类型也是企业实现由弱到强和由小到大的成长所必需的能力，是实现科技型中小企业可持续性发展的相辅相成的两个方面。

3. 科技型中小企业可持续性成长机理构建

结合企业生命周期理论和"企业代"的思想（邢建国，2005）综合分析企业可持续性成长问题并得出科技型中小企业可持续性发展机理（图3.12）。结合"企业代"的思想，企业的创业期、成长期、成熟期、衰退期（蜕变期）四个生命周期阶段都包含着代内成长与代际成长两种不同的"成长类型"，即企业的每个成长阶段又分为代内成长期和代际成长期。代内成长期是企业稳步的成长时期，并且在此时期企业的成长力增长缓慢并且会达到一定的上限，即成长力的停滞增长期。只有代际成长的推动，企业才能突破成长上限，成长力重新扭转为快速成长。整个生命周期四阶段内代内成长期和代际成长期不断地交替出现，才促使了企业的可持续性发展。科技型中小企业可持续性发展机理主要有以下四个特点：一是企业代的划分是基于企业生命周期理论的，把科技型中小企业的生命周期划分为创业期、成长期、成熟期和衰退期（蜕变期）四个阶段。在此基础上来研究科技型中小企业的可持续性发展，使得分析更接近于实际，更利于企业借鉴与应用。二是成长上限期和代际成长期共同构成了科技型中小企业成长的过渡期 X。因为在过渡期内，企业的成长是达到瓶颈并突破瓶颈的重要时期，这个时期决定着企业的生死存亡。如果企业突破成长上限,进入代际成长期,企业就从前一个生命阶段跨越到下一个生命阶段,否则就会面临衰退灭亡的命运。三是科技型中小企业的过渡期存在于企业的生命周期四阶段之中,融于企业生命周期的前一阶段与下一阶段之间。例如,过渡阶段中的成长上限期存在于企业生命周期的创业期,即企业在创业期的代内成长达到了成长上限,需要新的代际成长来继续推动企业的可持续性成长。此时由于成长上限的压力作用,企业出现了继续推动企业可持续性成长的代际成长。伴随着代际成长期的出现,企业进入了又一个高速成长的阶段,跨入了企业生命周期的成长期。这种过渡贯穿于企业整个生命周期的前一个阶段向下一个阶段的转换。四是科技型中小企业随时可能步入衰退期。企业在过渡期如果没有突破成长上限期,跨到代际成长期,企业的成长力就会递减。企业很可能就会出现衰退,进而遭遇灭亡的命运。

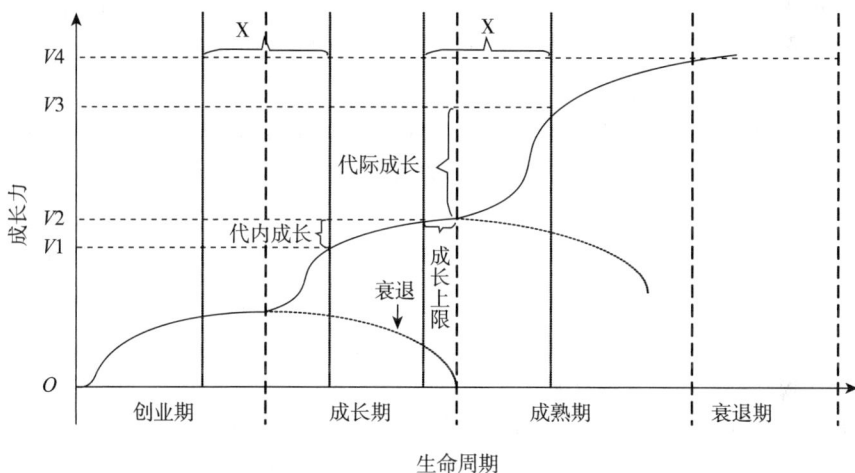

图 3.12　科技型中小企业可持续性发展机理

3.2.2　科技型中小企业成长力评价与能力因素框架建立

本小节从科技型中小企业阶段性成长上限的实证研究出发,分析得出科技型中小企业成长各个阶段的限制性因素。基于熵理论和耗散结构理论,针对限制企业成长的因素对企业成长力进行评价和分析,得出资源创新、管理创新和技术创新是提升科技型中小企业成长力的关键。通过对学者们关于影响创新的要素归纳总结,进一步分析得出突破科技型中小企业成长限制性因素的能力框架。

1. 科技型中小企业阶段性成长上限实证分析

为了寻求我国科技型中小企业寿命短的深层次原因,即企业成长中遇到的限制性因素,本章通过调查问卷和深入访谈的方式对科技型中小企业成长限制性因素进行实证研究,从而识别出其成长各阶段的成长上限,并以此作为科技型中小企业成长力评价和分析的基础。

1)第一阶段实证问卷设计

根据专家学者的研究成果,在问卷中对科技型中小企业成长阶段进行明确的界定。创业期是指企业成立时间不足一年,或者成立时间超过一年,但是其人员数量、固定资产和销售额都较少,而且其增长速度比较缓慢,盈利性不高;成长期是指成立时间超过一年,且其人员数量、销售额和固定资产都处于快速增长的时期;成熟期是指人员数量、销售额和固定资产都处于比较稳定的时期,但是数量比较大,盈利性较高;衰退期是人员数量、销售额和固定资产均处于下降的阶段,而且长时间得不到改善。

罗余才和李功网(2009)将影响企业可持续性发展的因素总结和划分为资源因素、管理因素和技术因素三个方面。影响企业成长的关键因素如果得不到良好的发展,则可能成为企业成长的限制性因素。因此,根据李功网和罗余才的研究结论,本次调研的调查问卷便从这三个方面的影响因素进行设计,其中资源限制因素分为人力资源限制、信息资源限制和财物资源限制;管理限制因素分为管理人员素质限制、管理制度限制和管理模式限制;技术限制因素分为技术体系限制和核心技术水平限制。要求被调查者根据企业所处的不同阶段,选择上述影响因素对其所处阶段的限制程度,即在"非常明显"、"比较明显"、"不太明显"、"极不明显"和"说不准"5个选项中选择,由此通过科技型中小企业阶段性成长上限实证调研,得出企业各成长阶段的突出限制性因素(附录二)。

2)第一阶段实证样本情况

本次调查问卷历时3个月,以天津市科技型中小企业为研究对象,涉及企业主要分布在天津市滨海新区及天津市华苑产业园区。样本的选择主要遵循两个原则:一是选择具有典型性的样本;二是选择具有真实性的样本。本次调查采用问卷调查和深入访谈相结合的方式,并说明此次研究成果完全用于学术研究,消除企业的顾虑。并且在访谈过程中向其讲解问卷的具体情况和填写标准,保证了受访者对问卷内容理解的准确性。此次调查共发放问卷400份,涉及企业122家,共回收问卷325份,回收率为81.25%,其中有效问卷269份(涉及企业113家),有效率为67.25%。因为对部分企业进行了深入访谈,并借助中介机构的关系网络(如天津市科技型企业孵化中心等机构)和邮电发送等方式,保障了问卷的涉及范围以及回收问卷的成功率和有效率。以下为基本情况介绍。

(1)受访者情况统计。从文化程度、职位和其在本公司任职年限统计受访者主要情况,如表3.37所示。

表 3.37 　受访者基本情况

调研回应者	分类	频次	占比/%	累计占比/%
文化程度	博士	9	3.3	3.3
	硕士、双学士	15	5.6	8.9
	大学本科	78	29.0	37.9
	大专	91	33.8	71.7
	大专以下	76	28.3	100.0
	合计	269	100.0	
职位	总经理	74	27.5	27.5
	其他高级管理人员	83	30.9	58.4
	中层管理人员	67	24.9	83.3
	基础管理人员	45	16.7	100.0
	合计	269	100.0	
在本公司任职年限	1 年以下	27	10.0	10.0
	1~4 年	63	23.4	33.4
	5~10 年	96	35.7	69.1
	11 年及以上	83	30.9	100.0
	合计	269	100.0	

文化程度。在受访的 269 位调研对象中，大专以上学历的受访者为 193 位，占样本总数的 71.7%。这说明受访者具有较高的专业素养，对于问卷中涉及的内容和选项能够清楚理解并做出回答，这有效地保证了问卷结果的准确性和可靠性，同时说明企业人员的文化素质普遍较高。

职位。在受访的 269 位调研对象中，中层管理以上的受访者为 224 位，占样本总数的 83.3%。中、高层领导对于企业的实际情况掌握得更全面，更清楚地了解企业成长的历程。他们对于企业销售额、资产总额、销售增长速度、资产增长速度等情况更明确。因此，对企业成长阶段的划分和对其各阶段成长限制因素的判断更符合企业的实际情况，从而保障了问卷结果的真实性。

在本公司任职年限。受访者在本公司任职年限是筛选问卷的一个关键性指标。为了确保受访者清楚了解公司现状及以往成长经历，要求受访者在本公司的任职年限要与公司的成长年限相近，或者其对企业的成长历程比较清晰。这样才能保障受访者是十分清楚本公司的成长情况，因此此项目是筛选问卷的一个关键性标准。

（2）受访企业情况统计。从企业规模、企业成立年限和企业所处阶段统计受访企业主要情况，如表 3.38 所示。

表 3.38　受访企业基本情况

调研企业	分类	频次	占比/%	累计占比/%
企业规模	50 人以下	29	25.7	25.7
	50~199 人	45	39.8	65.5
	200~499 人	27	23.9	89.4
	500 人及以上	12	10.6	100.0
	合计	113	100.0	
企业成立年限	1 年以内	19	16.8	16.8
	1~4 年	41	36.3	53.1
	5~10 年	29	25.7	78.8
	11 年及以上	24	21.2	100.0
	合计	113	100.0	
企业所处阶段	创业期	23	20.4	20.4
	成长期	56	49.6	70.0
	成熟期	31	27.4	97.4
	衰退期（或蜕变期）	3	2.6	100.0
	合计	113	100.0	

企业规模。在受访的 113 家企业中，企业的员工数分布在 50 人以下的占企业总数的 25.7%；50~199 人的企业占企业总数的 39.8%；200~499 人的企业占企业总数的 23.9%；500 人及以上的企业占企业总数的 10.6%，如表 3.38 所示，由此可以得出天津市企业的规模相对比较平均。

企业年限。在受访的 113 家企业中，成长年限在 1 年以内的企业 19 家，占企业总数的 16.8%；成长年限在 1~4 年的企业 41 家，占企业总数的 36.3%；成长年限在 5~10 年的企业 29 家，占企业总数的 25.7%；成长年限在 11 年及以上的企业 24 家，占企业总数的 21.2%。说明调查结果大致符合企业生命周期基本情况，处于成长期和成熟期的企业占据总额的绝大部分。

企业所处阶段。在进行发放问卷之前，课题项目组成员对多家企业进行了深入的访谈，从中得知企业的中、高层领导大多比较清楚企业所处的成长阶段，对于阶段的划分标准也大致相同，都是以成长年限及规模、企业销售额及销售额增长率、企业资产总额及资产总额增长率等因素作为企业阶段划分的标准。因此本书对于受访企业所处阶段根据受访者的评定。调查得出处于创业期的企业 23 家，占企业总数的 20.4%；处于成长期的企业 56 家，占企业总数的 49.6%；处于成熟期的企业 31 家，占企业总数的 27.4%。这说明此次调查的结果大致符合企业的生命周期规律。

3）第一阶段实证频数统计

根据收回的有效问卷，对科技型中小企业成长各阶段限制性因素进行频数统计,如表 3.39 所示。

表 3.39 阶段性限制因素频数统计情况

调查具体分项	样本分布	创业期		成长期		成熟期	
		样本频数	所占比重/%	样本频数	所占比重/%	样本频数	所占比重/%
人力资源限制	A.非常明显	21	36.2	18	14.2	10	12.7
	B.比较明显	17	29.3	22	17.3	9	11.4
	C.不太明显	9	15.5	53	41.7	17	21.5
	D.极不明显	6	10.3	23	18.1	31	39.2
	E.说不准	5	8.7	11	8.7	12	15.2
信息资源限制	A.非常明显	19	32.8	22	17.3	8	10.1
	B.比较明显	22	37.9	20	15.7	9	11.4
	C.不太明显	7	12.1	48	37.8	19	24.1
	D.极不明显	3	5.1	23	18.1	34	43.0
	E.说不准	7	12.1	14	11.0	9	11.4
财物资源限制	A.非常明显	24	41.4	14	11.0	5	6.3
	B.比较明显	17	29.3	19	15.0	9	11.4
	C.不太明显	5	8.6	57	44.9	24	30.4
	D.极不明显	2	3.4	25	19.7	33	41.8
	E.说不准	10	17.3	12	9.4	8	10.1
管理人员素质限制	A.非常明显	4	6.9	40	31.5	10	12.7
	B.比较明显	10	17.2	54	42.5	18	22.8
	C.不太明显	21	36.2	18	14.2	25	31.6
	D.极不明显	18	31.0	12	9.4	16	20.3
	E.说不准	5	8.7	3	2.4	10	12.7
管理制度限制	A.非常明显	5	8.6	43	33.9	13	16.5
	B.比较明显	12	20.7	49	38.6	10	12.7
	C.不太明显	18	31.0	20	15.7	30	38.0
	D.极不明显	19	32.8	12	9.4	16	20.3
	E.说不准	4	6.9	3	2.4	10	12.7

调查具体分项	样本分布	创业期		成长期		成熟期	
		样本频数	所占比重/%	样本频数	所占比重/%	样本频数	所占比重/%
管理模式限制	A.非常明显	2	3.4	41	32.3	16	20.3
	B.比较明显	10	17.2	51	40.2	15	19.0
	C.不太明显	19	32.8	19	15.0	20	25.3
	D.极不明显	23	39.7	12	9.4	13	16.5
	E.说不准	4	6.9	4	3.1	15	19.0
技术体系限制	A.非常明显	6	10.3	12	9.4	19	24.1
	B.比较明显	9	15.5	24	18.9	27	34.2
	C.不太明显	10	17.2	54	42.5	12	15.2
	D.极不明显	30	51.7	17	13.4	7	8.9
	E.说不准	3	5.3	20	15.7	14	17.7
核心技术先进程度限制	A.非常明显	7	12.1	18	14.2	21	26.6
	B.比较明显	17	29.3	37	29.1	26	32.9
	C.不太明显	10	17.2	47	37.0	11	13.9
	D.极不明显	20	34.5	13	10.2	5	6.3
	E.说不准	4	6.9	12	9.4	16	20.3

4）第一阶段实证数据分析及结论

通过上述调查问卷的总结分析得出，目前我国科技型中小企业成长各阶段的限制因素主要体现在以下三个方面。

（1）创业期数据分析。在对处于创业期的 23 家企业进行调查中发现：在资源限制因素的调查中，主要侧重于人力资源、信息资源和财物资源的限制程度的数据统计。人力资源限制程度选项中有 21 个样本提出其限制程度"非常明显"，17 个样本提出其限制程度"比较明显"，共占样本总数的 65.5%；信息资源限制程度选项中有 19 个样本提出其限制程度"非常明显"，22 个样本提出其限制程度"比较明显"，共占样本总数的 70.7%；财物资源限制程度选项中有 24 个样本提出其限制程度"非常明显"，17 个样本提出其限制程度"比较明显"，共占样本总数的 70.7%。由此可以体现资源因素在创业期的限制程度主要在"非常明显"和"比较明显"两个选项表现比较突出，其中财物资源限制相对于其他两个因素的限制程度表现更加明显。

在管理限制因素的调查中,主要侧重于管理人员素质、管理制度和管理模式的限制程度的数据统计。管理人员素质限制程度选项中有 21 个样本提出其限制程度"不太明显",18 个样本提出其限制程度"极不明显",共占样本总数的 67.2%;管理制度限制程度选项中有 18 个样本提出其限制程度"不太明显",19 个样本提出其限制程度"极不明显",共占样本总数的 63.8%;管理模式限制程度选项中有 19 个样本提出其限制程度"不太明显",23 个样本提出其限制程度"极不明显",共占样本总数的 72.5%。由此可以得出管理因素在创业期的限制程度主要表现在"不太明显"和"极不明显"两个选项,限制程度相对于资源限制不太突出。

在技术限制因素的调查中,主要侧重于技术体系和核心技术先进程度的限制程度的数据统计。技术体系限制程度选项中有 10 个样本提出其限制程度"不太明显",30 个样本提出其限制程度"极不明显",共占样本总数的 68.9%;核心技术先进程度选项中有 17 个样本提出其限制程度"比较明显",20 个样本提出其限制程度"极不明显",共占样本总数的 63.8%。

由以上频数统计和企业深入访谈可以得知,对处于创业期的大多数企业来说,由于企业刚刚成立不久,人才匮乏、财务状况紧张、信息闭塞等问题都比较突出,直接影响着企业的成长与发展。因此,此时能够获得充足的资源来支持企业的生存和成长对于处于创业期的企业是至关重要的。而创业期企业的组织结构比较简单,企业规模和人员数量都较少,所以管理因素的重要程度还没有在企业的成长过程中凸显出来。创业期的绝大多数企业并不是靠自主创新的技术来立足的,它们通过模仿创新技术等方式使得企业在有限资源的支撑下获得超额的利润。所以,此时企业的成长上限主要体现在资源因素上,而突破资源上限的关键也需要在资源因素上达到突破。

（2）成长期数据分析。在对处于成长期的 56 家企业进行调查中发现:在成长期资源因素限制的调查中,人力资源限制程度"非常明显"这一选项所占样本总数比重由 36.2%下降到 14.2%,而"不太明显"这一选项所占样本总数比重由 15.5%上升到 41.7%,这说明人力资源这一因素的限制程度与创业期相比有了明显的下降;信息资源限制程度选项中有 48 个样本提出其限制程度"不太明显",23 个样本提出其限制程度"极不明显",共占样本总数的 55.9%;财物资源限制程度选项中有 57 个样本提出其限制程度"不太明显",25 个样本提出其限制程度"极不明显",共占样本总数的 64.6%。由此可以体现资源因素由创业期的限制程度主要在"非常明显"和"比较明显"两个选项转变到"不太明显"和"极不明显"两个选项,但是其占比重并不是明显突出,说明其限制程度有所下降,但是其限制性还是有所体现的。

在成长期管理因素限制的调查中,管理人员素质限制程度"非常明显"这一选项所占样本总数比重由 6.9%上升到 31.5%,"比较明显"这一选项也从 17.2%

上升到42.5%，而"不太明显"这一选项所占样本总数比重由36.2%下降到14.2%，"极不明显"这一选项所占比重由31.0%下降到9.4%，这说明管理人员素质这一因素的限制程度相比于创业期有了明显的提高；管理制度限制程度选项中有49个样本提出其限制程度"比较明显"，43个样本提出其限制程度"非常明显"，共占样本总数的72.5%；管理模式限制程度选项中有51个样本提出其限制程度"比较明显"，41个样本提出其限制程度"非常明显"，共占样本总数的72.5%。由此可以体现管理因素由创业期的限制程度主要在"不太明显"和"极不明显"两个选项转变到"非常明显"和"比较明显"两个选项，此时期占比重并不是明显突出，说明其限制程度随着企业的成长有了较大的提升。

在成长期技术因素限制的调查中，技术体系限制程度"不太明显"这一选项所占样本总数比重由17.2%上升到42.5%，"极不明显"这一选项也从51.7%下降到13.4%，而"比较明显"这一选项所占样本总数比重由15.5%上升到18.9%，这说明技术体系这一因素的限制程度相比于创业期有所提高；核心技术先进性限制程度选项中有37个样本提出其限制程度"比较明显"，47个样本提出其限制程度"不太明显"，共占样本总数的66.1%，由此可以体现技术因素由创业期的限制程度主要在"比较明显""不太明显""极不明显"三个选项转变到"比较明显"和"不太明显"两个选项，说明其限制程度随着企业的成长有所提升。

由以上频数统计和企业深入访谈可以得知，处于成长期的绝大多数科技型中小企业，在企业的整体规模上都有所扩大，人员数目也在扩张，随之企业的组织机构也日趋复杂。因此，企业的管理问题相对于创业期就有所凸显，进而达到企业成长期的管理上限。而由于创业期在资源因素上的努力和突破，资源已经足以支持企业成长期的需求，所以企业在侧重点上由资源因素转移到管理因素上。对于成长期的科技型中小企业来说，对于技术创新的需求，相对于创业期有所提高。此时的企业通过合作技术创新等方式已经掌握了一些技术的所有权，但是自主技术的创新如果没有良好的企业管理模式作为支撑，构建技术创新体系和拥有自主核心技术会很难实现。因此，企业此时的重点工作应放在其管理上限的突破上。

（3）成熟期数据分析。在对处于成熟期的31家企业进行调查中发现：在成熟期资源因素限制的调查中，人力资源限制程度"不太明显"这一选项所占样本总数比重由41.7%下降到21.5%，而"极不明显"这一选项所占样本总数比重由18.1%上升到39.2%，这说明人力资源这一因素的限制程度与成长期相比又有了明显的下降；信息资源限制程度选项中有19个样本提出其限制程度"不太明显"，34个样本提出其限制程度"极不明显"，共占样本总数的67.1%；财物资源限制程度选项中有24个样本提出其限制程度"不太明显"，33个样本提出其限制程度"极不明显"，共占样本总数的72.2%。由此可以体现资源因素由成熟期的限制程度在"不太明显"和"极不明显"两个选项的比重又有所提高，说明其对科技型中小企业成熟期的限制程度较低。

在成熟期管理因素限制的调查中，管理人员素质限制程度"非常明显"这一选项所占样本总数比重由 31.5%下降到 12.7%，"比较明显"这一选项也从42.5%下降到 22.8%，而"不太明显"这一选项所占样本总数比重由 14.2%下降到 31.6%，"极不明显"这一选项所在比重由 9.4%上升到 20.3%，这说明管理人员素质这一因素的限制程度相比于成长期有了明显的下降；管理制度限制程度选项中有 30 个样本提出其限制程度"不太明显"，16 个样本提出其限制程度"极不明显"，共占样本总数的 58.3%；管理模式限制程度选项中有 20 个样本提出其限制程度"不太明显"，16 个样本提出其限制程度"非常明显"，15个样本提出其限制程度"比较明显"，13 个样本提出其限制程度"极不明显"。由此可见管理模式在成熟期各个选项所占比例比较平均，说明其在成熟期的限制程度还是比较重要的。

在成熟期技术因素限制的调查中，技术体系限制程度"非常明显"这一选项所占样本总数比重由 9.4%上升到 24.1%，"比较明显"这一选项也从 18.9%上升到34.2%，而"不太明显"这一选项所占样本总数比重由 42.5%下降到 15.2%，"极不明显"这一选项从 13.4%下降到 8.9%，这说明技术体系这一因素的限制程度相比于成长期有了明显的提高；核心技术先进性限制程度选项中有 26 个样本提出其限制程度"比较明显"，21 个样本提出其限制程度"非常明显"，共占样本总数的 59.5%。由此可以体现技术因素由成长期的限制程度主要在"比较明显"和"不太明显"两个选项转变到"比较明显"和"非常明显"两个选项，说明其限制程度随着企业的成长有所提升。

由以上频数统计和企业深入访谈可以得知，处于成熟期的大部分科技型中小企业，经历了创业期、成长期的成长，企业内部的资源因素和管理因素已经不再成为阻碍企业成长的障碍。相反，经历了资源和管理的进一步发掘和培养，科技型中小企业此时获取和利用资源的能力以及企业管理的能力已经有了很大的提升。这对于企业成熟期自主技术创新的培养和突破提供了很好的资源和管理支撑，此时企业对于自主技术创新的迫切需求也达到了极限，这是企业突破技术上限重新获得成长力的重要途径。因此科技型中小企业的主要精力转移到技术体系的建立和核心技术的研发上，只有突破技术上限，企业才有可能突破成熟期实现企业的蜕变，同时这也是企业持续成长的关键。

（4）结论。由上述数据分析可以得出，在创业期资源因素与管理因素和技术因素相比表现出的限制程度比较突出，较大程度地限制了企业的成长；当企业过渡到成长期后，资源因素的限制程度有所下降，但同时管理因素和技术因素的限制程度有所上升，尤其是管理因素限制程度提升的幅度较大，因此在科技型中小企业的成长期管理因素限制程度与资源因素和技术因素相比处于比较突出的地位；当企业由成长期过渡到成熟期后，企业的资源因素和管理因素的限制程度又都有所下降，与此同时，技术因素的限制开始凸显。由此可见，在成熟期技术因素限制程度表现得比较突出。

由此可以得出：限制科技型中小企业创业期成长的因素主要是资源因素，即资源上限；限制科技型中小企业成长期成长的因素主要是管理因素，即管理上限；限制科技型中小企业成熟期成长的因素主要是技术因素，即技术上限。企业在其成长过程中应通过资源创新、管理创新和技术创新来突破各阶段的成长上限，从而推动企业跨阶段成长，并保持成长的持续性。

2. 科技型中小企业成长力评价与分析

企业持续成长系统是不稳定的非线性系统，它受到来自企业内部和外部的多方面因素的影响，由文献综述和实证调查分析结果得出，影响企业成长的因素主要可以归纳为资源、管理和技术三方面，它们不但分别是企业成长过程中的创业期、成长期和成熟期的关键成长因素，而且是制约其对应阶段成长的成长上限。为此，需要科技型中小企业在相对于其成长阶段分别通过这些成长因素的创新来达到企业各阶段成长上限的突破。在前文得出的企业持续成长机理的基础上，通过熵理论对科技型中小企业成长力进行阶段性评价，并在企业阶段性成长上限实证分析的基础上，提出从资源、管理和技术三方面创新促进企业跨阶段发展，从而提高科技型中小企业持续成长力。

任佩瑜等（2001）在其理论研究中对"管理熵"进行了界定，提出当企业的运作活动处于一个相对封闭的系统中进行，随着任何一种管理的制度、政策、组织、方法等的有效能量递减，而无效能量呈现出递增的状态，任佩瑜指出可以运用"管理熵"来阐述这个不可逆的能量变化过程。徐英吉和徐向艺（2007）则相应的提出了技术熵的概念。技术熵是指企业技术系统内的无效能耗。在企业内部技术体系这个相对封闭的系统内，无论企业内部的何种高新技术，随着时间的推移，它的技术熵越来越大，技术的先进性及有效性发挥的作用越来越弱直至最后失效。同理，我们可以借鉴管理熵和技术熵，并引入资源熵来研究企业持续成长能力。本书提出的资源熵是指企业资源系统内所产生的无效能耗。如果企业内部资源处于一个相对封闭的系统，不与外界进行任何的资源交换，那么，企业内部资源会随着时间的推移，利用率逐渐降低甚至失效，因而资源熵也逐渐增大。因此本书将根据徐英吉对企业总熵的研究（樊宏和戴良铁，2004），展开关于资源熵、管理熵和技术熵的研究。

1) 科技型中小企业处于封闭系统的成长力评价

企业处于封闭系统中，是指企业不与外界进行任何交流，影响成长的关键因素也不进行创新。因此，基于熵理论和耗散结构理论，假设企业处于一个相对封闭的系统，随着时间的推移，企业的总熵会不断增加，即企业成长因素所具备的资源熵、管理熵和技术熵就会逐渐增加，其表示式如下：

$$S_{1t} = S_{1tR} + S_{1tM} + S_{1tT} = \sum_{i=1}^{n} S_{1ti} \qquad (3\text{-}1)$$

其中，S_{1t} 为企业处于封闭系统在 t 时间内所集聚的总熵；S_{1tR}、S_{1tM} 和 S_{1tT} 分别为处于封闭系统的企业在 t 时间内的资源熵、管理熵和技术熵。因此，S_{1ti} 为在 t 时间企业的第 i 个子因素（即资源子因素、管理子因素和技术子因素，如资源浪费、管理混乱或技术过时等）所带来的正熵流。

由熵理论和耗散结构理论可知，S_{1t} 的逐渐增大表示随着企业内部累积越来越多的无效能量，企业内部的有效能量会随之递减，这表明此时企业内部的状态趋于混乱和无序，因而科技型中小企业的持续成长力越来越弱。则企业的持续成长力可以表示为

$$G_{1t} = f(S_{1t}) \qquad (3\text{-}2)$$

其中，G_{1t} 表示企业的持续成长力；S_{1t} 的含义如式（3-1）所示。因此，可以将式（3-2）展开为

$$G_{1t} = A\mathrm{e}^{-S_{1t}} \qquad (3\text{-}3)$$

其中，A 为常数；G 为企业的成长力；t 为企业的持续性。此时企业成长力是不断衰退的，成长力曲线是下降的，如图 3.12 中成长力衰退的曲线。

2）科技型中小企业创业期成长力评价

处于创业期的科技型中小企业，各个方面都处于劣势，由第一阶段的实证结果及频数统计分析得出企业此阶段将主要精力投入到资源创新上以突破企业创业期遇到的资源上限，从而不断地引入和发掘新的资源（人力资源、物质资源和信息资源等）来进行创新以及提高资源的利用率，才能使得企业在创业期得以生存并突破资源上限，由此才能导致企业负熵的增加。

企业在 t 时间的总熵为

$$S_{2t} = \sum_{i=1}^{m} S_{2ti} + \sum_{j=1}^{n} S_{2tj} \qquad (3\text{-}4)$$

其中，S_{2t} 为企业进行资源创新时，在 t 时间内的总熵；S_{2ti} 为只进行资源创新时，企业第 i 项资源因素、管理因素和技术因素所带来的正熵流；S_{2tj} 为企业只进行资源创新时，第 j 项资源改进的子因素所带来的负熵流，$S_{2tj} < 0$。

在科技型中小企业成长的创业期，若恒有 $\left| \sum_{j=1}^{n} S_{2tj} \right| < \left| \sum_{i=1}^{m} S_{2ti} \right|$，即创业期企业负熵增加的绝对值小于正熵增加的绝对值，则 $S_{2t} > 0$，将式（3-4）代入式（3-2），得出创业期企业的持续成长力公式：

$$G_{2t} = Ae^{-S_{2t}} \tag{3-5}$$

由此可以知道企业成长力会逐渐下降，因为负熵的流入不足以抵消正熵的增加，但是 $G_{2t} > G_{1t}$，因此相比较于封闭期，企业有资源负熵不断流入企业，使得此时企业成长力相比较于封闭期是增强的。

在科技型中小企业成长的创业期，若恒有 $\left| \sum_{j=1}^{n} S_{2tj} \right| = \left| \sum_{i=1}^{m} S_{2ti} \right|$，即创业期企业负熵增加的绝对值等于正熵增加的绝对值，则 $S_{2t} = 0$，则由企业创业期的持续成长力公式 $G_{2t} = Ae^{-S_{2t}} = A$，得出此时企业成长力不变，负熵的流入刚好抵消正熵的增加。

在科技型中小企业成长的创业期，若恒有 $\left| \sum_{j=1}^{n} S_{2tj} \right| > \left| \sum_{i=1}^{m} S_{2ti} \right|$，即创业期企业负熵增加的绝对值大于正熵增加的绝对值，则 $S_{2t} < 0$，则由企业创业期的持续成长力公式 $G_{2t} = Ae^{-S_{2t}} > A$，得出此时企业成长力增加，负熵的流入大于正熵的增加。

3）科技型中小企业成长期成长力评价

处于成长期的科技型中小企业，规模逐渐扩大，简单的管理模式不足以让企业正常的运转，正如第一阶段实证分析的结果，此阶段企业管理的限制程度逐渐凸显，以致形成管理上限。所以此时企业要在资源创新的同时进行管理创新。在两者协同的作用下，促进企业成长力的增长。又由于此时管理因素的限制程度已经超过了资源因素的限制，因此科技型中小企业的主要精力开始向管理创新以及突破管理上限转移。

为了更好地解释资源创新和管理创新的协同作用，本书借鉴徐英吉（2008）在其研究中提出的协同负熵概念。这表示科技型中小企业在进行资源创新和管理创新的过程中，资源创新子因素和管理创新子因素分别给企业引入了负熵流的同时，两者协同作用会为企业引入资源创新子因素和管理创新子因素的协同负熵，即此处可以用人们所熟知的两者的合力大于两者力之和的原理，即资源和管理两个因素的协同所产生企业成长力的倍增。假设资源创新子因素引入企业的负熵流是"-1"，管理创新子因素引入企业的负熵流也是"-1"，但由于两者的协同作用，会出现"（-1）+（-1）<（-2）"的状况（徐英吉，2008）。由此可见，两者协同作用下，产生的作用大于两者单独作用之和。

科技型中小企业同时进行资源创新和管理创新，此处对两者之间的协同负熵作用加以考虑，得出在 t 时间企业的总熵为

$$S_{3t} = \sum_{i=1}^{m} S_{3ti} + \sum_{j=1}^{n} S_{3tj} + \sum_{l=1}^{k} S_{3tl} + S_X \tag{3-6}$$

其中，S_{3t} 为处于成长期的科技型中小企业进行资源创新和管理创新协同作用下在 t 时间内的总熵；S_{3ti} 为企业协同进行资源创新和管理创新时，第 i 项原有资源因

素或管理因素由于其无序趋势导致企业正熵流的流入；S_{3tj}为企业协同进行资源创新和管理创新时，第 j 项资源创新子因素引入企业的负熵流；S_{3tl}为第 l 项管理创新子因素引入企业的负熵流；S_X为两者的协同负熵。此时企业的持续成长力为

$$G_{3t} = A\mathrm{e}^{-S_{3t}} \tag{3-7}$$

因为 $S_{3tj}<0$，$S_{3tl}<0$，$S_X<0$，因此，$S_{3t}<S_{2t}<S_{1t}$，则 $G_{3t}>G_{2t}>G_{1t}$。

当科技型中小企业成长期流入的负熵恒小于增加的正熵，即 $S_{3t}>0$ 时，因为负熵的流入不足以抵消正熵的增加，成长期企业成长力会下降；当流入科技型中小企业的负熵恒等于流入企业的正熵，即 $S_{3t}=0$ 时，企业成长力保持不变；当流入科技型中小企业的负熵恒大于流入企业的正熵，即 $S_{3t}<0$ 时，此时负熵的流入足以抵消正熵的增加，成长力会增强。

4）科技型中小企业成熟期成长力评价

处于成熟期的科技型中小企业，市场竞争日趋激烈，企业要在资源创新、管理创新的同时进行技术创新，以保持企业的竞争优势，从而才能保持企业成长力的持续增强。此时要引入三者协同作用所带来的协同负熵。在 t 时间企业的总熵为

$$S_{4t} = \sum_{i=1}^{m} S_{4ti} + \sum_{j=1}^{n} S_{4tj} + \sum_{l=1}^{k} S_{4tl} + \sum_{p=1}^{q} S_{4tp} + S_Y \tag{3-8}$$

其中，S_{4t}为企业协同进行资源创新、管理创新和技术创新时 t 时间内的总熵；S_{4ti}为三者协同作用下，第 i 项资源因素、管理因素或技术因素引入企业的正熵流；S_{4tj}为企业协同进行资源创新、管理创新和技术创新时，第 j 项资源创新子因素为企业引入的负熵流；S_{4tl}为企业协同进行资源创新、管理创新和技术创新时，第 l 项管理创新子因素为企业引入的负熵流；S_{4tp}为企业协同进行资源创新、管理创新和技术创新时，第 p 项技术创新子因素为企业引入的负熵流；S_Y则为三者的协同负熵。此时成熟期科技型中小企业成长力为

$$G_{4t} = A\mathrm{e}^{-S_{4t}} \tag{3-9}$$

因为 $S_{4tj}<0$，$S_{4tl}<0$，$S_{4tp}<0$，$S_Y<0$，因此，$S_{4t}<S_{3t}<S_{2t}<S_{1t}$，则 $G_{4t}>G_{3t}>G_{2t}>G_{1t}$。

当成熟期科技型中小企业所获得的负熵恒小于所产生的正熵，即 $S_{4t}>0$ 时，因为负熵的流入不足以抵消正熵的增加，企业成长力会下降；当科技型中小企业所获得的负熵恒等于所产生的正熵，即 $S_{4t}=0$ 时，企业成长力不变。当科技型中小企业所获得的负熵

$$\sigma = \mathrm{tg}a = \frac{y_0}{x_0} = \frac{\mathrm{d}S_t}{\mathrm{d}t} \tag{3-10}$$

恒大于所产生的正熵，即 $S_{4t}<0$ 时，因为负熵的流入足以抵消正熵的增加，企业成长力会增强。

5）科技型中小企业成长力阶段性分析

在本书得出科技型中小企业持续成长机理中企业持续性成长力曲线上任意一点的切线率为 $\mathrm{tg}a = \dfrac{y_0}{x_0} = \dfrac{\mathrm{d}S_t}{\mathrm{d}t}$，即随着单位时间的变动，企业的熵值减少（或增加）的单位值，反映了企业成长力的改变量大小，这里记作 σ，即当 $\sigma=1$，即成长力切线为45°时，企业成长力的正负熵值随时间的变化单位变量相等，此时是科技型中小企业成长力趋势变迁的临界点。

对于科技型中小企业成长力阶段性分析（图3.13）。

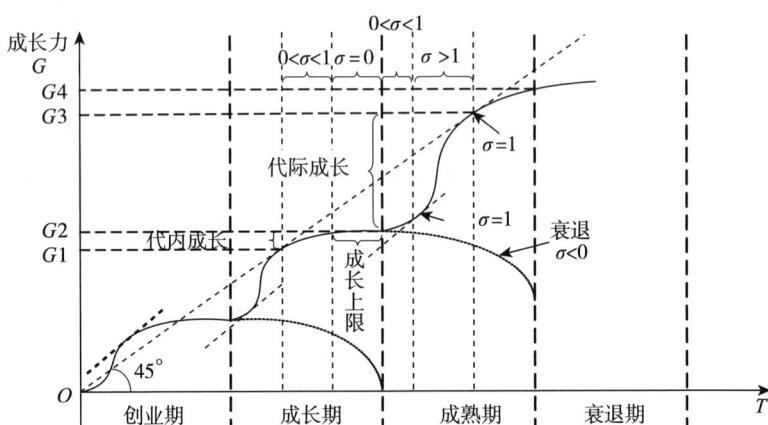

图3.13　基于熵理论企业成长力阶段性分析

（1）代内成长阶段——稳定增长期。当 $0<\sigma<1$ 时，科技型中小企业成长力稳步增强。虽然企业成长力的负熵值大于正熵值（$\mathrm{d}s<0$），熵值小于零，但负熵增加的速度要小于正熵增加的速度，所以负熵的变化量要小于正熵的变化量，所以企业成长力的熵值虽然小于0，但整体上递增，企业成长力增强的速度越来越慢。此时企业的有序化趋势减慢，说明企业成长力仍在增强，但增强的速度在减慢，如果没有新的负熵输入的话，企业成长力的增长会停滞，甚至减弱，最终导致企业将趋于无序状态，即破产或倒闭。

（2）代内成长阶段——成长上限期。当 $\sigma=0$ 时，科技型中小企业成长力停滞增长。此时企业成长力的负熵值等于正熵值，企业成长力的熵值为零（$\mathrm{d}s=0$）。企业的无序化趋势与有序化趋势会处于均衡状态，总趋势是处于一个临界转折点：或者转向有序，或者转向无序。此时由于企业成长力不再增强，如果企业的能力策略不转变的话，企业成长力就会逐渐减弱，随时可能步入衰减的状态。所以此时是能力策略转变的最佳时期。

（3）代际成长阶段——能力转变期。当科技型中小企业转变了能力策略时，企业成长力又步入稳步增强阶段，即 $0<\sigma<1$，避免了进入衰退阶段，所以企业成长力负熵值仍大于正熵值，熵值小于零，但由于企业还没有完全适应能力策略的转变，负熵增加速度比较缓慢，所以企业的负熵相对于正熵的变化量将会缓慢的增大，所以企业成长力的熵值递减的速度较慢，企业成长力增强的速度缓慢。

（4）代际成长阶段——快速增长期。当 $\sigma>1$，即科技型中小企业成长力快速增强。企业成长力的负熵值大于正熵值，熵值小于零。由于能力策略变换的作用，负熵的变化量要大于正熵的变化量，所以企业成长力的熵值递减，企业成长力增强的速度越来越快。此时企业的有序化趋势大于无序化趋势，总趋势是走向有序化。企业成长力增强的速度在加快，此时新的负熵不断地输入，企业成长力不断地增强，最终形成一个耗散结构，即此时企业系统呈现出复杂，但规范、有序、高效的成长状态。

（5）衰退期。若 $\sigma<0$，即科技型中小企业成长力衰退。企业成长力的负熵值小于正熵值，企业成长力的熵值大于零，即企业趋于无序化状态。表 3.40 显示了企业持续成长机理模型中的熵值状态。

表 3.40　企业持续成长机理熵值状态

状态项	代际成长		代内成长		衰退
	能力转变期	快速增长期	稳定增长期	成长上限期	
成长力的改变量	$0<\sigma<1$	$\sigma>1$	$0<\sigma<1$	$\sigma=0$	$\sigma<0$
熵值 ds	$ds<0$	$ds<0$	$ds<0$	$ds=0$	$ds>0$
趋势	慢速趋于有序	快速趋于有序	趋于有序的速度减慢	趋于有序的速度为 0	趋于无序

基于熵理论和耗散结构理论对科技型中小企业成长力进行阶段性分析可以得出，企业代内成长阶段的成长上限期企业的成长力不再增强，此时是通过创新来重新提高企业成长力的关键时期。在此阶段通过促进创新，才能运用企业成长力的增强来突破企业的成长上限。由此也可以得出，代内成长阶段的成长上限期也是预示企业能力重构的关键点，只有通过不同的企业能力组合才能推动创新的关键时期，即只有通过能力策略的代际转变才能突破成长力的上限，使得企业成长力继续增强。

3. 突破科技型中小企业成长限制性因素的能力分析

通过对科技型中小企业成长力的评价，并在此基础上进行企业成长力的阶段分析，得出企业每个成长阶段在其代内成长中都会达到其成长的上限，只有进行对应的因素创新，才能够突破成长上限，并跨越到下一阶段的继续成长。因此，创新是企业突破阶段性成长上限的关键。企业能力的培养又是企业因素创新的原动力。所以本书通过总结中外文献中各位学者的观点，选出 27 个具有代表性的影响创新的要素，然后根据学者对相关研究提出的要素频率，确定出 23 个重要要素，如表 3.41 所示。并在此基础上得出相应的突破科技型中小企业成长限制性因素的 23 种能力。

表 3.41　影响创新的要素综述

相关文献	吕一博和苏敬勤（2011）	陈劲（2002）	陈伟（1998）	张方华和吴剑（2011）	Lemaitre 和 Stenir（1988）	吴贵生（2000）	Zahra 和 Covin（1995）	Dodgson 和 Rothwell（2000）	许庆瑞（2000）
X1 人才招募和配置	+					+			
X2 内部员工培训	+		+			+		+	
X3 吸引和留住高素质研发人才	+					+			
X4 企业家		+	+		+	+			+
X5 成本管理和财务控制	+				+	+			
X6 政府支持									
X7 市场信息获取		+	+	+	+			+	+
X8 根据市场信息整合资源	+	+	+	+	+		+	+	+
X9 技术创新目标与企业目标匹配	+	+	+	+	+	+			+

续表

相关文献	吕一博和苏敬勤 (2011)	陈劲 (2002)	陈伟 (1998)	张方华和吴剑 (2011)	Lemaitre 和 Stenir (1988)	吴贵生 (2000)	Zahra 和 Covin (1995)	Dodgson 和 Rothwell (2000)	许庆瑞 (2000)
X10 关键技术	+			+		+	+		
X11 产品的市场导入	+					+	+		
X12 商业化研发成果	+			+		+	+		
X13 对技术创新机会/威胁的感知	+			+		+			
X14 技术与研发	+		+	+		+			
X15 完备的内部制度	+		+						+
X16 知识管理		+	+	+	+			+	+
X17 柔性组织结构	+	+	+		+	+		+	+
X18 营销及客户关系管理	+		+		+	+		+	+
X19 部门间协作	+	+	+		+	+	+	+	+
X20 产品生产制造	+	+	+		+	+		+	+
X21 技术专利						+		+	
X22 激励员工	+								
X23 企业文化		+	+		+			+	+

续表

相关文献	吕一博和苏敬勤（2011）	陈劲（2002）	陈伟（1998）	张方华和吴剑（2011）	Lemaitre和Stenir（1988）	吴贵生（2000）	Zahra和Covin（1995）	Dodgson和Rothwell（2000）	许庆瑞（2000）
X24 企业的规模								+	
X25 先进管理工具		+							+
X26 企业内部审计	+					+			
X27 融资渠道		+	+		+	+			+

相关文献	Song和Parry（1997）	马驰和贾慰文（1994）	Langrish等（1972）	何建洪和贺昌政（2011）	叶国灿（2004）	赵志等（2000）	严旭东（2002）	任迎伟和林海芬（2010）	陈海秋（2003）
X1 人才招募和配置					+		+		+
X2 内部员工培训	+	+	+		+	+	+		
X3 吸引和留住高素质研发人才				+					+
X4 企业家		+	+	+		+		+	
X5 成本管理和财务控制			+						
X6 政府支持		+							
X7 市场信息获取		+	+		+	+		+	+
X8 根据市场信息整合资源		+			+	+	+	+	

续表

相关文献	Song 和 Parry（1997）	马驰和贾慰文（1994）	Langrish 等（1972）	何建洪和贺昌政（2011）	叶国灿（2004）	赵志等（2000）	严旭东（2002）	任迎伟和林海芬（2010）	陈海秋（2003）
X9 技术创新目标与企业目标匹配									
X10 关键技术									
X11 产品的市场导入				+					
X12 商业化研发成果									+
X13 对技术创新机会/威胁的感知									+
X14 技术与研发	+	+	+		+				+
X15 完备的内部制度					+				+
X16 知识管理	+	+	+	+	+			+	
X17 柔性组织结构					+				+
X18 营销及客户关系管理	+								+
X19 部门间协作	+					+			+
X20 产品生产制造	+								
X21 技术专利		+				+			

续表

相关文献	Song和Parry（1997）	马驰和贾慰文（1994）	Langrish等（1972）	何建洪和贺昌政（2011）	叶国灿（2004）	赵志等（2000）	严旭东（2002）	任迎伟和林海芬（2010）	陈海秋（2003）
X22 激励员工									
X23 企业文化		+	+						
X24 企业的规模									
X25 先进管理工具									
X26 企业内部审计			+						
X27 融资渠道		+	+						+

相关文献	任志宏（2005）	Peters等（1972）	张宜霞（2008）	Rothwell（1992）	Voss（1985）	Freeman（1997）	合计		
X1 人才招募和配置							5		
X2 内部员工培训		+		+			12		
X3 吸引和留住高素质研发人才							4		
X4 企业家		+			+	+	14		
X5 成本管理和财务控制	+		+		+	+	8		
X6 政府支持							1		
X7 市场信息获取		+			+	+	16		

续表

相关文献	任志宏（2005）	Peters 等（1972）	张宜霞（2008）	Rothwell（1992）	Voss（1985）	Freeman（1997）	合计		
X8 根据市场信息整合资源		+				+	15		
X9 技术创新目标与企业目标匹配		+		+			9		
X10 关键技术		+		+			6		
X11 产品的市场导入		+		+			6		
X12 商业化研发成果							5		
X13 对技术创新机会/威胁的感知							4		
X14 技术与研发					+	+	11		
X15 完备的内部制度				+			6		
X16 知识管理		+		+	+		15		
X17 柔性组织结构		+		+			11		
X18 营销及客户关系管理		+		+	+		11		
X19 部门间协作				+		+	13		

续表

相关文献	任志宏（2005）	Peters 等（1972）	张宜霞（2008）	Rothwell（1992）	Voss（1985）	Freeman（1997）	合计		
X20 产品生产制造				+		+	10		
X21 技术专利							4		
X22 激励员工							1		
X23 企业文化		+		+	+		10		
X24 企业的规模							1		
X25 先进管理工具							2		
X26 企业内部审计	+		+		+		6		
X27 融资渠道			+		+	+	11		

综合专家学者关于影响创新的要素研究，可以推测出影响资源创新的要素有 7 项，即 X1 人才招募和配置、X2 内部员工培训、X27 融资渠道、X5 成本管理和财务控制、X26 企业内部审计、X7 市场信息获取和 X8 根据市场信息整合资源；影响管理创新的要素有 8 项，即 X15 完备的内部制度、X16 知识管理、X23 企业文化、X17 柔性组织结构、X4 企业家、X18 营销及客户关系管理、X19 部门间协作和 X20 产品生产制造；影响技术创新的要素有 8 项，即 X9 技术创新目标与企业目标匹配、X10 关键技术、X3 吸引和留住高素质研发人才、X11 产品的市场导入、X12 商业化研发成果、X21 技术专利、X13 对技术创新机会/威胁的感知和 X14 技术与研发。

1）突破资源限制的能力分析

文中提及的资源涵盖了人力资源、财物资源和信息资源。依据相关研究结果并结合专家对资源的分类，得出影响企业资源创新的因素主要是人力资源创新、财物资源创新和信息资源创新。因此，在总结学者们关于影响资源创新的要素的基础上，提出突破资源限制因素的能力主要包括以下 7 个方面，即 X1 人才的招募及有效配置能力、X2 内部员工培训及知识共享能力、X27 拓宽融资渠道的能力、X5 成本管理和财务控制能力、X26 企业内部审计能力、X7 市场有用信息获取的能力和 X8 根据市场信息整合资源的能力。

（1）人才的招募及有效配置能力。人力资源是企业第一重要资源。如果不能有效地招募人才并且进行有效配置，人力资源就会阻碍和限制企业的成长。要想得到创新的人力资源，首先要从人员的招募入手。招募人才时首先要考虑的因素就是人格特性和动机是否与组织核心价值观一致，即企业招募和储备的人力资源与企业具有"共同愿望"（邢建国，2006）。突破人力资源限制因素不仅取决于人才的招募和储备，还取决于人才的优化配置。企业应根据岗位及其性质和人员的素质及其能力来合理地优化配置人才（Burgelman et al.，2008）。

（2）内部员工培训及知识共享能力。企业内部的信息只有呈现出开发的状态，才有利于内部员工之间的学习和交流，达到知识共享的目的（Narver and Slater，1990）。从关系角度来看，内部员工培训可以促进员工间的交流，并达到知识共享，形成一种合作力，这有助于企业调动员工的积极性，并促使员工有效地获取内外部资源，增强自身的工作能力，使企业得到创新的人力资源（Sivadas and Dwyer，2000）。

（3）拓宽融资渠道的能力。企业融资能力是指企业根据自身的经营状况，结合企业的长远规划战略，在社会资金供给现状下，选对融资对象并运用恰当的方式进行融资的一种能力（王佩和李芸，2001）。在企业创业期，企业规模较小，实物资产也比较匮乏，因此企业的融资渠道受到了极大的限制。企业应通过在内部建立良好的盈利模式，以及在外部采取团体贷款、创新担保品等融资方式，加强企业拓宽融资渠道的能力（杨九铃，2011）。

（4）成本管理和财务控制能力。企业成本管理是指企业综合运用先进的网络和计算机等工具，以及完善的成本管理系统，从而使得职工素质和能力得到全面提高，达到提高经济效益、降低成本的目的。可以说，企业成本管理是一项系统的全面的管理工程（王素芳，2011）。财务能力是企业判断一个经济实体财务状况的好坏与优劣程度的重要指标（黎精明，2006）。企业在熟悉把握企业自身财务能力的基础上，进行成本管理和财务控制，是提高企业能力、促进企业财务资源创新的一个重要方面。

（5）企业内部审计能力。企业内部审计主要是通过对组织控制进行评估，从而组织内部潜在的风险能够得以披露，确保组织经济达到高效率、高效果的目标（德鲁克，1999）。这是立足于长远的战略目标，并通过高素质的内部审计人员、完善的内部审计程序和管理模式，达到高效率有效经营的目标（COSO，1992）。通过企业内部审计能力达到的内部控制使得价值与利润追求目标与公司的使命相适应，从而降低公司风险，提高财物利用效率，使得企业以良好的状态应对变化的竞争环境及市场需求（邢建国，2006）。由此可以帮助企业优化财物资源的配置，达到财务资源创新的目的。

（6）市场有用信息获取的能力。企业在应对多变的市场需求的情况下，只有快速、不断地获取产品信息和客户需求信息，才能保证企业的市场竞争力（Soh，2003）。而企业获取有用的市场信息的能力一直是专家学者们研究的焦点。一些专家提出社会网络对于获取市场信息起到了一定的作用。企业在开发组织内外部关系的同时，从中拥有了企业自身的网络能力，在某种程度上提升了企业获取市场有用信息的能力，进而影响着企业创新（Walter et al.，2006）。

（7）根据市场信息整合资源的能力。企业获取市场信息的能力使企业获得有用信息，并使其优于竞争对手发现市场机会（Ahuja，2000）。但是企业如何运用市场信息来整合企业内部资源才是企业获得竞争力的关键。在不断变化的外部环境中求得生存和发展，就要求企业在获取的有用信息的基础上，不断整合企业内部的资源，从而实现内部资源利用价值的最大化，提升企业的产出，突显企业的竞争优势（马鸿佳等，2010）。

2）突破管理限制的能力分析

管理主要包括管理人员素质、管理制度和管理模式三个方面。依据相关研究成果，在总结学者们关于影响管理创新的要素的基础上，提出突破管理限制因素的能力包括以下 8 项，即 X15 完备内部制度及其执行力、X16 知识管理能力、X23 鼓励创新的企业文化影响力、X17 组织结构的柔性和适应能力、X4 企业家能力、X18 营销及客户关系管理能力、X19 部门间的协作能力和 X20 产品生产制造能力。

（1）完备内部制度及其执行力。制度创新是企业内部管理的关键。企业管理创新很大程度上取决于企业内部制度及其执行力。邓荣霖（2011）提出，在现阶段完善现代企业制度是企业制度创新的必然选择。在建立完备的组织制度、合作制度、培训制度和创新提议与决策制度的基础上，才能对企业内部管理进行创新，从而使员工心智模式得到改善，员工的创新能力得到提高（苟燕楠和董静，2005）。

（2）知识管理能力。知识管理能力是指企业立足于战略的视角，通过组织和人的行为，使得知识的获取、扩散、分享、融合、创新与保护 6 个过程顺利进行，最终达到整合利用知识资源保持竞争优势的能力。管理创新及其绩效与知识管理能力呈正相关关系，知识管理能力越强，管理创新及其绩效指数增长的强度越大（梁哨辉和宋鲁，2007）。

（3）鼓励创新的企业文化影响力。企业文化是指企业中的主导文化，即企业内部多数员工共同的价值观、行为准则等。企业文化在价值创造和实现的过程中给企业带来的收益远远大于其管理的成本，而且可以提升企业的竞争力（吴照云和王宇露，2003）。

（4）组织结构的柔性和适应能力。组织结构的柔性能力是指在当今多变的竞争环境中，企业要具有柔性化能力才能获得高绩效。权变理论认为，组织在复杂动态的环境下，需要拥有柔性的有机结构，在不断地组合、变化与演进的过程中与之相适应（Volberda，1996）。如此，组织结构的柔性及其适应力才能够使得组织在变化和稳定中保持平衡，才能适应外部多变的环境，并实现管理上的创新（蒋峦等，2005）。

（5）企业家能力。企业家能力是指企业家根据企业内外环境的变化不断协调战略，指明企业发展的方向，使得企业战略处于可操控的水平上，从而企业在企业家战略的指引下进行经营活动（Nelson，1991）。企业家作为市场与企业的中间人，充当着多重角色，即整合资源、管理和协调等职能（贺小刚等，2007）。企业家能力是企业获得市场竞争优势的源动力，在企业管理创新方面起着极强的推动作用。

（6）营销及客户关系管理能力。客户管理不单单是取得信息技术上的支持，大部分是由企业内部的客户关系管理能力决定的。企业在管理过程中，要不断地对满足客户需求的资源及能力进行识别、投资和开发，这样才能保证企业的顾客关系管理能力（何健等，2010）。在此基础上才能提高企业的营销能力，促进管理创新。

（7）部门间的协作能力。科技型中小企业在应对复杂多变的环境时，组织的工作方式以团队为主。在企业内部各个部门之间，团队的工作提升了部门间的协作能力。员工之间的交流沟通、快速组合等，都是团队本质的体现，即协作能力（赵曙明，2011）。现在企业的管理创新活动需要各部门的合作，多技能和经验的协作可以使工作任务完成得更出色。

（8）产品生产制造能力。制造能力是指针对市场需求，并按照设计要求，将R&D的成果成批量的生产出产品的能力。企业产品生产制造能力受到多方面因素的影响，如企业对市场的反应速度、企业设备的先进性水平、产品的成本结构等。所以说，开发并利用优于竞争对手的制造能力是企业获得竞争优势的又一重要手段（官建成，2004）。

3）突破技术限制的能力分析

技术主要包括核心技术水平和技术体系两个方面。依据相关研究成果，在学者们关于影响技术创新要素的基础上，提出突破技术限制因素的能力包括以下8项，即 X9 技术创新目标与企业目标匹配的能力、X10 拥有关键技术的能力、X3 吸引和留住高素质研发人才的能力、X11 新产品的市场导入能力、X12 研发成果的商业化能力、X21 技术专利保护能力、X13 对技术创新机会/威胁的感知能力和 X14 技术与研发的能力。

（1）技术创新目标与企业目标匹配的能力。大部分企业对于技术创新目标，多是采用向组织的各个部门分配各自技术创新目标的方法来实现企业的技术创新目标。如此分工的方法，部门过于关心各自目标的达成，而对于部门间协作完成企业整体目标的关心度不够。最终导致企业技术研发、产品生产和产品营销等环节的脱节，致使部门在关心自身利益的同时忽略了企业的整体利益。这对于企业的技术创新是极大的弊端（欧阳桃花和周云杰，2008）。因此，企业技术创新目标与企业目标的匹配能力是保证企业技术创新为企业带来巨大利益的必要条件。

（2）拥有关键技术的能力。核心技术能力对于企业的竞争地位是极端重要的，它能跨越市场的边界，是形成产品竞争优势的基础（Gallon et al.，1995）。关键的领域知识为导向的技术能力成长，会形成"滚雪球"效应，推动企业逐步形成核心技术能力（张米尔和田丹，2005）。企业拥有关键技术的能力，是企业创造自主技术创新产品的基础，是企业拥有持续竞争力的保障。

（3）吸引和留住高素质研发人才的能力。根据帕累托的"80/20效率法则"，宋新普（2003）提出企业核心人力资源的价值创造符合"二八原则"，即企业内部20%~30%的核心员工集中了企业80%~90%的技术和管理，创造了企业80%以上的财富和利润。由此得出，核心人力资源是企业的稀缺资源、是企业的代表和核心、是企业的骨干和灵魂、是企业核心能力的根本来源，决定着企业的生死存亡。只要企业留住核心的人力资源，企业就拥有了强大的竞争优势。

（4）新产品的市场导入能力。研究表明，根据市场导向进行的新产品开发对新产品的市场导入产生的绩效是积极的。在市场导向下生产出的新产品的市场导入能力较强（Kohli and Jaworski，1990），但是过分依赖于市场导向，产品的创新过多倾向于改良和模仿产品，原创性较低。因此，过高的市场导向对于企业突破性创新具有限制作用，这就需要企业在适当的市场导向基础上来提高新产品的市场导入能力，由此才能对企业技术创新具有正确的引导作用。

（5）研发成果的商业化能力。科技成果商业化是指通过技术研究开发，将新产品、新工艺或新的技术服务成功地推向市场并获得经济效益的过程。科技成果商业化是实现知识产权价值最大化的重要途径，有利于创造新的经济增长点，提高产业竞争力（胡筱丹和胡冰，2010）。

（6）技术专利保护能力。企业技术专利保护能力是指提升企业的专利保护意识，积极促使企业更加追求研发产品的质量，并在累积创新背景下灵活应对专利要挟或向竞争企业抽取利润，从而获得持续竞争力，并长期获得技术创新力的能力（邢斐，2009）。

（7）对技术创新机会/威胁的感知能力。在复杂的市场经济条件下，企业的技术创新不单单指企业技术的先进水平以及其研发的实力，更注重对技术创新机会/威胁的敏锐的感知能力。企业能够提供给顾客超过竞争对手的价值是其获得竞争优势的关键。所以，企业要对顾客的需求情况进行不断地调查研究，并以敏锐的感知能力来把握市场需求信息的变化，指明企业技术创新的方向（姜百臣等，2009）。

（8）技术与研发的能力。技术研发能力是指企业在进行持续性技术变革中，运用技术学习来整合企业内外部技术知识，从而创造出创新知识和技术技能，获得持续竞争优势的能力（郭骁和夏洪胜，2007）。技术研发能力决定着企业相对于对手的竞争力,只有企业拥有自主的技术研发实力,才能够在多变的市场环境下优胜于对手,得到持续的技术创新。

4. 突破科技型中小企业成长限制性因素的能力框架建立

整理突破科技型中小企业成长限制性因素的能力,形成层级框架,如图 3.14 所示。

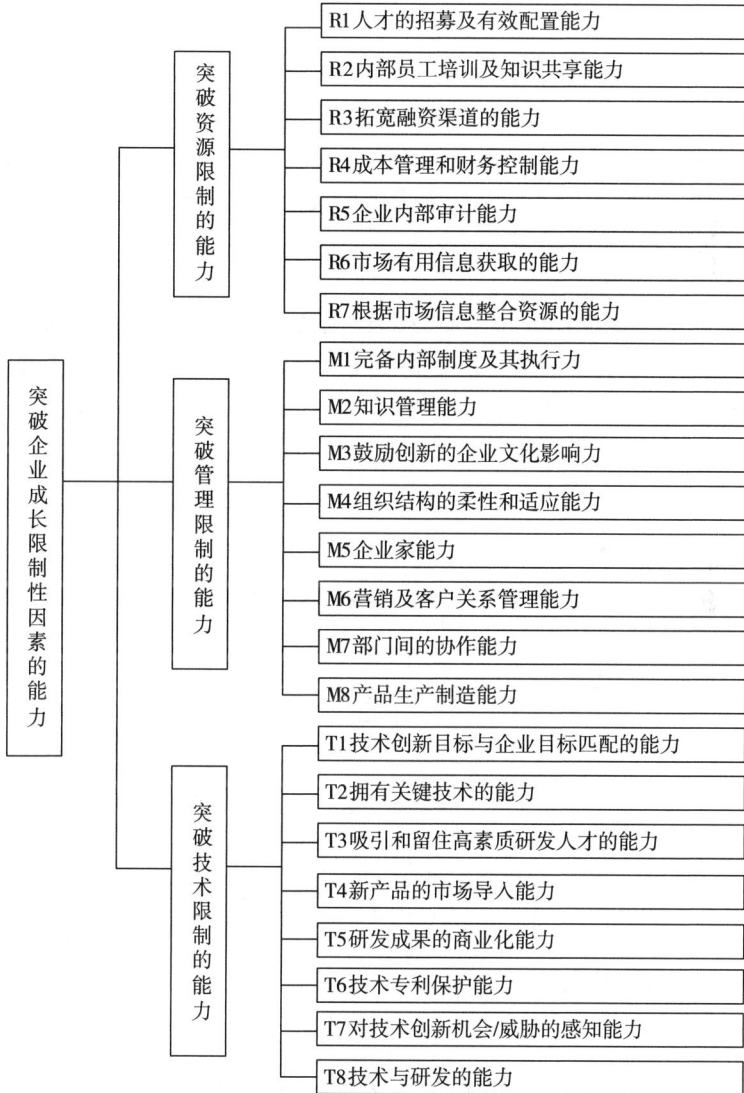

图 3.14 突破科技型中小企业成长限制性因素的能力框架

3.2.3　科技型中小企业成长能力动态演进机理构建

本小节从突破科技型中小企业成长限制性因素的能力框架体系出发，设计问卷并进行实证调研，对调研得出的数据进行因子分析，得出促进科技型中小企业成长因素创新的企业能力。在此基础上，通过分析企业能力分属的类别，即主导力、支撑力和辅助力，构建出企业能力的动态演进机理，以此促进科技型中小企业可持续性发展。

1. 突破科技型中小企业成长限制性因素的能力因素实证分析

从前文得知，科技型中小企业成长因素创新是突破各阶段成长上限的关键。为了提取促进科技型中小企业突破成长上限的企业能力，本章通过调查问卷和深入访谈的方式对企业成长因素创新的能力进行实证研究，从中归纳提取促进科技型中小企业成长因素创新的企业能力。

1）实证研究思路

科技型中小企业成长的每个阶段的代内成长后期都有可能达到企业成长上限，而突破成长上限的关键就是企业成长因素的创新。本章将对成长因素创新的能力进行实证分析，归纳得出促进创新的企业能力，并根据第一阶段实证分析的结果，将企业能力与各阶段的成长上限相对应，构建企业能力动态演进系统实证流程图（图 3.15）。

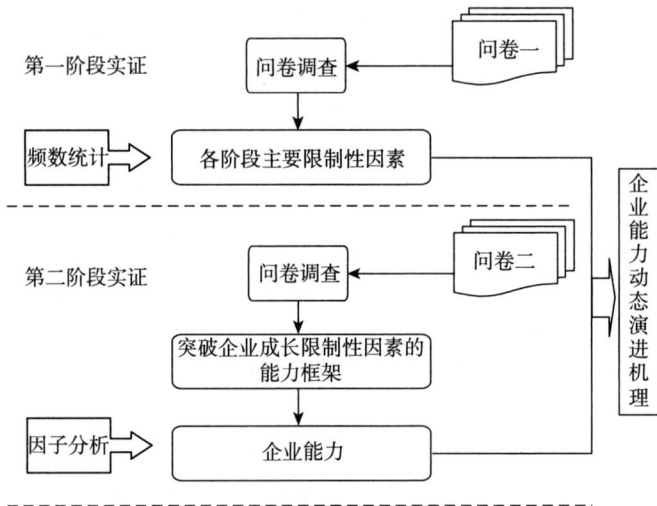

图 3.15　企业能力动态演进系统实证流程图

2）第二阶段实证问卷设计与样本

根据科技型中小企业成长因素创新的能力框架，设计第二阶段实证调查问卷。问卷设计包括 7 个影响资源创新的能力、8 个影响管理创新的能力和 8 个影响技术创新的能力。要求被调查者根据企业实际情况，对各个能力的影响程度进行判断，即在"非常重要"、"比较重要"、"一般重要"、"不太重要"和"极不重要"5 个选项中进行选择（附录 2）。

对调查结果进行数据量化的量表有李克特量表、Thurstone 量表、Guttman 量表等，最常用的量表就是李克特量表。根据受访者对测量指标重要程度的判定，结合李克特量表的 5 级打分法，即"5、4、3、2、1"，对问卷结果进行量化。分数越高表示重要性越高，分数越低表示重要性越低，即"5"表示"非常重要"，"1"表示"极不重要"。

第二阶段选取的样本，是从第一阶段的调查对象中筛选出的 60 家企业。第二阶段调查问卷是对突破企业成长限制性因素的能力发挥作用的重要程度进行判定，因此筛选样本时主要是对成长时间较长、发展较为良好的企业进行实证。从第一阶段实证中筛选成长年限在 5 年以上的且处于成长期或成熟期的科技型中小企业 45 家，并发放第二阶段实证的调查问卷，共发放问卷 200 份，收回问卷 173 份，回收率为 86.5%。其中有效问卷 153 份（共涉及企业 39 家），有效率为 76.5%。由于第二阶段实证是在第一阶段实证的基础上选择的科技型中小企业进行问卷发放，因此问卷的回收率和有效率都有所提高。

3）第二阶段实证信度分析

一份问卷设计的好坏和测量结果的可靠性如何，不仅取决于问卷的题目设计是否合理（包括问题的难度是否适中和问题的鉴别度是否清晰），还决定于测量结果的信度和效度水平的高低。一个优质的实证调查，要求测量结果同时具有较高的信度和效度。而信度和效度的高低并非绝对的，而是相对的，只是程度上的差别而已。因为信度的平方根是效度水平的上限，因此测量结果信度水平低，则其效度水平一定低。

评估测量结果的信度是以测量的各个项目之间的相关系数为基础的。当一份问卷所涉及的项目的相关性较高时，代表项目的一致性较高，其信度亦高。当一份问卷所涉及的项目的相关性较低时，代表项目的一致性较低，此时就要根据信度值来对其中相关性较低的项目进行删除，来提高信度值。因此，可以根据其信度值来判断项目设计的是否合理，对影响信度水平的项目进行删除，从而保证问卷设计项目的一致性。

对于如何测量信度，并由此评价一份问卷所测结果是否具有稳定性和一致性，1951 年 Cronbach 提出一份问卷的信度的计算方法，即 Cronbach's α 系数，是目前社会科学研究最常使用的信度测量方法（何峥和陈德棉，2004）。Cronbach's α 系数是通过测量值计算得出的，即一份问卷由很多项目组成，每个项目都与问卷的整体目标相关，并以总分的方差与各项目的方差作为测量信度的指标。并且，如果每个项目都是测量相同的力量维度，则每个项目的方差之和会小于总和的方差。

关于用 Cronbach's α 系数来测量同一理论维度下各项目间的一致性的判定标准，专家学者们的意见各有不同。在基础研究中可以接受的信度值至少应达到0.80；在探索性研究中可以接受的信度值只要达到 0.70 即可；另外，也有学者认为高信度值只要 Cronbach's α 系数介于 0.70~0.98 即可，信度值若低于 0.35 者，就必须拒绝；而在实务中，信度值只要达到 0.60 就可以接受。

本问卷针对突破企业成长限制性因素的能力重要程度的 Cronbach's α 值对问卷设计中的项目进行筛选。经分析在删除 T6 技术专利保护能力、M3 鼓励创新的企业文化影响力两项后，Cronbach's α 值由原来的 0.812 提升到 0.857，之后删除任何项目 Cronbach's α 系数都没有显著的提高。对删除因素进一步分析得出，T6项因素的删除提升了 Cronbach's α 系数值，而且对企业能力分析没有太大的影响，因此对其进行删除处理；而 M3 虽然对企业能力分析有很大的作用，但是经调研的数据的因子分析得出，M3 项同时在两项因子的系数都较大，即交叉荷载，因此出现了同一因素落入不同因子的现象，为了不影响因子分析的结果，对该项进行删除处理。在对 T6 和 M3 项进行删除后，再次进行信度分析，结果如表 3.42 所示，由此可见，基于突破企业成长限制性因素的能力框架的问卷设计的信度处于高信度值范围内，属于高信度量表。

表 3.42　信度分析表

信度系数	标准化项目下的信度系数	项目数
0.857	0.857	21

4）第二阶段实证因子分析

（1）变量间的相关系数。在对变量进行因子分析之前，首先要得出并分析变量间的相关系数，查看原始变量之间的相关性是否较强。由于因子分析的目的是在变量中找出共同因素，因此要先通过查看变量之间的相关系数来检验数据是否适合进行因子分析。通过 SPSS 输出的变量之间的相关系数矩阵可以分析得出，各变量之间相关系数适合进行因子分析，可以从中抽取出共同因子。

（2）测量数据的 KMO 和 Bartlett 检验。在做因子分析之前，还需要通对测量数据进行检验，判定其是否适合进行因子分析，如此才能保证分析结果的准确性和有价值性。通过 SPSS 输出 Bartlett's 球形检验和 KMO 样本测度值共同判定样本是否适合进行因子分析。这两项检验方法都是通过样本的相关系数矩阵来分析因素的适当性。两项检验的原理是根据偏相关（partial correlation）系数得出的。当变量之间具有共同因素时,这两项变量间的偏相关系数值会很低(接近于0)。其中,Bartlett's球形检验是在假设变量间的偏相关系数矩阵是单位矩阵的基础上,若检验结果不能拒绝零假设,表示数据不适合进行因子分析。而KMO样本测度值越接近1表示变量间的偏相关系数越低,进行因子分析的结果越好。KMO样本测度值的有关判定标准如表3.43所示。

表 3.43　KMO 样本测度值判定标准

KMO 样本测度值	决策标准
KMO≥0.90	极佳的(marvelous)
0.80≤KMO<0.90	有价值的(meritorious)
0.70≤KMO<0.80	适合的(middling)
0.60≤KMO<0.70	可以接受的(mediocre)
0.50≤KMO<0.60	很勉强接受的(miserable)
KMO<0.50	拒绝的(unacceptable)

在本实证中,根据 SPSS 输出 KMO 和 Bartlett 结果可以得出,KMO 样本测度值为 0.716,已介于适合和有价值的标准之间,而 Bartlett's 球形检验值为 1 193,$P<0.05$,在自由度为 210 时,已达显著水平,因此可以拒绝零假设。由两项检验统计量可知,本实证得出的数据适合进行因子分析,如表 3.44 所示。

表 3.44　KMO 和 Bartlett's 球形检验

取样足够度的 KMO 度量		0.716
Bartlett's 球形检验	近似卡方	1 193
	df	210
	Sig.	0.000

(3)因子分析。在对测量项目数据进行因子分析的过程中,确定因子个数的标准一般是变量的特征值大于 1。由表 3.45 可以得出,前 6 个因子的特征值大于 1,因此提取这 6 个因子。又由于累计贡献率可达到 64.249%,由此可以得出这 6 个因子比较好地保留了原始变量信息,因此这 6 个主因子可以解释突破企业成长限制性因素相关能力的大部分方差(表 3.45)。不同的研究领域要求的累计贡献率也各不相同。在自然科学领域中要求保留的因子累计贡献率应达到 95%,才符合自然科学领域的要求;而在社会科学领域,要求保留因子的累计贡献率则以达到 60% 为宜。因此本书的因子分析结果,前 6 个因子的累计方差贡献率已达到 64.249%,在现实实证的结果中已经相当理想,表示具有良好的效度,这 6 个因子的提取已经很好地解释了突破企业成长限制性因素的能力。

表 3.45　总方差解释分析

成分	初始值			提取的平方载荷			旋转的平方载荷		
	合计	方差/%	累计贡献值/%	合计	方差/%	累计贡献值/%	合计	方差/%	累计贡献值/%
1	5.567	26.510	26.510	5.567	26.510	26.510	2.517	11.984	11.984
2	2.027	9.654	36.164	2.027	9.654	36.164	2.476	11.791	23.775
3	1.826	8.696	44.860	1.826	8.696	44.860	2.234	10.637	34.412
4	1.572	7.485	52.345	1.572	7.485	52.345	2.130	10.141	44.553
5	1.385	6.597	58.942	1.385	6.597	58.942	2.081	9.908	54.461
6	1.115	5.307	64.249	1.115	5.307	64.249	2.056	9.789	64.250
7	0.893	4.251	68.500						
8	0.844	4.018	72.518						
9	0.812	3.864	76.382						
10	0.710	3.380	79.762						
11	0.677	3.225	82.987						
12	0.529	2.521	85.508						
13	0.515	2.450	87.958						
14	0.439	2.089	90.047						
15	0.420	2.001	92.048						
16	0.407	1.939	93.987						
17	0.340	1.617	95.604						
18	0.316	1.503	97.107						
19	0.242	1.153	98.260						
20	0.208	0.991	99.251						
21	0.157	0.749	100.000						

　　由于初始主成分的载荷矩阵分析结果与评价指标的结构不是很明确，旋转成分矩阵可以更清晰地展示每个公共因子的载荷分配，因此有必要用方差极大值旋转法进行分析，如表 3.46 所示。

表 3.46　旋转后的成分载荷矩阵

项目	成分					
	1	2	3	4	5	6
R1	0.808	0.112	0.084	−0.080	0.031	0.145
R3	0.700	−0.034	0.082	0.124	−0.077	0.246
R6	0.621	0.106	0.122	0.042	0.276	−0.155
T3	0.584	0.051	0.121	0.342	0.112	0.230
R7	0.242	0.758	−0.015	0.068	−0.032	0.010
R4	−0.166	0.727	−0.056	−0.013	0.267	0.205
T5	0.093	0.699	0.344	0.145	−0.113	0.087
M6	0.322	0.535	0.166	0.406	0.041	−0.309

续表

项目	成分					
	1	2	3	4	5	6
T8	0.207	0.052	0.776	0.192	0.112	0.101
T2	0.125	−0.014	0.755	0.000	−0.039	0.272
T4	0.017	0.162	0.750	0.006	0.212	0.030
T1	−0.011	0.119	0.036	0.835	0.109	0.131
M5	0.145	0.039	0.109	0.805	0.125	0.249
T7	0.153	0.267	0.049	0.484	0.271	0.351
M7	0.326	0.015	−0.043	0.065	0.808	0.073
M1	0.135	−0.233	0.250	0.245	0.685	0.102
M8	−0.159	0.362	0.294	0.126	0.576	0.064
R5	−0.123	0.386	0.023	0.127	0.516	0.348
M4	0.258	0.261	0.064	0.119	0.106	0.693
M2	0.018	−0.090	0.190	0.293	0.194	0.692
R2	0.221	0.062	0.326	0.187	0.016	0.616

突破科技型中小企业成长限制性因素的能力因子分析结果如下。

第一个公因子包含的指标为 R1 人才的招募及有效配置能力、R3 拓宽融资渠道的能力、R6 市场有用信息获取的能力和 T3 吸引和留住高素质研发人才的能力。这些指标主要反映了突破企业成长限制性因素中人力、财物和信息等资源支持所发挥的作用,故将其命名为资源支持能力。资源支持能力通过招募人才并进行有效配置、吸引和留住高素质人才、获取资金和市场信息等方式来发挥其资源的基础支持作用。企业成长因素创新只有在资源支持的基础上才可能得以实现,因此企业只有着力培养良好的资源支持能力才能为企业成长因素创新输送支持性资源,而资源支持能力建立的关键取决于企业对资源的重视程度,只有重视资源支持能力的培养才能使其支持作用得到良好发挥。

第二个公因子包含的指标为 R7 根据市场信息整合资源的能力、R4 成本管理和财务控制能力、T4 新产品的市场导入能力和 M6 营销及客户关系管理能力。这些指标主要反映了市场在突破企业成长限制性因素中所起的导向作用,故将其命名为市场运作能力。市场运作能力是指企业以市场为导向对企业资源、产品和客户等进行市场运作的能力。市场导向是对企业一切活动的指导。企业对资源的配置、财务成本的控制,以及新产品的开发和营销等企业活动只有在市场导向下,才能顺应市场的需求,使企业获得持续高额的利润,为企业带来价值。市场运作能力是企业在市场经济大环境下获得生存本领的关键,重点培养此能力可以保障企业响应市场并得以生存和成长。

第三个公因子包含的指标为 T8 技术与研发的能力、T2 拥有关键技术的能力和 T5 研发成果的商业化能力。这些指标主要反映的是突破企业成长限制性因素中技术所起到的关键作用，故将其命名为技术开发能力。技术开发能力是指企业通过不断地进行技术研发，从而拥有自主的关键技术，不断对拥有的技术成果进行商业化，为企业带来持续利润并实现其价值的能力。在当今社会，技术开发能力是企业综合实力评价的一项重要的指标，同时也是企业保持持续竞争优势的关键力量，企业拥有较强的技术开发能力是在激烈的市场竞争中取胜的根本。

第四个公因子包含的指标为 T1 技术创新目标与企业目标匹配的能力、M5 企业家能力和 T7 对技术创新机会/威胁的感知能力。这些指标主要反映的是突破企业成长限制性因素中战略在其中所起到的重要作用，故将其命名为战略管理能力。战略管理能力是指企业要明确自身成长的目标，并且要确保企业一切活动的目标都要与企业的整体目标相一致，这样才能保证企业沿着明确的方向不断地成长。发挥战略管理能力过程如下。首先，要在企业家的指导下确定企业目标；其次，技术目标的设立与实现是企业获得竞争优势的关键，因此企业在感知市场存在的技术创新/威胁的前提下，明确企业的技术发展方向是企业战略管理的核心；最后，在企业技术创新目标确立并实现的过程中，要时刻保证其与企业目标相匹配，与企业的成长是相辅相成的过程。由此，企业的战略管理能力有助于企业在市场中提升其竞争力，从而创造持续竞争优势。

第五个公因子包含的指标为 M7 部门间的协作能力、M1 完备内部制度及其执行力、M8 产品生产制造能力和 R5 企业内部审计能力。这些指标主要反映的是突破企业成长限制性因素中内部运作管理在其中所起到的重要作用，故将其命名为内部运作能力。内部运作能力是指企业各项流程的管理能力。企业的业务流程主要包括"订单—采购—生产—库存—销售—售后"等企业产品生产到销售的整个业务流程，而整个业务流程要在完备的内部制度下才能良好的运行，其中部门间的协作、产品生产制造和内部的审计都是保障企业内部运行的关键因素。企业只有提高其内部运行能力，才能保障企业生产、部门合作在制度支持下运行，企业的内部财务控制才能得到保证。

第六个公因子包含的指标为 M4 组织结构的柔性和适应能力、M2 知识管理能力和 R2 内部员工培训及知识共享能力。这些指标主要反映的是突破企业成长限制性因素中企业家及内部组织学习在其中所起到的重要作用，故将其命名为组织学习能力。组织学习能力是有效地凝结组织内部知识，使企业成长能力得到培育和提升的最佳途径，由此可见企业组织学习能力也是企业成长能力中的决定性因素。企业在打造自己的学习型组织的同时，也要构建组织学习能力来促进企业持续成长。而构建学习型组织是基于柔性的组织结构，通过对知识管理和内部员工的培训，达到知识的共享，从而提升组织学习能力，以此来提升企业成长力。

对提取的企业能力进行进一步的分析，如表 3.47 所示。

表 3.47　企业能力综合分析表

企业能力	突破企业成长限制性因素的能力	因子荷载	方差解释量/%	Cronbach's α
资源支持能力	R1 人才的招募及有效配置能力	0.808	11.984	0.722
	R3 拓宽融资渠道的能力	0.700		
	R6 市场有用信息获取的能力	0.621		
	T3 吸引和留住高素质研发人才的能力	0.584		
市场运作能力	R7 根据市场信息整合资源的能力	0.758	11.791	0.721
	R4 成本管理和财务控制能力	0.727		
	T4 新产品的市场导入能力	0.699		
	M6 营销及客户关系管理能力	0.535		
技术开发能力	T8 技术与研发的能力	0.776	10.637	0.735
	T2 拥有关键技术的能力	0.755		
	T5 研发成果的商业化能力	0.750		
战略管理能力	T1 技术创新目标与企业目标匹配的能力	0.835	10.141	0.752
	M5 企业家能力	0.805		
	T7 对技术创新机会/威胁的感知能力	0.484		
内部运作能力	M7 部门间的协作能力	0.808	9.908	0.688
	M1 完备内部制度及其执行力	0.685		
	M8 产品生产制造能力	0.576		
	R5 企业内部审计能力	0.516		
组织学习能力	M4 组织结构的柔性和适应能力	0.693	9.789	0.696
	M2 知识管理能力	0.692		
	R2 内部员工培训及知识共享能力	0.616		

从表 3.47 对企业能力的综合分析中可以得出,资源支持能力、市场运作能力、技术开发能力、战略管理能力、内部运作能力和组织学习能力在其方差解释量上相差不大,说明这六种能力共同构成促进企业成长的关键能力;并且这六种企业能力的 Cronbach's α 系数分别为 0.722、0.721、0.735、0.752、0.688、0.696,可以说这六种企业能力具有较高的信度水平和内部一致性。如此可以得出,这六种企业能力提取可以很好地解释突破企业成长限制性因素的能力,此后可以通过提取的这六种企业能力很好地说明突破企业成长限制性因素的问题。

2. 科技型中小企业能力及其动态演进机理构建

在上述因子分析中,提取了六种企业能力来解释 21 项突破科技型中小企业成长限制性因素的能力。虽然这六种企业能力的方差解释量大致相同,由此推出它们对于推动企业成长因素创新,进而促进科技型中小企业成长的重要性也大体一致,但是企业的精力是有限的,不可能同时培育和发展这六种能力,这就要针对科技型中小企业阶段性成长因素来确定企业在一个成长阶段的主导力、支撑力和辅导力。

1)科技型中小企业能力分析

通过对突破企业成长限制性因素的能力进行实证分析得出六种企业能力,由于每种企业能力对突破企业成长限制性因素的方面不同,因此其发挥关键作用的时期亦不相同。综合前文的实证研究,根据实证研究思路流程,得出基于突破科技型中小企业成长限制性因素的企业能力演进,如表 3.48 所示。

表 3.48 突破科技型中小企业成长限制性因素的企业能力演进

限制性因素		g1 资源支持能力	g2 市场运作能力	g5 内部运作能力	g6 组织学习能力	g3 技术开发能力	g4 战略管理能力
突破 创业期 资源限制	R1	+					
	R2				+		
	R3	+					
	R4		+				
	R5			+			
	R6	+					
	R7		+				
突破 成长期 管理限制	M1			+			
	M2				+		
	M4				+		
	M5						+
	M6		+				
	M7			+			
	M8			+			
突破 成熟期 技术限制	T1						+
	T2					+	
	T3	+					
	T4		+				
	T5					+	
	T7						+
	T8					+	

（1）科技型中小企业在创业阶段代内成长后期资源限制表现比较突出,企业想要突破资源成长上限必须进行资源方面的创新。而资源支持能力和市场运作能力分别促进突破资源限制因素的能力 R1、R3、R6 和 R4、R7 发挥作用,因此这两种能力是促进科技型中小企业资源创新,并突破创业期成长上限,使其跨越成长上

限,进入下一阶段成长的主导力。同时组织学习能力和内部运作能力分别促进突破资源限制因素的能力 R2 和 R5 发挥作用,因此这两种能力也是科技型中小企业跨阶段成长的关键,是企业成长的支撑力。

　　资源支持能力从以下三方面促进资源的创新。首先,在人力资源创新方面表现为人才的招募及有效配置能力来提供人力资源支持,不断地引进优秀的人才,并根据企业实际情况对人才进行优化配置,使关键人才在重要岗位上的重要作用得以发挥。其次,在财物资源创新方面表现为拓宽融资渠道的能力来提供财物资源支持,为企业引进资金和设备等,使企业能拥有足够的资金和先进的设备保证企业的正常运转。最后,在信息创新方面表现为市场有用信息获取的能力来提供信息资源支持,持续地为企业提供市场信息,使企业提升了对市场变化的掌控能力,适时地根据市场信息进行创新和生产,并获得丰厚的利润。可以说,资源支持能力对资源的创新起到主导作用。

　　市场运作能力从以下两个方面促进资源的创新。一方面,资源整体创新方面表现为根据市场信息整合资源的能力来提供整体资源支持。科技型中小企业的人力资源、财物资源和信息资源如何更好地配置并发挥作用,这就要依赖于企业根据市场信息整合内部资源的能力。将现有的资源合理地进行优化配置,发挥其最大的作用,这对于资源匮乏的创业期成长来说是至关重要的。另一方面,运作管理方面表现为成本管理和财物控制能力来管理企业运作成本并进行财务控制,企业降低成本、提高资金的利用效率来改善企业的财物资源。由此可见,市场运作能力对资源的创新也起到主导的作用。

　　组织学习能力通过促进内部员工培训及知识共享能力来提供创新资源支持。在不断的培训和知识共享的过程中,企业内部人才的知识素养和技能都有了很大的提升,由此补充了人力资源的需求。因此组织学习能力对人力资源创新起到支撑的作用。

　　内部运作能力从企业内部审计能力来提高资源支持。企业内部审计能力的提高,保证了企业价值与利润追求目标与公司的使命相适应,从而降低了公司风险,提高了财物利用效率,从优化财物资源配置方面达到财务资源创新的目的。因此,内部运作能力对财务资源创新起到支撑的作用。

　　(2)科技型中小企业在成长阶段代内成长后期管理限制表现比较突出,企业想要突破管理成长上限必须进行管理方面的创新。而组织学习能力和内部运作能力分别促进突破管理限制因素的能力 M2、M4 和 M1、M7、M8 发挥作用,因此这两种能力是促进企业管理创新,并突破成长期成长上限,使其跨越成长上限,进入下一阶段成长的主导力。同时,战略管理能力和市场运作能力分别促进突破管理限制因素的能力 M5、M6 发挥作用,因此这两种能力也是科技型中小企业跨阶段成长的关键,是企业成长的支撑力。

　　内部运作能力从以下三个方面促进管理的创新。首先,加强部门间的协作能力来促进管理方面的创新。科技型中小企业作为一个整体,要求各部门间要有较强的协作能力来支持企业整体目标的完成。由此可见,企业可通过提升协作能力进行管理方面的创新。其次,在完备内部制度及其执行力方面通过完备制度来支持管理的创新。企业的内部管理要有制度的支持才能发挥其重要作用。完备的制度支持是管理方面创新的前提,是管理层约束和控制基层员工行为的重要手段,只有在企业内部执行完备制度才能保证企业员工的行为与管理以及企业目标的一致性。最后,加强企业产品生产制造能力也是促进管理方面创新的重要组成部分。产品的生产制造是企业管理活动的一个重要方面,对于生产制造过程如何管理直接关系到企业整体管理水平。由此可见,内部运作能力对于管理因素的创新发挥着主导作用。

　　组织学习能力从以下两个方面促进管理的创新。一方面,组织学习能力通过提升组织结构的柔性和适应能力对管理层级进行扁平化等方式,加强员工之间的交流以及信息的沟通,从而实现管理模式上的创新。另一方面,加强企业内部知识管理能力,在高层领导的支持下,调动全体员工的积极性,创造出知识共享的企业文化和激励制度,并通过扁平化的柔性组织的支撑,进行企业内部的知识管理。由此可见,组织学习能力对于管理创新起着主导作用。

　　战略管理能力从企业家能力方面探讨对管理创新的促进作用。企业家是一个企业的灵魂,对企业内部的各项活动起到重要的推动作用。企业家的素质高低是企业管理水平高低的决定性因素,它立足于战略管理的高度,指导企业管理创新的方向并推动着管理创新的进行。可以说,战略管理能力是管理创新的支撑力。

　　市场运作能力从营销及客户关系管理能力方面探讨对客户管理创新的促进作用。客户管理创新是管理创新的一个重要方面。市场运作能力基于市场导向的角度,以顾客需求和反馈为导向,加强企业自身营销能力及管理客户关系的能力。由此可见,市场运作能力是管理创新的一个重要支撑力。

　　(3)科技型中小企业在成熟阶段代内成长后期技术限制表现比较突出,企业想要突破技术成长上限必须进行技术方面的创新。而战略管理能力和技术开发能力分别促进突破技术限制因素的能力 T1、T7 和 T2、T5、T8 发挥作用,因此这两种能力是促进企业技术创新,并突破成熟期成长上限,使其跨越成长上限,进入下一阶段成长的主导力。同时资源支持能力和市场运作能力分别促进突破技术限制因素的能力 T3 和 T4 发挥作用,因此这两种能力也是科技型中小企业跨阶段成长的关键,是企业成长的支撑力。

　　战略管理能力从以下两个方面促进技术的创新。一方面,要求技术创新目标与企业目标相一致。只有确立正确的技术创新方向,才能使技术创新指引的企业成长方向符合企业的成长目标,企业技术创新的投入才符合企业价值的追求。另一方面,要求企业提升对技术创新机会/威胁的感知能力来促进企业的技术创新。只有能够敏锐地把握市场机会以及竞争对手带来的威胁，企业才可能准确把握技术创新的时机。因此企业技术创新要在战略管理能力的指引下，对技术创新的方向进行准确决策。由此得出，战略管理能力是技术创新的主导能力。

技术开发能力从以下三个方面促进技术的创新。首先，企业从关键技术拥有能力上探讨企业技术的创新。科技型中小企业技术创新是一个循序渐进的过程，需要企业在不断的成长过程中逐渐积累核心技术。这些技术的积累对于企业技术的进一步创新起到基础支持的作用。其次，技术与研发能力也是科技型中小企业技术创新的一个关键要素。企业内部需要培养一个专业化的团队来提升内部技术与研发的能力，这是企业技术创新的核心部分。最后，对研发成果商业化的能力也是技术创新的一个重要方面。新技术的开发只有转化为商业化成果才能给企业带来利润的流入，此时技术的投入才可能得到回报。由此可见，技术开发能力也是科技型中小企业技术创新的主导能力。

资源支持能力从吸引和留住高素质研发人才方面促进企业技术的创新。人才是技术创新的主体。企业内部核心人才的技术创造力是无穷的，他们之间的合作研发是技术创新最直接的要素。因此，资源支持能力在对技术创新输送人才的角度起到了支撑力的作用。

市场运作能力从新产品的市场导入能力方面来促进科技型中小企业技术的创新。技术创新的最终目的是转化为商业化成果并投入到市场中来实现其价值，为企业带来丰厚的利润，其中技术创新产品的市场投入就需要市场运作能力作为支撑来实现。

综上所述，突破创业期资源限制的主导力为资源支持能力和市场运作能力，支撑力为内部运作能力和组织学习能力，辅助力则为技术开发能力和战略管理能力；突破成长期管理限制的主导力为内部运作能力和组织学习能力，支撑力为战略管理能力和市场运作能力，辅助力则为技术开发能力和资源支持能力；突破成熟期技术限制的主导力为技术开发能力和战略管理能力，支撑力为资源支持能力和市场运作能力，辅助力则为内部运作能力和组织学习能力。

2）科技型中小企业能力动态演进机理构建

通过对突破企业成长限制性因素的能力进行因子分析，得出六种促进科技型中小企业成长因素创新的企业能力，并且得知这六种企业能力在科技型中小企业成长的不同阶段发挥着不同的效用。由此可以得出企业能力在突破科技型中小企业各阶段成长上限中构成了动态演进机理（图3.16）。

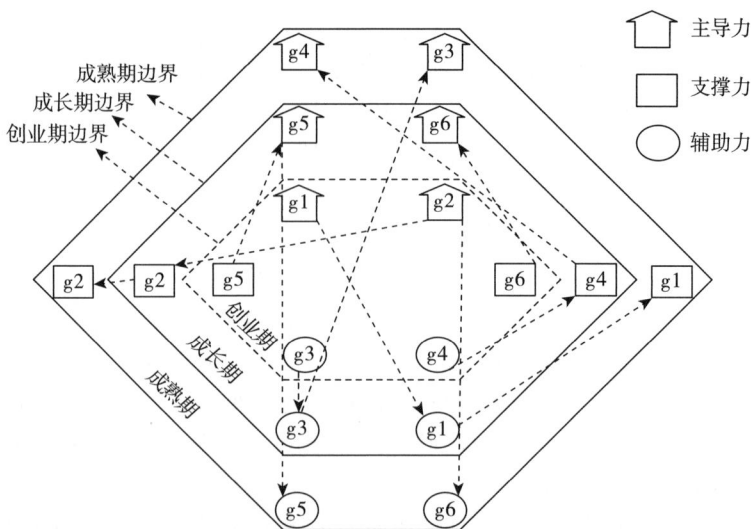

图 3.16　科技型中小企业能力动态演进机理

在创业期边界，g1 资源支持能力和 g2 市场运作能力逐渐演化为企业的主导力，g5 内部运作能力和 g6 组织学习能力逐渐演化为企业的支撑力，g3 技术开发能力和 g4 战略管理能力逐渐演化为企业辅助力，主导力、支撑力和辅助力共同作用来促进企业资源创新并突破创业阶段代内成长后期资源上限，突破创业期边界，企业进入成长期继续成长；在成长期边界，g5 内部运作能力和 g6 组织学习能力从支撑力逐渐演化为主导力，g2 市场运作能力由主导力逐渐演化为支撑力，g1 资源支持能力由主导力逐渐演化为企业辅助力，g4 战略管理能力由辅助力逐渐演化成支撑力，g3 技术开发能力亦为企业辅助力，此时演进了的主导力、支撑力和辅助力共同构成的能力系统来促进企业管理创新并突破成长阶段代内成长后期管理上限；在成熟期边界，g4 战略管理能力由支撑力逐步演化为主导力，而 g3 技术开发能力由辅助力逐渐演化为主导力，g1 资源支持能力从辅助力逐渐演化为企业支撑力，g2 市场运作能力仍为支撑力，g5 内部运作能力和 g6 组织学习能力都由主导力逐渐演化为辅助力，此时演进得出的主导力、支撑力和辅助力共同构成的能力系统来促进科技型中小企业技术创新并突破成熟阶段代内成长后期技术上限。

科技型中小企业通过企业能力的动态演进来推动企业不断地突破各个成长阶段的代内成长后期的成长上限，从而帮助企业跨越各阶段的成长边界，进入下一阶段的成长，最终达到推动科技型中小企业可持续性发展，不断延长企业寿命的目的。

3.3　科技型中小企业可持续性发展动力机制的建立

前文实证分析结果表明，科技型中小企业可持续性发展的动力来源于企业各种能力的组合和动态调整，其动力的核心来源于企业家能力、人力资源管理、技术管理、市场机会管理、组织效率、政府职能、科技环境、融资环境等。基于此，本章构建科技型中小企业可持续性发展动力机制，如图 3.17 所示。从基础动力因素的角度来看，企业家的创新精神与发展远见能够转化为市场机会管理能力和技术管理能力，从而对科技型新创企业可持续性发展产生积极驱动作用。人力资源管理主要通过针对员工的有效激励机制，促进企业技术管理能力的提升，从而实现企业的可持续性发展。而在外部环境方面，企业能够通过集群获得市场机会管理能力的提升，科技机构支持则可以提升企业内部技术管理能力，从而推动企业的可持续性发展。另外，政府政策与外部融资体系的健全程度可以不通过市场机会管理和技术管理，直接对科技型中小企业的可持续性发展产生推动作用。

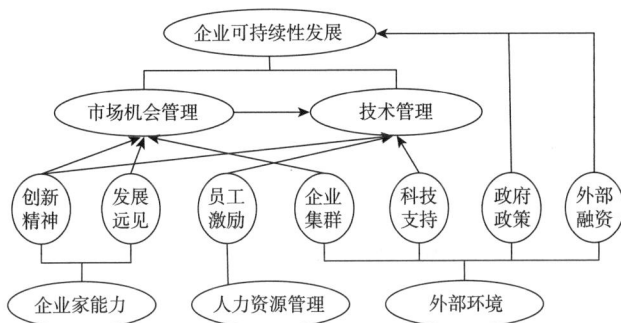

图 3.17　科技型中小企业可持续性发展动力机制

1. 市场机会与技术的协同管理是科技型中小企业可持续性发展的最直接动力

通过实证分析可知，在分析得出的 7 个科技型中小企业基础动力因子中，创新精神、发展远见、员工激励、企业集群以及科技支持均需要转化为企业市场机会管理能力及技术管理能力，才能够对科技型中小企业可持续性发展发挥作用。基于此结论，可以将科技型中小企业的可持续性发展机理理解为：企业可以通过产业集群与外部科技环境广泛获取外部科技资源，并将这些资源与企业内部资源进行相应的对接与整合。在此过程中，企业家既是寻找商机、明确企业发展方向的掌舵手，又是主持技术工作的技术带头人，其作为企业可持续性发展过程中的核心人物，连接着企业市场管理与技术管理两个重要环节。企业员工担当着内、外部技术信息与相关资源搜寻与整合，以及技术开发、创新任务实施的重任。

2. 企业家是科技型中小企业可持续性发展的最根本动力

企业家在企业可持续性发展过程中处于核心地位。其向外关注企业与市场匹配度，是企业发展方向的主要决策人；向内对企业技术管理拥有全面管理的责任与权力，对人力资源管理有导向性的作用，通过密切关注政府政策、把握融资渠道、促进企业集群以及利用科技机构支持，掌握大量社会网络资源，是将社会资源内化为企业资源的关键点。

第一，企业家的发展远见决定了整个企业对市场不确定性以及机会可把握程度的认知。在科技型中小企业的一般实践情况下，企业对市场机会的把握以及对企业未来发展走向的态度，源于企业家有意识地处理知识、信念以及经验的方式，也就是 Lent 等在 1994 年早期研究发现的企业家的意图，即指企业家计划开展新业务的行为，这反映了企业家对企业发展的愿景，同时体现了企业家精神的主观能动性对识别市场机会的影响。一般情况下，企业家意图中的行动倾向性、对事物的感知期望以及可行性判断，能够直接影响并触发外部环境与机会的搜索与识别，挖掘新业务的思想源头。这些行为与思想日积月累，能够使企业家对企业未来发展有所把握和预判，从而掌握企业持续发展的大方向。

第二，企业家创新精神是科技型中小企业保持其本质特征的根本保障。科技型中小企业的创新活动，无法脱离企业家这一创新主体而展开。技术创新活动本身具有的高度不确定性特征，为企业家带来了不可忽视的障碍与困难，而在克服障碍的过程中，企业家的创新精神起着关键作用。企业实践调研结果表明：企业家创新能力直接影响着企业克服自身束缚与障碍以实现创新的能力；企业家在技术创新活动中的作用能够产生不同的创新行为与创新绩效。

由以上分析可以看到企业家能力在科技型中小企业成长过程中的根本驱动作用。由此可见，企业家在企业可持续性发展动力机制中的角色更为明确：首先，企业家利用机会感知能力，对市场机会进行搜索与决策；其次，企业家运用基于其日积月累的丰富经验所形成的企业发展远见，对技术管理与业务发展进行战略性定位，并考察其与企业现行发展定位的异同与匹配度，使企业家的发展思维进一步提升。另外，企业家能力还通过其在员工管理、社会资本整合与利用能力上的作用，间接地影响技术与机会的协同作用过程，从而影响企业可持续性发展进程。例如，企业家创新精神与能力，能够通过采取各种激活人力资源的机制影响员工积极性，促使员工对技术与机会匹配管理的主动思考；其经营理念的创新，也有助于企业整体运作模式的合理化改变；企业家的社会资本能够形成市场机会信息以及决策信息的重要来源，以快速察觉外部环境的各种变化并帮助企业通过正确的决策规避风险，为企业持续成长提供基本保障。总体而言，企业家的整体能力，直接影响企业市场生存能力以及内部协调与适应能力,并最终影响企业的成长方向与成长空间。因此,企业家自身能力的提升,是科技型中小企业首要的重要问题。

3. 人力资源管理对企业可持续性发展具有长远驱动作用

对于科技型中小企业来说,企业的成长能力与企业家能力密不可分。但是,新创企业若试图实现可持续性发展,必须全面提升人力资本存量。人力资源管理是提升企业人力资本存量的必然途径,其基于企业家能力具备的权变思维,对企业家能力进行拓展,使其能够与企业业务的拓展、管理难度的加大相匹配,从而从根本上促进企业的可持续性发展。从实证研究的结果来看,在科技型新创企业中,人力资源管理主要依赖于激发员工工作积极性与潜能,从而直接影响技术管理水平,进而促进企业的稳定生存与长足发展。

4. 完善的外部环境支持是科技型新创企业可持续性发展的基本保障

科技型新创企业的创建是基于企业家在技术技能、社会网络等方面的资源禀赋,其在成立之初就以拥有一定的外部环境优势为前提。从实证研究结果看,科技型新创企业的外部环境支持对其可持续性发展的推动作用表现在:第一,企业集群拓宽了科技型新创企业社会网络平台的范围,使企业更加贴近和了解市场需求,并提升获得科技资源的能力,从而使市场与技术的协同管理更为顺畅;第二,企业外部科技环境中的科研院校等主体通过各种形式的合作,能够助推科技型新创企业实现技术研发与创新,为企业注入前沿性的基础科技资源;第三,政府政策的导向能够为科技型新创企业在资源获取、品牌建立等方面带来生机,企业通过采取贴近政府政策的行动,能够有效规避风险,从而实现可持续性发展;第四,灵活多样的融资渠道能够使科技型新创企业通过更为合理有效的融资方式获得资金,以支持技术研发项目的顺利实施,从而促进业务的长期稳定发展。

第4章　科技型中小企业可持续性发展扩散机制的构建

本章主要针对我国科技型中小企业可持续性发展难以突破从而夭折的问题，以相关理论及研究成果为基础，分析我国科技型中小企业可持续性发展扩散模式的影响因素及其生成机理。通过实证研究，试图找出促进科技型中小企业可持续性发展扩散模式的关键影响因素和生成机理，同时，选取科技型中小企业中的高新技术企业为研究对象，研究影响科技型中小企业公司创业的关键成功因素，并在此基础上建立有效的扩散机制。

4.1　科技型中小企业可持续性发展扩散机制模型构建

本节选择全国典型案例以及天津市科技型中小企业作为研究对象通过扎根理论的方法对其进行验证，构建出扩散机制模型。

4.1.1　无锡小天鹅股份有限公司案例分析

本书选择一个比较有代表性的成功复制扩散的案例——无锡小天鹅股份有限公司，从它在复制扩散蔓延中由小变大，由一个刚起步的企业慢慢发展壮大的过程，总结归纳出它成功复制扩散的关键影响因素以及其复制扩散的生成机理。

1. 背景知识介绍

无锡小天鹅股份有限公司是江苏小天鹅集团有限公司旗下的子公司之一，是目前国内最大的洗衣机生产和销售上市公司，其前身是一家无锡陶瓷厂，始建于 1958 年，1970 年转产为洗衣机，取名"小天鹅"（彭江波，2008）。早在 1978 年，无锡小天鹅股份有限公司就生产出中国第一台全自动洗衣机，从此小天鹅就在中国全自动洗衣机市场上独领风骚，一直保持着国内洗衣机行业的领先地位。多年来，小天鹅名列国内工业企业 500 强和综合经济效益百强前列，并拥有全国洗衣机行业第一块国际驰名商标和唯一国家质量金牌，成为家喻户晓的名牌。截至 2011 年小天鹅已成为世界第三大洗衣机制造商，也是全球为数不多的能够生产全种类洗衣机的制造商，可靠数据表明，小天鹅的品牌价值已有 180.01 亿元，而它今天的成功也是由一次次的进步不断积累而成的。

无锡小天鹅股份有限公司主要围绕"以洗为主，同心多元化"的发展战略，以"末日"管理和高素质人才作为发展的保障，以洗涤产品为核心产品，洗涤技术为核心技术，大力开拓白色家电市场。面对不断变化的市场，公司员工积极调整经营思路，努力开拓市场，以全心全意为宗旨，以增强核心竞争力为目的，不断创新企业各项工作，使企业获得了巨大的发展。1999 年年底公司完成洗衣机销量 255 万台，销售收入 26.6 亿元，同比分别增长 31% 和 24%，平均 6.2 秒创造一位用户。同时，公司经济效益随经济规模同步增长，1999 年全年，公司取得利润 2.65 亿元，劳动生产率 175 万元，人均创利税近 30 万元的好成绩。至此，公司全自动波轮洗衣机产量、销量、销售收入、利润等主要经济指标连续 9 年保持全国同行业第一，洗衣机总销量连续两年位居全国第一。

国内市场小天鹅已连续十几年全国销量保持领先。小天鹅的产品也出口世界多个国家和地区，在美国、日本等高端市场，小天鹅洗衣机也有涉入，公司与美国艾默生，德国西门子，日本瑞萨，美国宝洁，中国江波，意大利意黛喜，日本松下，瑞士苏泰等跨国公司合作，整合全球的资源。目前，小天鹅已经赢得全球上千万客户的喜爱和信任，成功地实现了由国内家电制造商向国际家电制造商的转变，打造出国际一流名牌。

2. 复制扩散的关键影响因素

是什么让无锡小天鹅股份有限公司创造出这么好的业绩？是什么让无锡小天鹅股份有限公司得以复制扩散壮大？本书接下来运用扎根理论方法对无锡小天鹅股份有限公司进行分析。案例的资料全部来源于公开资料，主要包括：①无锡小天鹅股份有限公司的官网和各大新闻媒体对无锡小天鹅股份有限公司采访资料的发布；② CNKI（China national knowledge internet，即中国知网）、维普期刊全文数据库中关于无锡小天鹅股份有限公司的论文资料；③通过百度搜索引擎收集的关于无锡小天鹅股份有限公司的报道与评论。

为了确保以上的资料真实准确地反映无锡小天鹅股份有限公司由小到大的复

制扩散状况，本书对以上资料进行整理、整合、质证，将最后待分析的资料正式命名为小天鹅资料记录。本书的资料收集和资料分析交替出现，循环使用，不分先后，在分析过程中也不断地审查资料的丰富度，并填补资料的空缺。

扎根理论方法对资料的分析过程依次为开放性译码、主轴译码与选择性译码三个阶段。

1）开放性译码

本书对小天鹅资料记录经过多次整理进行开放性译码分析，通过对原始资料的"贴标签和初步概念化"进行分析，最终从资料中抽象出 39 个概念（a1~a39）和 10 个范畴（A1~A10）。这从资料中抽象出的 39 个概念分别是高学历背景和丰富的专业知识、前瞻的眼光、把握机遇、领导能力、睿智、以人为本、团队协作、引进人才、使用人才、培育人才、发展人才、电子、洗衣机、电器、技术开发、国际公司、经营理念、经营战略、经营作风、经营观念、经营方针、追求一流技术、核心技术、自主创新、企业宏观制度、质量管理体系、品质刚性文化、六西格玛项目管理、全品质链模式、品牌影响广、加强自主品牌建设、塑造品牌竞争力、影响力复制、技术创新复制、产品复制、市场营销体系、营销渠道、合作营销、全球销售网络。这 10 个范畴分别为企业家能力、人才战略、组织架构、企业文化、技术创新、管理创新、质量创新、品牌创新、复制扩散和营销创新（表 4.1）。

表 4.1　无锡小天鹅股份有限公司开放性译码分析表

资料	编号	概念化	范畴化
无锡小天鹅股份有限公司总裁柴新建于 1996 年在法国洛林高等理工大学博士毕业。（a1）	1	高学历背景和丰富的专业知识、前瞻的眼光、把握机遇、领导能力、睿智	企业家能力
柴新建，第十、十一届全国人大代表，江苏无锡小天鹅股份有限公司党委书记、总裁，美的洗衣机事业部总裁，研究员级高级工程师。在他的带领下，小天鹅在全国洗衣机市场的占有率连续多年名列前茅。他先后获得"江苏省高新技术产业化先进工作者"等荣誉称号。（a2）	2	以人为本、团队协作、引进人才、使用人才、培育人才、发展人才	人才战略
柴新建指出，创新不是空中楼阁，要把用户的需求作为创新的源头。（a3）	3	电子、洗衣机、电器、技术开发、国际公司	组织架构
面对新的历史时期，柴新建把握机遇，制定以技术创新为核心的开放体系。（a4）	4	经营理念、经营战略、经营作风、经营观念、经营方针	企业文化
在他的领导下，公司坚持合作竞争的国际化发展战略，与全球多家跨国公司有良好的合作。（a5）	5	追求一流技术、核心技术、自主创新	技术创新
先后与十几个跨国公司建立合资企业或联合实验室。大大提高了微控制技术的研究和应用水平，使公司的核心技术能力得到了迅速的提高。（a6） ……	6	企业宏观制度、质量管理体系	管理创新
立民族志气，为国争光，是小天鹅义不容辞的神圣职责，是一项富国强民，振兴民族的宏伟事业。（a18）	7	品质刚性文化、六西格玛项目管理、全品质链模式	质量创新

续表

资料	编号	概念化	范畴化
以洗为主、同心多元、全面进军白色家电。（a19） 24 小时，365 天运行才是真正的经营。（a20） 企业出产的不仅仅是产品，更重要的是信誉和质量。（a21）	8	品牌影响广、加强自主品牌建设、塑造品牌竞争力	品牌创新
追求完美、全心全意，卓越的科技是第一生产力，以科技振兴企业，不断地注重科技的投入，讲究投资水平，保持持续增长。（a22） ……	9	影响力复制、技术创新复制、产品复制	复制扩散
创新的当务之急是"回到基点"，做好人人皆知的基本工作，而不仅仅是热衷于计算机、数学模型等花样翻新的现代化工具和方法，同时还要借助网络技术改善我们的经营管理。（a26） 公司建立了具有国际先进水平的质量管理体系，通过了 ISO 9001 质量体系认证，ISO 14001 环境管理体系认证及安全管理体系认证，在行业内率先通过国家免检产品认证及洗衣机出口免验认定。（a27）	10	市场营销体系、营销渠道、合作营销、全球销售网络	营销创新

2）主轴译码

主轴译码阶段是将范畴抽象为主范畴并对范畴关系加以识别和分析的过程，是持续加深对范畴的深入了解的过程。因此，完成上述的开放性译码分析之后，根据扎根理论方法提出的典范模型，即因果条件、现象、脉络、中介条件、行动/策略和结果将资料中挖掘出的 10 个范畴联系起来。

因果条件：专一经营、核心产品、定位明确

现象：产品复制、技术创新复制、组织架构

脉络：小天鹅制定了比较全面的人才战略，吸引和培育大量的人才，并不断地进行企业文化的建设，组织架构的建立，企业技术、管理、质量、品牌、营销等多方面的创新，为企业更进一步的复制扩散创造条件。同时，企业与其他同类企业建立合作关系，促使小天鹅不断复制扩散壮大。

中介条件：企业家能力、企业文化、人才战略、较强的社会责任感和创新意识，将产品的宽度和深度都不断地扩散，实现企业更大规模的复制扩散。

行动/策略：各方面不断地创新，将自己的产品蔓延到更多地方。

结果：推动小天鹅走向世界，实现复制扩散，影响力更大。

3）选择性译码

根据上述开放性译码以及主轴译码的分析，将案例资料进行重新整合再分析，简要地用无锡小天鹅股份有限公司复制扩散这一核心范畴来重新组织案例中的其他范畴。围绕这一核心范畴叙述其故事线：企业内部的员工在其整个复制扩散过程中扮演着很重要的角色。企业内部人员必须具备丰富的专业知识、前瞻的眼光以及很强的领导能力,在企业复制扩散过程中,在决策的制定和执行中注重人才架构的建立,吸引和储备人才,培养更高素质的人才,还要不断满足市场的需求,进行技术创新、管理创新、质量创新、品牌创新以及营销的创新,通过产品深层次发展、专一产品多元化等发展方式,实现整个企业快速复制扩散,使更多消费者都给予很高的评价,成功实现由国内家电制造商向国际家电制造商的转变,全力打造全国一流知名品牌。

3. 复制扩散的生成机理

根据对无锡小天鹅股份有限公司案例资料进行扎根理论研究方法分析,通过前述三重译码的分析,围绕核心范畴、主副范畴以及所有范畴和概念而构建的立体网络关系,总结得出科技型中小企业复制扩散的四个方面关键影响因素,根据研究目的,本书将四大范畴译码为"科技型中小企业成长复制扩散框架图"(图4.1)。

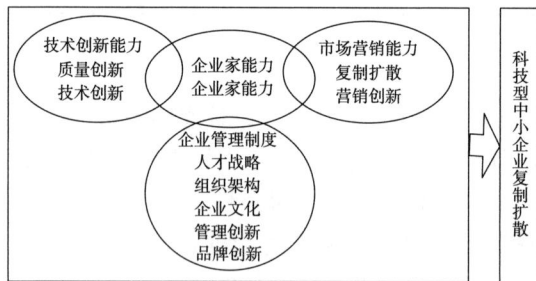

图 4.1　科技型中小企业成长复制扩散框架图

4.1.2　天津天地伟业数码科技有限公司案例分析

在 4.1.1 小节选择了全国比较典型的成功案例无锡小天鹅股份有限公司,从中可以了解到一个企业成功复制扩散的关键影响因素及其复制扩散的生成机理,本小节选择天津市比较典型的科技型中小企业天津天地伟业数码科技有限公司,从这个典型的成功衍生扩散的企业中找出衍生扩散的关键影响因素及其衍生扩散的生成机理,从而总结出对其他类似科技型中小企业有用的经验。

1. 背景知识介绍

天津天地伟业数码科技有限公司(简称天地伟业)坐落于天津市华苑新技术产业园区,成立于 1994 年,由成立初期仅有 1 人和 1 间 15 平方米的破旧平房的规模发展到 2009 年,公司人数已经超过 900 人,办公面积也达到了 5 万平方米以及年销售收入超 3 亿元的一家比较成功的科技型企业。该公司是一家主要以视频监控产品的研发、生产、销售为主营业务的物联网公司,面向全球提供领先的安防监控产品和专业的行业解决方案,以及配套的优质服务和技术支持。公司精于产品、专注行业,坚持数字化、网络化、集成化、行业化的发展方向,以领先的技术为自己企业的定位,以一站式服务的品牌形象向业界提供从前端到后台,从硬件到软件的全线自主研发的音视频传输控制产品,主要包括网络矩阵产品、硬盘录像产品、光通信产品、网络视频产品、智能球产品、智能分析产品、摄像机产品、网络存储产品、网络门禁产品等全系列产品及多项行业解决方案,在金融、电力、监狱、水利、交通等社会各界都得到了广泛应用,是安防行业视频监控领域首个获得“中国驰名商标”的企业。目前,天地伟业已在全国成立了33家办事处,建立了覆盖面很广的销售服务网络体系,充分发挥多产品线的优势,提供跨行业的应用解决方案,并将自己的产品远销到国内外很多地区,如美国、加拿大、中国台湾等。公司以一流的管理水准、精品化的产品及稳定的营销网络和技术服务,赢得了市场与客户的普遍认同,产品先后应用于北京天安门、奥运会鸟巢、上海世博会、青岛帆赛场、天津达沃斯论坛、广州亚运会等国家大型工程项目中;同时还获得不少荣誉称号,其中有天津市最大的软件企业、北方最大的科技安防企业、全国安防行业标准主要制定者、全国业内专利数量位居前列以及全国业内首个至今唯一的“中国驰名商标”等荣誉称号。天地伟业见证着天津科技型中小企业的发展,创造一个又一个的奇迹,实现一个又一个的梦想,具体如图4.2所示。

2. 衍生扩散的关键影响因素

本案例的资料全部来源于公开资料,主要包括:①天津市科技型中小企业服务网对天地伟业的创始人戴林的访谈调研视频;②天地伟业的官网和天津市科技型中小企业服务网发布的相关政策文件;③CNKI、维普期刊全文数据库中关于天地伟业的论文;④通过百度搜索引擎收集的关于天地伟业的报道与评论。

为了确保以上的资料真实准确地反映科技型中小企业衍生扩散的内生动力状况,本书对以上资料进行整理、整合、质证,将最后待分析的资料正式命名为天地伟业资料记录。本书的资料收集和资料分析不分先后,而是交替出现,循环使用,在分析过程中也不断地审查资料的丰裕度,填补资料的空缺。

扎根理论方法对资料的分析过程分为三个阶段,依次为开放性译码、主轴译码与选择性译码。

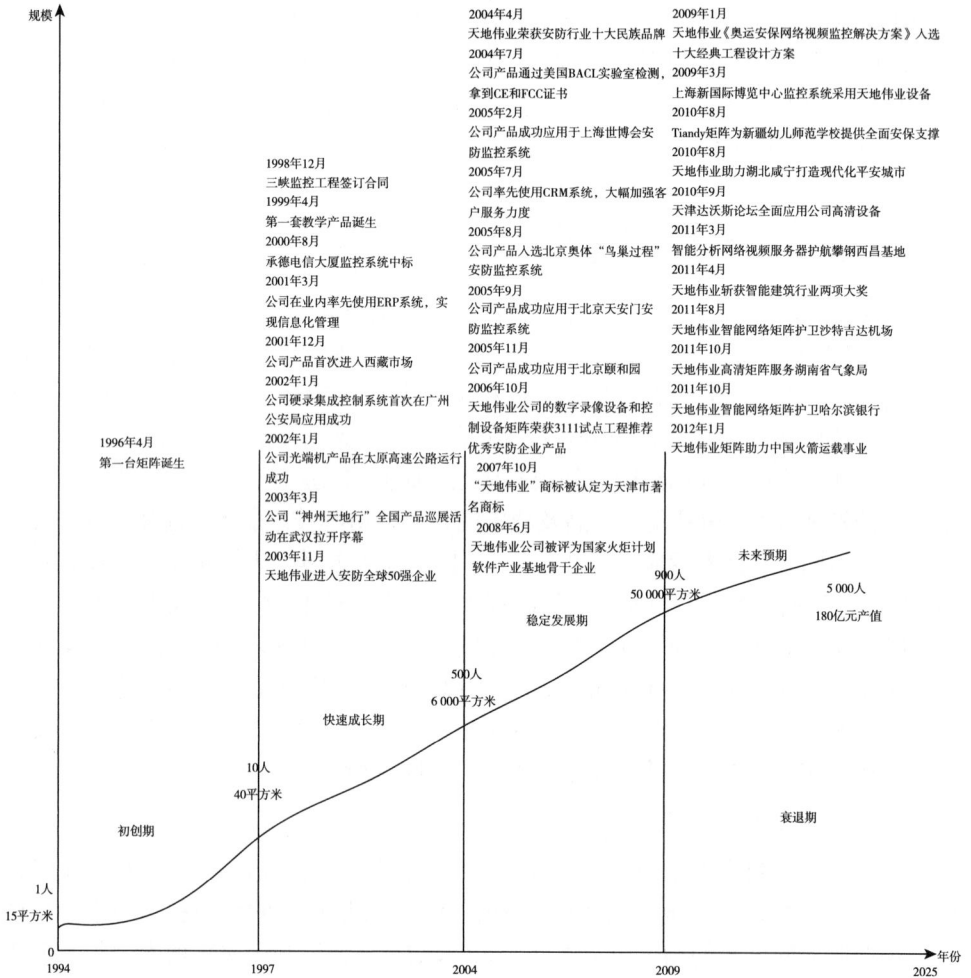

图 4.2　天地伟业成长扩散流程图

ERP（enterprise resource planning，即企业资源计划）；BACL（Bay Area Compliance Laboratories Corp，即美国倍科质量技术服务公司）；CE（European Conformity，即欧洲共同体）；FCC（Federal Communications Commission，即联邦通信委员会）；CRM（customer relationship management，即客户关系管理）

1）开放性译码

本书对天地伟业资料记录经过多次整理进行开放性译码分析，通过对原始资料的"贴标签和初步概念化"进行分析，最终从资料中抽象出 58 个概念（a1~a58）和 13 个范畴（A1~A13）。从资料中抽出的 58 个概念分别是专业知识背景、执着、魄力、睿智、坦诚、热情、平易近人、远见、敏锐的洞察力、资金、办公面积、技术资源、关系资源、人才资源、产业方向明确、单一产品研发、目标明确、核心产品、自身技术、政府政策支持、技术突破迅速、勇于突破、不断累积技术、技术认可度高、技术创新、核心技术突破、加大研发的投入、概念创新、产品创新、产品线创新、舒适的环境、引进技术性人才、高薪广揽人才、引进高学历人才、引进高端高智人才、高比例优秀人才、人才培养、提供学习机会、人才培养专项资金、技术培训、管理习惯、管理经验、组织架构、管理制度、产品多样化、重视行业需求、产品涉及面广、重视客户需求、宣传设计、争创自己的品牌、高端品牌、品牌深入人心、驰名商标、品牌战略、文化内核、企业精神、企业宗旨、报纸杂志。这 13 个范畴分别为企业家特质、企业资源、定位明确、定位优势、领先技术、资源集中、思维创新、人才引进、人才塑造、管理累积、市场营销、品牌建设和企业文化，如表 4.2 所示。

表 4.2　天地伟业开放性译码分析表

资料	编号	概念化	范畴化
戴林从电子专业研究生毕业以后，基于专业所学，成为天津大学校办产业安防部的一名普通员工，从此开始了一些项目的开发。（a1）	1	专业知识背景、执着、魄力、睿智、坦诚、热情、平易近人、远见、敏锐的洞察力	企业家特质
要干就干出自己的品牌，戴林决定带着自己的研发成果"下海"创业。（a2）	2	资金、办公面积、技术资源、关系资源、人才资源	企业资源
戴林认为，企业要大发展不能有"背靠大树好乘凉"的想法。（a3）	3	产业方向明确、单一产品研发、目标明确、核心产品	定位明确
天地伟业十分注重企业文化的树立，而不注重个人领导的过分渲染，戴林作为带头人，喜欢人们称他为"戴老师"，一来他确实是天津大学聘任的教授，二来他也是目前国内安防业界唯一一名享受国务院政府特殊津贴的专家，更愿意传授技艺。（a4）	4	自身技术、政府政策支持	定位优势
	5	技术突破迅速、勇于突破、不断累积技术、技术认可度高、技术创新	领先技术
戴林和员工一起攻坚克难，一起参加联谊活动，一起在食堂排队，大事小情他都愿帮忙，为了一个问题能和大家争论得面红耳赤，看不出一点企业老总的样子。（a5）……	6	核心技术突破、加大研发的投入	资源集中
	7	概念创新、产品创新、产品线创新	思维创新
2008 年，公司"数字安防核心产品开发及产业化"项目就获得市政府科技创新专项资金 700 万元，扶持核心产品开发、产业化基地建设。（a20）	8	舒适的环境、引进技术性人才、高薪广揽人才、引进高学历人才、引进高端高智人才、高比例优秀人才	人才引进
在安防产业，几乎每一项新技术和新产品都是在提前市场 2~3 年的时间开发出来的。（a21）	9	人才培养、提供学习机会、人才培养专项资金、技术培训	人才塑造
他开始着手自己研制"矩阵"，并转换编码，开发成数字信号，大大提高了安防设备的覆盖范围和反应速度。（a22）	10	管理习惯、管理经验、组织架构、管理制度	管理累积
经过十多年的发展，自主研发出网络视频、硬盘录像、矩阵、光通信、智能球、门禁、通用 7 大类共 143 种安防监控产品，技术指标达到国内领先水平。（a23）	11	产品多样化、重视行业需求、产品涉及面广、重视客户需求	市场营销
许多项目获奖，有的成为国家重点新产品，公司已经	12	宣传设计、争创自己的品牌、高端品牌、品牌深入人心、驰名商	品牌建设

资料	编号	概念化	范畴化
成为该市软件实力最强的企业和技术中心企业。（a24）……	12	商标、品牌战略	品牌建设
"真诚、平实、创新、热情"的文化内核。（a55）"天行健，君子以自强不息；地势坤，君子以厚德载物"的企业精神。（a56）"你我天地、共创伟业"的企业宗旨。（a57）	13	文化内核、企业精神、企业宗旨、报纸杂志	企业文化

2）主轴译码

主轴译码是将开放性译码中被分割的资料通过聚类分析，在不同范畴之间建立关联。在建立关联时，需要分析各个范畴在概念层次上是否存在潜在的联结关系，从而寻找一定的线索。为此，将开放性译码中能呈现不同范畴之间联系的资料逐一分析，尝试解析出其中潜在的脉络或者因果关系。通过主轴分析发现，资料存在一定的内在联系和相互相生性，对其进行归类后共形成八大关系（表4.3）。

表 4.3　基于主轴译码的八大关系

编号	关系类别	影响关系的范畴
1	企业家素质	企业家特质
2	产业定位	定位明确
		定位优势
3	企业资源	企业资源
4	创新技术	领先技术
		资源集中
		思维创新
5	人力资源管理	人才引进
		人才塑造
6	企业经营管理	管理累积
7	企业文化	企业文化
8	市场拓展	市场营销
		品牌建设

主轴译码就是从已有的范畴中挖掘出核心范畴,使其能将其他的范畴联系起来。在表 4.2 的基础上,梳理出四大范畴:①企业家能力,包括企业家特质、定位明确和定位优势;②技术创新能力,包括企业资源、领先技术、资源集中和思维创新;③企业管理制度,包括人才引进、人才塑造、管理累积和企业文化;④市场营销能力,包括市场营销和品牌建设。

3）选择性译码

选择性译码是选择核心范畴,把它系统地和其他范畴予以联系,验证其间的关系,并把概念化尚未发展完备的范畴补充完整的过程(张多中,2003)。根据以上科技型中小企业成长衍生扩散模型,可以将天地伟业围绕该核心范畴的故事线概括为:企业家能力在科技型中小企业成长衍生扩散过程中起着关键性的作用,始终贯穿于科技型中小企业成长衍生扩散的整个过程,企业家要具有必备的企业家素质、明确的定位能力和机会识别能力,并能善于把握时机,在企业成长衍生扩散过程中尤其注重技术创新能力的提升、企业的管理制度的完善和市场营销能力的突破,生产出满足市场客户需求的产品,促使企业产品的不断成长衍生扩散,成为行业内的领军企业,实现科技型中小企业的快速成长衍生扩散。

3. 衍生扩散的生成机理

根据对天地伟业案例资料扎根理论研究方法,通过前述三重译码的分析,围绕核心范畴、主副范畴以及所有范畴和概念而构建的立体网络关系,总结得出科技型中小企业衍生扩散的四个方面关键影响因素,根据研究目的,本书将四大范畴译码为"科技型中小企业成长衍生扩散框架图"（图 4.3）。

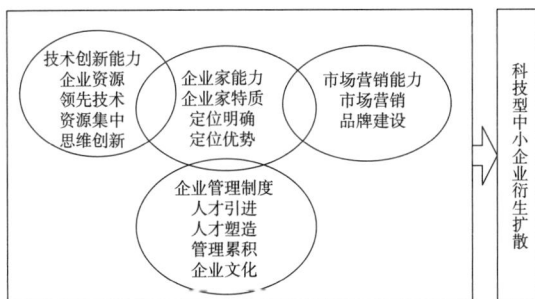

图 4.3　科技型中小企业成长衍生扩散框架图

4.1.3　安徽楚江投资集团有限公司案例分析

安徽楚江投资集团有限公司是一家基于裂变扩散而快速成长的企业,对于研究科技型中小企业裂变扩散具有很大的意义。

1. 背景知识介绍

安徽楚江投资集团有限公司（简称楚江集团）创始人姜纯在创办楚江集团之前，是安徽鑫科新材料股份有限公司总经理、董事，亲自参与了该公司上市筹备工作的一家上市公司老总，这样一直贪图安逸，可以度过一段比较惬意的时光，但姜纯并不愿就这样安于现状，于是离开原来的公司，自己新创办了安徽楚江投资集团有限公司。该集团在 1999 年创建，集团总部位于国内铜基材料生产基地之一的安徽芜湖，并在上海浦东设有投资总部。集团下设铜带、经贸、钢带、广东、铜线等五个事业部，总资产 20 亿元，净资产近 10 亿元，投资控股子公司有 10 余家，现有员工 4 800 余人，其中核心子公司安徽精诚铜业股份有限公司在深圳证券交易所上市。楚江集团是一家主要从事金属材料加工的大型民营企业集团，主营业务为铜合金板带、铜合金棒、线、精密带钢、钢管等金属材料加工、贸易和物流，产品广泛应用于电力、电子、五金电器、机械、汽车、制冷等行业，其中铜合金板带、铜合金线材产能规模分别居国内行业第一和第二位。集团始终坚持科技创新和品牌发展战略，推进技术成果产业化。从成立到现在，每年平均以 50% 的速度快速发展，并自 2004 年起，连续跻身中国民营企业 500 强、中国制造业 500 强、安徽省工业企业 50 强、安徽省民营企业 10 强。其中，2005 年在安徽民营企业营业收入总额排名第一，2006 年在安徽民营企业百强排序中位居纳税第一，在民营企业排名第 154 位，中国制造业 500 强第 387 位。短短几年的时间，楚江集团先后被评为安徽省"AAA 级信用企业"、"重合同守信用单位"、"省优秀民营企业"、安徽省国税局"A 级纳税信用单位"。根据规划，未来楚江集团将围绕"建设国内最具竞争力的铜加工企业"这一总体目标，继续专注于金属材料加工主业，抓住国家产业结构调整和皖江城市带承接产业转移区示范区建设机遇，做精做强，不断实现跨越式发展。

2. 裂变扩散的关键影响因素

本案例的资料全部来源于公开资料，主要包括：①楚江集团的官网和安徽省发布的关于科技型中小企业的相关政策文件；②通过百度搜索引擎收集的关于楚江集团的报道与评论；③CNKI、维普期刊全文数据库中关于楚江集团的相关论文资料。

为了确保以上的资料真实准确地反映科技型中小企业裂变扩散的内生动力状况，本书对以上资料进行整理、整合、质证，将最后待分析的资料正式命名为楚江集团资料记录。本书的资料收集和资料分析不分先后，而是交替出现，循环使用，在分析过程中也不断地审查资料的丰裕度，填补资料的空缺。

扎根理论方法对资料的分析过程分为三个阶段，依次为开放性译码、主轴译码与选择性译码。

1）开放性译码

本书对楚江集团资料记录经过多次整理进行开放性译码分析，通过对原始资料的"贴标签和初步概念化"进行分析，最终从资料中抽象出 42 个概念（a1~a42）和 10个范畴（A1~A10）。从资料中抽出的 42 个概念分别是专业知识背景、管理知识、基层工作经验、行业优势、远大的目光、吃苦耐劳、魄力、敢于承担风险、冷静的分析能力、资金、土地、技术资源、关系资源、管理能力、企业宗旨、价值观、企业精神、经营理念、管理模式、组织架构、管理制度、服务目标、服务理念、服务标准、教育培训、职适其能、公平竞争、科技创新、管理创新、机制创新、用人理念、激励机制、工作环境、引进合适的高级人才、中国驰名商标、省著名商标、省名牌产品、脱离原企业、多家控股子公司、多个事业部、多个主营业务、多元化产品。这 10 个范畴分别为企业家精神、生产能力、企业文化、组织管理、服务意识、人才培养、全面创新、吸引人才、品牌战略、裂变扩散，如表 4.4 所示。

表 4.4　楚江集团开放性译码分析表

资料	编号	概念化	范畴化
1979 年，安徽无为人姜纯进入江西冶金学院金属材料专业学习，成为同时代年轻人中的佼佼者。（a1） 1996 年，姜纯进入中国人民大学 MBA 班学习三年，并获得工商管理硕士学位。（a2） 1983 年，姜纯毕业来到芜湖，进入当地一家工厂从事技术工作。（a3） 在随后的一段时间里，姜纯先后在芜湖市消防器材厂、芜湖市冶炼厂等企业工作过。（a4）	1	专业知识背景、管理知识、基层工作经验、行业优势、远大的目光、吃苦耐劳、魄力、敢于承担风险、冷静的分析能力	企业家精神
姜纯主动放弃了年薪百万的上市公司总经理职位，他再一次选择了挑战，下海创业。（a5）	2	资金、土地、技术资源、关系资源、管理能力	生产能力
姜纯大学所学专业是有色金属深加工，金属厂里紧缺技术人员，厂里让他留在技术科，他却要到第一线去吃苦，每天和车间工人摸爬滚打在一起。（a6）	3	企业宗旨、价值观、企业精神、经营理念	企业文化
安徽鑫科新材料股份有限公司在上海证券交易所顺利上市，姜纯走马上任公司董事总经理一职。（a7） 在姜纯和投资方在市场和管理观念上出现了分歧时，他主动放弃了年薪百万的上市公司总经理职位，下海创业。（a8）	4	管理模式、组织架构、管理制度	组织管理
1991 年，31 岁的姜纯成为芜湖市有色金属压延厂的厂长，但接手时，压延厂可是一个烫手的山芋。那时的姜纯，就像一名刚出道的"拳击手"，沉着应战，虽然开局打的有点辛苦，但最终还是赢了。（a9） ……	5	服务目标、服务理念、服务标准	服务意识
以人为本，以质量求生存，以科技为动力，以金属加工为主导，以配套产品生产为辅助，以更高更新更优的产品回报社会，以高收益回报股东。（a15）	6	教育培训、职适其能、公平竞争	人才培养
诚信、务实、危机感和勇敢。（a16）	7	科技创新、管理创新、机制创新	全面创新
严格、务实、坚韧和创新。（a17） 澎湃实力，源自对产业的精益求精。精益求精，至诚至信。以人为本，	8	用人理念、激励机制、工作环境、引进合适的高级人才	吸引人才

资料	编号	概念化	范畴化
务实创新。（a18） …… 人才是楚江必不可少、最珍贵的资源与财富；人才是楚江经营的第一资源；人才是楚江达成经营目标、展现企业理念的重要手段；人才是楚江最为优秀、成功的产品与成果。（a25）	9	中国驰名商标、省著名商标、省名牌产品	品牌战略
以事业吸引人、以目标凝聚人、以机制激励人。（a26） 给予员工岗位技能和职业素质的培训。（a27） 提升组织能力，最大限度为员工提供良好的个人发展平台与上升空间。（a28） …… 引才、用才、育才、激才。（a32） 为客户创造价值。（a33） 以客户为中心，提供最适合的产品。（a34） 围绕产品品质、服务效率和服务态度，为客户提供专业满意的服务。（a35）	10	脱离原企业、多家控股子公司、多个事业部、多个主营业务、多元化产品	裂变扩散

2）主轴译码

主轴译码阶段是将范畴抽象为主范畴并对范畴关系加以识别和分析的过程，是持续加深对范畴的了解的过程。因此，完成上述的开放性译码分析之后，根据扎根理论方法提出的典范模型，即因果条件、现象、脉络、中介条件、行动/策略和结果将资料中挖掘出的 10 个范畴联系起来。

因果条件：定位明确、原企业基础

现象：同类发展、组织管理

脉络：基于企业快速发展和裂变扩散的需要，楚江集团对组织管理、企业文化等进行更进一步的完善，对企业可持续发展更有效。同时进行裂变扩散，主营业务等的多元化发展，对企业控股子公司进行新的变革，促使市场覆盖面的扩大。

中介条件：积极的企业家精神、企业文化、管理团队、很强的创新能力、优质的服务意识和广泛的创新领域、适当的产品和范围，使其实现大范围的扩散。

行动/策略：进行技术创新，组织管理、品牌战略，实施不同的策略。

结果：构建楚江集团核心竞争力，实现其裂变扩散，扩散结果更好。

3）选择性译码

根据上述开放性译码以及主轴译码的分析，将案例资料进行重新整合再分析，简要地用楚江集团裂变扩散这一核心范畴来重新组织案例中的其他范畴。围绕这一核心范畴叙述其故事线为：企业家在楚江集团整个裂变扩散过程中起着至关重要的作用。企业家必须要具备企业家素质、企业家能力和企业家精神，企业在裂变扩散过程中，在已有生产能力的基础上，注重人才培养，战略的调整，技术创新能力的提升，企业文化的建设，组织管理的完善，市场营销能力的突破等，不断满足市场的需求，加强品牌的建设、控股子公司的完善，通过提升主营业务多元化、产品多元化等手段，实现整个企业快速裂变扩散，使企业就这样从无到有、从小到大、从弱到强的裂变扩散，实现优势互补、互换市场、资源共享、双赢发展，是目前国内一家专业从事金属材料加工的民营企业集团，一流的金属材料供应商。

3. 裂变扩散的生成机理

通过对楚江集团案例资料的扎根理论分析，以及概念和范畴之间潜在联系的识别，这一阶段主要的裂变扩散因素有企业家精神、生产能力、企业文化、组织管理、服务意识、人才培养、全面创新、吸引人才、品牌战略、裂变扩散。1999 年姜纯毅然辞去安徽鑫科新材料股份有限公司的董事总经理一职，创建了楚江集团，自身拥有同类行业的工作经验以及专业背景，带着在安徽鑫科新材料股份有限公司的工作经验，使楚江集团就这样进行裂变扩散。这样的企业在一位优秀企业家的带领下，通过不断地进行人才的培养和提高，努力改进技术等手段，让企业对市场的定位、企业的组织结构以及企业未来的发展前景和目标更加合理。更重要的是楚江集团从开始的一个加工作坊变成如此大的集团上市公司正是它坚持不断加强企业的技术创新和改进，加强品牌建设以及产品的不断创新，从而实现楚江集团不断的裂变扩散。图 4.4 是楚江集团裂变扩散的生成机理。

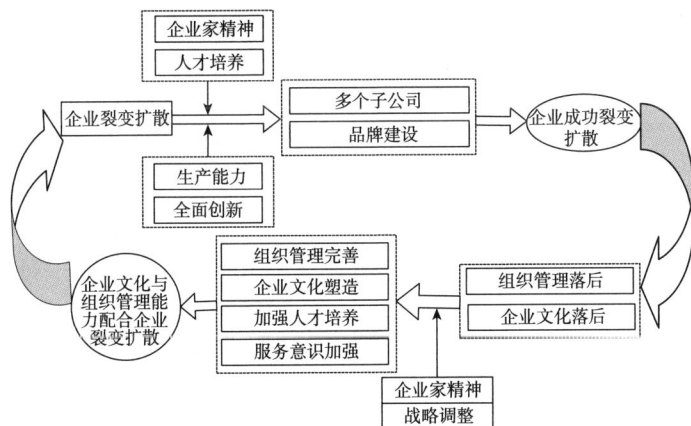

图 4.4　科技型中小企业裂变扩散框架图

4.1.4　科技型中小企业可持续性发展扩散要素比较分析

无锡小天鹅股份有限公司始建于 1958 年，经过从 1978 年中国第一台全自动洗衣机诞生到现在品牌价值上达几百亿元，成为世界上极少数能同时制造全自动波轮、滚筒、搅拌式全种类洗衣机的全球第三大洗衣机制造商，在国内市场连续 14 年全国销量第一。今天的小天鹅已赢得全球 4 200 多万消费者的喜爱，成功地实现了由国内家电制造商向国际家电制造商的转变，全力打造国际品牌。

天地伟业于 1994 年成立，自成立以来就不断进行产品衍生扩散，目前以安防监控产品的研发销售为主营业务，向社会各行业提供全线高科技、高品质的数字音视频传输控制产品，是安防行业视频监控领域首个获得中国驰名商标的企业。公司已在全国所有省市建立了强大的销售服务网络体系，充分发挥多产品线的优势，提供跨行业的应用解决方案，并将产品远销美国、加拿大、新加坡、中国台湾等国家和地区。

楚江集团创始于 1999 年，成立短短几年的时间，年均增速保持 50% 以上，并自 2004 年起，连续跻身中国民营企业 500 强、中国制造业 500 强、安徽省工业企业 50 强、安徽省民营企业 10 强。集团目前的铜合金板带、铜合金线材产能规模也分别位居国内行业第一和第二位。楚江集体始终坚持"精益求精、至诚至信、以人为本、务实创新"的经营理念，以质量求生存，以科技为动力，不断加强员工队伍建设，持续提升企业的经营管理水平。

基于以上三个案例，本小节对三种扩散企业的要素进行分析，如表 4.5 所示。

表 4.5　不同类型扩散企业范畴分析

范畴	无锡小天鹅股份有限公司	天地伟业	楚江集团
企业家能力	企业家能力	企业家特质 定位明确 定位优势	企业家精神
技术创新能力	质量创新 技术创新	企业资源 领先技术 资源集中 思维创新	生产能力 全面创新
企业管理制度	人才战略 组织架构 企业文化 管理创新 品牌创新	人才引进 人才塑造 管理累积 企业文化	企业文化 组织管理 服务意识 人才培养 吸引人才
市场营销能力	营销创新 复制扩散	市场营销 品牌建设	品牌战略 裂变扩散

1. 企业家能力

企业家能力的高低是决定科技型中小企业扩散的最原始影响因素。企业家能力是企业健康的舵手，他们优秀的专业技能、很好的创新能力、丰富的管理经验、良好的沟通能力和社会关系是促进科技型中小企业扩散的关键内生动力。

柴新建是无锡小天鹅股份有限公司的总裁，1996 年于法国洛林高等理工大学博士毕业，有着丰富的专业知识，前瞻的眼光，并懂得适时把握机遇，他带领着小天鹅发展壮大，使其实现了在全国洗衣机市场上占有率连续多年名列前茅。在他的领导下，小天鹅坚持合作竞争的国际化发展战略，与全球多家跨国公司有良好的合作，以他制定的以技术创新为核心的开放体系，小天鹅先后与十几个跨国公司建立合资企业或联合实验室，大大提高了微控制技术的研究和应用水平，使公司的核心技术能力也得到了迅速的提高。

同样，天地伟业的创始人戴林作为带头人，1991 年毕业于天津大学电子专业，本身有着与安防相通的背景，基于专业以及曾在校办产业安防部留校担任过一段时间的普通员工，有着丰富的工作经验，满足一个创业者所急需具备的专业技能及丰富的经验能力。另外，戴林有着自己独立、前瞻的思考头脑，作为一个企业的带头人，在部下眼中是个为人朴实、坦诚、热情，工作刻苦、执着、公正、透明的人，在业界也是被认可和称赞的。他的人格魅力及塑造的创业干事环境促进公司不断的发展。

楚江集团始创于 1999 年，集团从成立之初到现在，一直以年均 50% 以上的速度快速发展，创始人姜纯起到很大的促进作用。1979 年安徽无为人姜纯进入江西冶金学院金属材料专业学习，成为同时代年轻人中的佼佼者，这一学习经历也为他后来的发展奠定了坚实的基础。1996 年，姜纯又进入中国人民大学 MBA 班学习三年，并获得工商管理硕士学位。毕业之后，姜纯进入多家企业工作，积累了丰富的企业经验，这些经历都为姜纯创办楚江集团的成功提供了很大的帮助，使楚江集团在短短数年，先后被评为安徽省"AAA 级信用企业"、"重合同守信用单位"、"省优秀民营企业"、安徽省国税局"A 级纳税信用单位"。

2. 技术创新能力

技术创新能力是促进中小企业扩散的核心影响因素，尤其是科技型中小企业。技术创新能力来源于企业进行研究开发和其他技术性活动的智力资本，在实践中科技型中小企业要保持创新能力就必须不断地进行思维创新，增强技术创新意识，利用企业的资源不断地投入研究开发经费，加大技术研发的投入，吸引专业技术人才，在人才储备上达到一定的水平，建立适合企业自身发展的企业技术创新体系，不断增强企业的技术创新能力。现在的市场同质化现象比较严重，而同质化带来的结果就是让各个企业进行无止境的价格战，最终的结果就是两败俱伤，所以要想发展壮大，就必须要转变，科技型企业就一定要拥有自己的技术，运用自己的技术体现出差异化，只有差异化才能在市场竞争中获得优势。因此这就要求企业不断进行技术创新，只有创新，才有差异，只有差异，才有收益。

无锡小天鹅股份有限公司以技术创新作为品质提升的内核，通过技术驱动，不断创新拓宽产品线，引领消费升级，带动行业产品格局的升级。它始终将技术创新定位于企业的战略高度，每年都会将高达年收入5%的部分投入技术研发，并建立了国家认可的企业技术中心和实验室，推向市场的每一个新产品都包含一项乃至多项专利，公司目前已成为国家技术创新试点企业，拥有将近500项的专利，软件著作权也超过200项，且这一数字还在不断地增加。有了强大的技术作为支撑，小天鹅的洗衣机才得以在设计、研发、制造、检测产品的全过程中精益求精，确保产品安全和性能都符合最新的国际标准要求和消费者的要求，成为全球最大的洗衣机制造商之一。通过对技术创新的坚守，目前小天鹅也全面掌握了物联网洗衣机与国际智能电网的对接技术，物联网洗衣机产品的研发也不再是问题，在客观条件成熟的情况下，小天鹅的物联网洗衣机也可随时推向国内市场。

天地伟业的成功就是因为它能不断创新从而做到技术领先和开发出新产品，该公司在建立之时就做到始终保持技术领先这一目标，公司一直抢占先机。在成长期，公司仍始终围绕这一战略谋划布局，不断加强对研发技术的投入和研发体系的完善，充分发挥多产品线的优势，提供多行业应用解决方案，通过市场调查，分析各个行业的不同需求，再根据这些不同的需求，进而生产出针对不同需求的各种产品，用以满足市场。而它生产出来的产品，在当时的市场完全处于空白期，这就是技术创新所带来的优势，而其他公司开发出此类产品要比天地伟业的速度平均要慢2年左右。而在快速成长期，他们更加注重核心技术的创新，每年都拿出销售收入的8%专门用于科研和新技术开发，专门组建高水平的技术团队用以技术创新。通过不断研发出新技术和新产品，天地伟业的产品在市场上一直处于领先水平。目前，公司拥有网络视频、硬盘录像、光通信、智能网络矩阵、摄像机、网络门禁、网络视频服务器、网络存储、激光夜视、软件平台等多项高科技产品，产品覆盖了金融、交通、水利、电力、教学、公检法和监狱等各个行业。

要发展，更要科学发展，这是楚江集团对未来发展的共识。楚江集团以循环经济思维发展企业，与中南大学、南方冶金学院、合肥工业大学实行产、学、研相结合，在现有生产设施的基础上进行技术改造，大胆尝试利用废杂铜为原料，引进新技术、新工艺、新设备，生产高性能的产品，实行资源再生利用，有效弥补了我国铜材资源的不足，大大降低综合能耗，节约生产成本，提高产品市场核心竞争力，并且生产过程采用天然气清洁能源，部分替代石油、电力资源，自然水自循环体系供水以及生产污水经高效气浮处理后回用，实现零排放，有利于资源化、变废为宝，在实现环境保护的同时，坚持节能、节水，效果明显，给企业带来更多的效益。它始终秉承"做精做强,稳健发展"的指导思想,坚持技术创新。从 2004 年起,连续跻身中国民营企业 500 强、中国制造业 500 强、安徽省企业 50 强、安徽省民营企业 10 强。集团现已拥有中国驰名商标 1 件、省著名商标 2 件、省级新产品 6 个、省名牌产品 6 个、各类专利 40 多项,拥有高新技术企业 3 家、省级企业技术中心 3 个。2011 年,集团实现了销售收入 80 亿元,利税 8.4 亿元。

3. 企业管理制度

企业管理制度是科技型中小企业扩散的关键影响因素。企业管理制度的制定是保证科技型中小企业健康发展必须解决的一个问题。由于科技型中小企业处于一个变化非常迅速的领域,要适时变革企业管理制度使之与变化着的内外部环境相适应。

无锡小天鹅股份有限公司最鲜明的管理方式就是"末日管理",就是让企业经营者和所有员工面对着市场和竞争,让他们理解竞争,时刻充满危机感,时刻都认为企业有末日、产品有末日,既不能把宏观的不景气作为自己搞不好的理由,也不要陶醉在一度的卓越里。在经营管理创新方面,小天鹅主要突显在目标创新、技术创新、服务创新、经营理念创新、战略创新以及竞争创新。无锡小天鹅股份有限公司总裁柴新建认为,小天鹅根据市场变化,主动调整经营策略,不再追求规模扩张,而是强调"调结构,保盈利",从规模导向转变为注重经营质量效益,预计下半年企业调整经营策略的效果会逐步显现。在内销创新方面,小天鹅在全国设立了 33 个产品管理中心,除个别区域外,销售模式由原各销售公司代理转变为由产品管理中心"直营+代理"。经过渠道整合,公司客户结构和渠道结构得以优化和深化。与此同时,小天鹅调整外销产品结构,深化与国际大客户的合作,保证了外销模式的基本稳定。在研发体制方面,小天鹅继续推进 PLC(programmable logic controller,即可编程控制器)产品生命周期管理系统,研发项目上线执行率达到 80%以上,产品设计质量和开展效率明显提升。公司还以创新为导向,积极推动项目经理向产品经理的角色转变,充分发挥研发人员的创新能力和工作积极性。在标准化推行方面,小天鹅搭建了模块专家管理团队,修订零部件技术标准及设计规范,开展各类模块专家培训,有效提高了产品零部件标准化与通用化。

天地伟业成立初期,由于规模尚小,在企业竞争中更多的是靠产品、技术和人才等发展,公司管理制度很不完善。公司在 2003 年开始施行矩阵式管理架构,在区域、产品、行业三个方向建立矩阵管理模式,让研发、营销、技术支持、生产等部门在交点坐标上实现属性交叉,有效实现了企业资源共享。快速成长期后,企业员工总数超过了 900 人,本科以上学历占了 80%,必须通过更加科学的管理流程才能最大化地利用企业的人才,让各个员工人尽其才,同时还能优化企业的各种资源配置,让各项工作趋于合理,另外也把企业的产品线多、行业线多、难管理这一老问题给充分解决。天地伟业花费近千万引入多套数字化办公系统，目前 ERP、OA（office automation，即办公自动化）、MRPⅡ（manufacturing resource planning，即制造资源计划）、CRM、条码系统等已经成为供应链和日常管理不可或缺的手段。公司还通过先进管理方法的学习，不断强化提高全员的管理水平。

随着公司规模的不断扩大，楚江集团也不断地进行管理创新，建立灵活的管理机制，坚持以人为本，将人才作为企业的第一资源，坚持"以事业吸引人、以目标凝聚人，以机制激励人"的用人分配理念，吸引大量优秀的人才进入企业，从而实现人力资本的不断增值，促进企业核心竞争力的提升。集团始终坚持"精益求精、至诚至信、以人为本、务实创新"的经营理念，以质量求生存，以科技为动力，不断加强员工队伍建设，持续提升企业的经营管理水平。对于楚江集团十几年的努力，在其管理制度的创新包括技术创新、组织创新、管理方法的创新和企业文化的创新，这些组织管理制度的创新为楚江集团的成功也奠定了一定的基础。

4. 市场营销能力

市场营销能力是科技型中小企业扩散的重要影响因素。市场营销能力有利于企业对市场需求的准确把握，不断地生产适合客户需要的产品，加强企业品牌建设，从而迅速将创新产品推广到市场，扩大产品的市场面及应用面，满足更多细分市场的需求，提高其市场占有率。

无锡小天鹅股份有限公司拥有健康、高效的全球销售网络。在国内市场，小天鹅洗衣机连续十几年全国销量第一；在国际市场，产品出口至 100 多个国家和地区，洗衣机成功进入美国、日本等高端市场。在营销过程中尤其注重服务营销，将全心全意作为一种态度，更是每一刻切实的行动。无锡小天鹅股份有限公司不仅仅以领先的科技、优质的产品赢得客户，而且以贴心的服务让客户感受到家一般美好的感觉，小天鹅的服务承诺是一双鞋、两块布、三句话、四不准和五大件。

在公司最初的市场定位中，戴林通过自己的调查分析认为任何企业要想得到发展就必须走自主创新这条路，而不能盲目的仅为生存而生产同质化产品。因此在企业成长期，天地伟业就在 2001 年制定了差异化的营销战略，因为他清楚地知道，只有差异才有优势。通过自主研发的音视频传输控制产品向用户提供从前端到后台，从硬件到软件的一站式采购服务，并以此不断促进研发队伍多元化发展和推动核心技术水平提高。2002 年，行业化和产业化的发展脉络在天地伟业公司的规划战略中开始明晰。2003 年天地伟业第一次提出了安防行业数字化、网络化、集成化和行业化的发展方向，正式确立了行业解决方案提供商和全线安防产品提供商的企业定位。2004 年开始搭建外销网络，努力开拓亚太、中东、欧美等海外区域，坚持国际化市场发展战略。经过多年的发展，天地伟业成为全国业内首个并且至今唯一的"中国驰名商标"。

楚江集团在业内率先建立了健全的营销网络,并以市场为主导,通过营销对客户需求准确定位把握,有效地引导生产,不断调整产品结构,提高高利润产品的生产比例;并依托集团在芜湖的产业集群优势,贸易物流主营企业立足铜基、钢基业务,发挥资金、信息和渠道优势,不断拓展经营领域,形成了强大的国内营销服务网络,并以优质的产品和优良的服务与众多新老客户精诚合作。

4.2 科技型中小企业公司创业关键成功因素分析

本节首先在现有研究和理论分析的基础上进行公司创业影响因素指标体系的构建,其次在公司创业影响因素和相关创业模型的基础上进行结构方程模型的建模和参数设定,最后利用对天津地区华苑产业园区内科技型中小企业中的高新技术企业的调研数据进行结构方程模型的拟合度检验和模型评价,最终建立能够决定科技型中小企业公司创业效果的综合因素结构框架,掌握各类因素之间的结构关系并确定关键成功因素。

首先,对高新技术企业作简单的介绍:作为21世纪的主流产业,高新技术产业的发展决定了一个国家的综合竞争力,相应的,高新技术企业即被视为21世纪的主流企业,高新技术创业被视为21世纪的创业主流。近年来,高新技术创业深受许多国家的重视。在发达国家,不少大学都建立了创业研究和教学机构;不少发达国家和新兴工业化国家的政府机构建立了高新技术创业孵化机构;不少国家积极采取各种措施,助推高新技术创业活动和高新技术企业的成长。

1. 高新技术企业的界定

高新技术(high & new technology)的概念最早是在1983年出版的《梅里厄姆韦氏辞典》中提出来的,书中将其定义为使用或者包含尖端方法或仪器用途的技术,但不同国家的学者对其存在不同的解释,至今尚未统一。就我国来说,高新技术是指建立在综合科学研究基础之上(包括自然科学理论和最新工艺技术),处于当代科技前沿且能够促进生产力发展,带来巨大经济和社会效益的新技术群。其具体包括八大技术领域:①电子与信息技术;②生物工程技术;③新材料技术;④自动化技术;⑤新能源技术;⑥航空航天技术;⑦农业高新技术;⑧先进制造技术。高新技术企业则是指利用这些高新技术进行高新技术产品生产以及高新技术劳动服务的企业,它是知识密集、技术密集的实体(汤继强,2007)。根据我国《高新技术企业认定管理办法》第2条规定,高新技术企业是指在《国家重点支持的高新技术领域》内,持续进行研究开发与技术成果转化,形成企业核心自主知识产权,并以此为基础开展经营活动,在中国境内(不包括港、澳、台地区)注册一年以上的居民企业。

2. 高新技术企业的特征

高新技术企业作为知识技术密集的经济实体，具有与传统企业不同的独特特征，具体包括以下几点。

一是技术创新性。高新技术以当代最新科技成果为基础，具有较高的知识和技术含量，随着高新技术日新月异的发展，高新技术产品的生命周期急剧缩短，更新换代的速度更是越来越快，因此，技术创新就成为决定高新技术企业生存和发展的最关键因素。

二是高投入性。高投入性是指高新技术企业发展过程中在智力和财力资源投入方面的要求相对于传统企业来说较高。高新技术产品在生产和价值实现的过程中都需要很高的知识含量和技术支持，因此在研发费用的投入上比例较高，通常是传统企业投入量的 10~20 倍。

三是高风险性。高新技术在实现其商品市场化的过程之前往往都具有很高的风险性，具体来说包括技术失败而造成损失的技术风险，知识产权被侵犯的风险，市场对高新技术产品的功能、价格的接受度引起的市场风险，大量资金持续投入引发的财务风险以及政策"事后规制"引发的制度风险。

四是高收益性。高新技术企业如果能够成功进行创新创业活动，通常能够获得原始投入的数十倍甚至上百倍的巨大收益。这些收益主要来源于高新技术所带来的垄断利润和产品价值远超过原材料价值所带来的高额利润等（陈劲，1994）。

五是高竞争性。较之传统技术竞争，高新技术竞争的内涵更为深刻，涉及人才竞争、科技竞争、信息竞争、市场竞争等多个方面。仅就市场竞争而言，就涉及市场占有率的竞争，市场切入时机的竞争和市场领先地位的竞争。此外，由于高新技术产品具有巨大的利润空间，高新技术领域内的竞争态势就更为激烈，这种高竞争性的存在使得高新技术企业的高风险特征成为一种必然（刑以群，2000）。

表 4.6 从各个角度总结了高新技术企业与传统企业的区别（严志勇等，2003），可以加深对高新技术企业的认识。

表 4.6 高新技术企业与传统企业的区别

内容	特征项目	传统企业	高新技术企业
人员	员工文化程度	一般	高
	科技人员密度	低	高
	普通人工投入	较大	较少
	管理者素质要求	技术素质要求不高	技术素质要求高

续表

内容	特征项目	传统企业	高新技术企业
资金	R&D 经费密度	低	高
	资金需求特点	较稳定	不稳定
	产品或工艺技术含量	低	高
技术	产品生命周期	较长	较短
	产品性能性价比	低	高
	投资风险	相对较低	相对较高
经营风险	市场风险	一般	大
	管理风险	一般	较大
	原材料占成本比重	高	低
经营效益	人均产值	低	高
	资金利润率	一般	高
	组织结构	较稳定	变化较多
变化程度	市场需求	较稳定	复杂多变
	所处环境	不确定性程度较低	不确定性程度较高
	增长速度	快慢不一	快

4.2.1 科技型中小企业公司创业影响因素指标体系的建立

通过对科技型中小企业中的高新技术企业和公司创业的现状进行深入分析，可以得到我国科技型中小企业公司创业的主要影响因素，包括外部环境、机会摄取、创业团队、组织氛围、创业资源。这五大因素对公司创业活动的顺利实施有着至关重要的作用，本章将分别对五个影响因素进行具体分析，得出其相应的观测指标，为后文的实证研究奠定基础。

1. 外部环境因素指标体系分析

从以往的研究可知，外部环境的复杂性和宽裕性对公司创业具有一定的推动作用。企业的外部环境是指处于企业之外的所有直接或间接的影响企业绩效的外部变量，包括企业所处的经济背景、技术发展环境，社会文化政治背景以及企业的材料供应商、产品面对的消费者和市场中的同类商品或替代品的竞争者等因素。外部环境一方面可以通过引导公司创业的方向影响企业的公司创业行为，另一方面可以通过影响企业的机会感知能力来影响其创业行为。因此，对于企业来说，能否顺利实施公司创业活动，外部环境因素起着直接或间接的作用。本书在米勒和弗利森（Miller and Friesen，1984）等开发的环境动态性和复杂性指标的基础上，结合本书的内容选取以下三个方面作为公司创业外部环境的观测指标。

（1）技术发展水平。技术发展水平是指目前社会技术总水平、技术变化周期以及发展趋势。技术发展水平的高低，影响着人们的消费需求，带来市场需求结构的变化，消费需求又推动着创业者选择合适的创业方向（葛宝山和蔡莉，2010）。特别是对于高新技术企业这一类知识密集型以技术为核心的企业来说，技术变化所带来的影响就更为明显，技术的变化极大地影响到企业的产品、服务、市场、供应商、分销商、竞争者、用户、制造工艺以及竞争地位等，技术的变化往往对高新技术企业进行公司创业有着重要的推动作用（雷家骕和王兆华，2008）。

（2）政府部门的政策支持度。许多国家和地区为促进高新技术企业的发展，出台了一系列相关辅助政策，包括自主知识产权政策、税收优惠及减免政策、创业扶持政策、财政政策以及金融政策等。同时相关研究也表明，积极的政府政策能够在一定程度上推动公司创业活动的进行。政府政策的某些变化，往往可能导致创业者可以做原本不允许做的事情，或者原本不必要做的事情。客观地看，这正是政府政策变革为创业者创造的创业机会（雷家骕和王兆华，2008）。

（3）外部竞争压力。竞争是商品经济的基本范畴，是企业之间的基本经济关系，也是企业面临的基本生存环境。对于更新换代迅速的高新技术企业来说，在激烈的外部市场竞争压力下，企业以往建立的竞争优势会很快被覆盖，此时企业将失去市场竞争力，面临着被市场淘汰的风险。在这种情境下，公司创业作为企业成长过程中多元化的有效途径之一，它不仅能够有效扩展和更新现有产品，而且有助于企业开发新事业以及创造新收入，从而使企业在迅速变化的市场上保持竞争力。因此，外部竞争压力是市场机制激发企业进行公司创业行为的重要动力因素。

综上所述，本书构建外部环境因素指标体系如表4.7所示。

表4.7　外部环境因素指标体系

影响因素	指标
外部环境	技术发展水平
	政府部门的政策支持度
	外部竞争压力

2. 机会摄取因素指标体系分析

根据以往的创业理论和研究可知，目前学者们已经广泛认识到机会发现是创业活动的起点（郭会斌，2009）。公司创业活动是在发现并掌握创业机会的前提下开展的，从这个角度上来说，创业机会的好坏直接影响创业活动的最终结果。机会，包括市场获利机会、技术机会和政策法律机会等。机会研究基于市场的不均衡以及信息的不完整、不对称，而拥有独特信息是识别和开发机会的前提。所谓机会摄取就是指企业在对机会感知和识别的基础上获取创业机会。

首先,机会摄取来源于企业机会感知的能力。机会感知过程,实质上是企业识别创新性产品或服务概念的过程。企业的创业机会通常蕴含于环境的变化过程之中,一成不变的环境难以产生商机。张玉利等(2006)通过对来自于全球创业小组(Panel Study of Entrepreneurial Dynamics,PSED)数据库中的 365 份个体问卷进行深入的调查,分析了创业环境、自我效能、创业警觉(entrepreneurial alertness)与创业承诺之间的关系,并且指出对创业行为的承诺作用最为明显的就是创业警觉。在高新技术行业,脱离环境变化由企业自身创造的商机是十分有限的,因此企业感知环境变化的能力对于创业机会的摄取乃至公司创业的成功具有较强的促进作用。

其次,机会摄取来源于机会识别的能力。虽然在变动的环境中产生的机会有许多,但并不是所有的机会都具有潜在的价值,识别具有潜在价值的机会是创业过程中一个关键的起始阶段。Timmons(1983)认为企业机会识别能力是创业成功的根本因素;成功进行公司创业的企业经常能捕捉其他企业未能看到的机会。因此,机会识别是创业机会摄取的重要部分。

最后,机会摄取来源于机会获取的能力。对于企业来说,通过机会识别筛选后的创业机会是企业获取利润的有力武器,但是能否有效地利用它取决于企业自身的能力和可控制的资源。Stevenson 等(1994)认为,创业就是根据已控制的资源去获取机会。因此,企业获取机会的能力在很大程度上决定了创业机会的最终摄取。

综上所述,本书构建机会摄取因素指标体系如表 4.8 所示。

表 4.8　机会摄取因素指标体系

影响因素	指标
机会摄取	企业的机会感知能力
	企业的机会识别能力
	企业的机会获取能力

3. 公司创业团队因素指标体系分析

公司创业是一种极其复杂的社会现象,公司创业所要求的能力涵盖了经济管理中的各个方面,包括技术、营销、财务、人力资源、金融等各个方面,这些远不是单个创业者能力所能达到的(秦立柱和秦兆行,2007)。特别是对于高新技术企业来说,在当今科学技术快速发展的大环境下,市场的竞争压力和复杂变化对高新技术企业的公司创业要求也在不断提高。因此,为了成功地进行创业活动并促进企业持续发展,创业团队就显得非常必要。创业团队是两个或两个以上具有一定利益关系、拥有所创企业所有权或处于高层主管职位并共同承担公司创业项目的人所组成的工作群体。他们之间通常能够技能互补，为了实现共同的创业目标彼此承担相应的成败责任，以及为达目的而共同努力。公司创业团队是公司创业的核心，对公司创业的顺利实施有着重要的支撑作用，创业团队的知识经验、技术能力和独特的创新能力在很大程度上决定了公司创业能否成功。而一支创业团队是否是高绩效的团队通常由以下特征决定。

1）核心领导者的个人特质

创业活动是由创业者主导和组织的商业冒险活动，它不仅需要创业者富有开拓新事业的激情和冒险精神、面对挫折和失败的勇气和坚韧，还需要其具备解决和处理创业活动中各种挑战和问题的基本知识和技能。同样，对于公司创业来说，核心领导者也担当着如此重任。核心领导者也即内企业家，是指在已建立企业中富有想象力和敢于承担风险来促进新事物产生的管理者（Pinchot，1985），是连接公司最高层管理者与基层的中间过渡层。核心领导者的个人特质，包括已有知识水平、创新冒险精神、创业技能、管理能力、个人社会网络关系等，在很大程度上决定了创业者组建一个什么样的团队。此外，对于高新技术企业来说，企业员工多为知识技术型员工，他们拥有精密的技术水平，善于从事科学研究和技术生产，但是其中具备优秀的领导和管理能力的却少有，因此就更需要一位核心的领导者来为他们指引工作方向。

2）团队成员的专业水平

Tushman 和 Scanlan（1991）提出一支团队的能力在很大程度上是由团队成员拥有知识和技能的数量所决定的。Kamm 等（1990）的研究也指出，影响创业团队工作成功的一个重要因素就是该团队是否具有高水准的技术和能力。高新技术企业的公司创业团队是由不同部门的专业人才组成的一支复合型的团队，其中包括研发部、生产部、财务部、销售部等，各部门人员的专业水平，包括信息、知识、技能和能力，将直接影响整个创业团队的水平，任何一个职能部门成员能力的匮乏，都会对公司创业整体规划和实施产生不良影响。因此，拥有高专业水平的成员对公司创业团队乃至整个公司创业和活动具有重要作用。

3）团队异质性

Hambrick 和 Mason（1984）基于高层梯队理论（upper echelons theory），从成员组成的角度出发，来研究高层管理团队结构对企业绩效的影响，认为团队中各成员背景和管理团队的结构关系会对企业的竞争产生重要影响。Cooper 和 Daily（1997）也指出，创业团队的成员若是在知识、能力和技能等方面能够实现互补，那么创业团队的工作效率就会大幅度提升。创业团队的构成反映了团队成员的整体特性，创业团队会通过自身的一些特性影响团队本身的综合实力，进而影响企业的绩效（王飞绒等；2006）。

有精湛技术的人不一定有合作技巧，但高绩效的创业团队往往兼而有之。高绩效团队是由一群有能力的成员组成的。他们具有实现共同目标所需要的技术和能力，而且相互之间有能够良好合作的个人品质，从而能出色地完成任务。核心领导者寻找团队成员的目的，就是要弥补创业目标与当前能力的差距所需要的配套成员。一个好的创业团队，成员之间要有良好的能力互补，而这种能力互补既有助于强化团队成员间彼此的合作，又能保证整个团队的整体能力，更好地发挥团队的作用。

4）团队凝聚力

优秀的创业团队都具有很强的凝聚力，正是凝聚力使所有团队成员紧紧地团结在一起，从而最大限度地发挥出自己的作用，促使组织目标的实现，形成组织发展的强大的生命力。（叶晓倩和谭学军，2012）提出了具有高凝聚力的团队的特点，包括：团队的所有成员都对共同的任务目标高度地投入；团队成员能够独立完成细分任务；团队构成动态可变；团队构成的开放性和弹性；团队成员间的频繁交流和沟通；团队成员间的相互支持。团队成员之间的相互忍让和团结协作，在公司创业活动实施的过程中是非常重要的，一个具有发展潜力的企业一定会拥有一支能够协同合作的创业队伍，而不仅仅是一两名杰出的企业家或管理者。优秀的创业团队往往注重成员之间的友谊，扩大团队成员的合作基础。团队并非简单的几个人集合，它是由一群有共同理想，能同甘共苦的人组合在一起的。

综上所述，本书构建创业团队因素指标体系如表 4.9 所示。

表 4.9　创业团队因素指标体系

影响因素	指标
创业团队	核心领导者的个人特质
	团队成员的专业水平
	团队异质性
	团队凝聚力

4. 组织氛围因素指标体系分析

公司创业离不开组织成员的努力，组织成员的创新行为会促进公司创业的产生和发展。Morris 和 Kuratko（2000）认为组织内的每个员工都具有创业潜力，但多数人都没能把潜力转化成资本。有些人没有认识到自己的潜力，而另一些人则认为发挥潜力的成本要高于能够获得的潜在利益。在这两种情况中，管理层所面对的问题变成了如何创造一个工作环境帮助员工理解公司追求哪种类型的创业行为，他们自身的创业能力，对创业活动的鼓励，以及失败后承担的责任。

R. D. Russell 和 C. J. Russell（1992）在对公司创业的实证研究中发现良好的组

织氛围对组织员工的创新行为有一定的促进作用，而组织成员的创新行为又会进一步促进公司创业的产生和发展，Hayton（2004）的研究也指出，在高新技术企业，营造良好的公司创业氛围，包括管理层对创新创业的支持、合理的薪酬激励、赋予员工一定的工作自主权，鼓励员工参与等，会诱发员工的承诺、相互合作、知识共享以及角色外行为，从而提升企业的公司创业行为。Hornsby 等（2002）基于两组大型的对比样本，以中层管理者的管理感知为基础，开发了一组全面的叫做公司创业评估工具的测量工具（corporate entrepreneurship assessment intrument，CEAI）。CEAI 包括五个维度，分别是员工的工作自主权、合理的薪酬激励、管理层支持、创业资源的可获得性以及组织边界。这五个因素对公司创业活动的累积解释量达到 43.3%，这一结果显示良好的公司创业氛围对企业来说是十分重要的，企业应把主要任务放在内部创业氛围的建设上，其基本假设是公司创业活动能够被有效管理。

本书综合前人的相关研究以及现有的关于公司创业氛围的量表（CEAI），选取以下四个方面作为组织氛围的观测指标。

（1）管理层的支持度，即管理层对公司创业活动支持的程度，管理层应当让员工相信，创新是组织中所有员工职责的重要组成部分。Shore 和 Tetrick（1991）提出在人力资源实践中对员工工作贡献的重视与肯定对组织氛围有正向的影响。管理层的支持能有效降低员工工作时的负面情绪，从而促进员工的工作积极性。反映管理层支持的表现有员工想法被迅速采用、赏识提出想法的人员、对试验项目的支持、提供项目启动的种子资金等。

（2）创业导向的组织文化，即一种奋发向上、积极进取、追求冒险挑战和创造性的精神状态，是一个公司所具有的创新与风险创业精神。创业导向的组织文化能够为企业持续创新成长提供动力，有利于培养组织的创新和创业精神，激发员工的创新能力，并且在使组织保持旺盛生命力的同时营造良好的创业氛围，不断提高组织的竞争能力，延长企业的生命周期。

（3）员工的工作自主权，即员工是否具有决定如何完成自己工作的决定权，表明了组织对公司创业行为的支持态度，公司应该允许员工做出关于工作进展的决定，并避免对员工在创新时犯错误进行批评。在这种环境下，组织员工才能全身心地投入公司创新创业的工作中。

（4）报酬奖励，根据组织支持理论，通过对员工的不同程度的晋升和奖赏充分体现了组织对员工工作情况的认可，这样不仅促进了员工努力工作的积极性。而且能够有效增强其组织支持感，进而对鼓励公司员工的创业行为发挥积极的作用。公司创业需要组织成员投入更多的精力和时间，而报酬奖励无疑会成为一种有利的激励因素，特别是对于鼓励中层和基层员工参与创业活动，报酬因素会产生更大的影响。Balkin 和 Bannister（1993）的研究发现，高新技术企业往往采取高薪酬的策略来鼓励员工对创新风险的投入，并且普遍取得了良好的效果。

综上所述，本书构建组织氛围因素指标体系如表4.10所示。

表 4.10　组织氛围因素指标体系

影响因素	指标
组织氛围	管理层的支持度
	创业导向的组织文化
	员工的工作自主权
	报酬奖励

5. 创业资源因素指标体系分析

根据以往的研究可知，公司创业活动要想顺利进行，必须得到有效的资源保证。林嵩（2005）将创业资源定义为企业创立以及成长过程中所需要的各种生产要素和支撑条件。Fry（1987）、Kanter（1988）以及 Hisrich 和 Peters（1986）在研究中曾明确指出充足的资源支持是企业实施公司创业的重要因素，企业为新创事业提供资金或其他资源支持的能力是成功实施公司创业活动的关键。

创业资源对于创业的重要意义不仅仅局限在单纯的量的积累上，资源基础理论将企业描述成一组异质性资源的组合，公司创业因而可以看做是整合异质性资源的过程，因此对资源的分类有助于理解资源整合的过程。组织行为学认为，组织拥有的资源可以分为两类：一类是条件资源，即所谓的各种要素的组合；另一类是交往资源，就是各种社会关系。而且认为组织中资源的整合是一个不断上升和向前发展的过程。

杨梅英和熊飞（2008）按照创业资源的重要程度，将创业资源划分为必备资源、支撑资源和外围资源。必备资源，是指创业者必须自己拥有或者借助外力能够拥有的创业资源，主要包括资金资源，场地资源，人才资源，技术资源等。支撑资源，是指处于创业者直接控制范围之外，但可以通过开发、组织、联合而获取的资源，主要是指社会网络资源。外围资源，是指创业者身处其中就能享受到的资源，是一种不受创业者主观控制的外在的公有性资源，包括创业环境、政府创业政策等。

本书在杨梅英的创业资源划分标准的基础上，结合高新技术企业自身的特点，总结出了高新技术企业进行公司创业所需的资源，具体内容如表4.11所示。

表 4.11　高新技术企业公司创业资源的分类

类型	名称	具体内容
必备资源	资金资源	调查结果显示，资金缺乏是阻碍公司创业活动顺利开展的首要因素。创业资金充足是企业开展公司创业活动的基本前提和保证，在创业过程中时刻都需要资金的支持。对于高新技术企业来说，一个完整的公司创业过程要经过技术观念创新、新技术内容的形成、新技术的应用三个阶段。在第一阶段，资金主要用于创新概念的技术和商业可行性分析。在第二阶段，创新资金涉及实施设想所必需的研究开发资金，包括调研费、研究设备费、人工费、测试费等。在第三阶段，需要将技术创新成果用于生产实践过程中，包括为形成批量生产所需的生产技术、设备工艺调整费，降低生产成本所需投资费，市场促销费和其他管理费用等
	人才资源	对于现代企业可持续发展来说，高素质人才的获取和开发是该过程的关键。特别是对高新技术企业来说，由于其创业需要更多的知识，因此人才资源更为重要。人才资源主要有：创业者自身，创业团队成员；可以聘请到的管理、营销人才；专家顾问团队；招聘的合格员工；等等
	技术资源	技术资源对于知识技术密集型的高新技术企业来说十分重要。技术资源包括关键技术、制造流程、作业系统、专用生产设备等。技术资源与智慧等人力资源的区别在于，后者主要存在于个人身上，随着人员的流动会流失，技术资源大多与物质资源结合，可以通过法律手段予以保护，形成组织的无形资产等资源
	场地资源	高新技术企业公司创业的场地资源包括：自由产权的房屋场地；可租借到的房屋场地；科技园区或工业园区提供的低价场地；各类孵化器或创业园区提供的廉租房屋场地；等等
支撑资源	社会网络资源	社会网络资源主要是指由企业或企业中个体的社会关系网络形成的关系资源。现今在高新技术产业的高度竞争之下，高新技术企业想要从公司创业中获利，必须拥有自己的社会网络，除了企业间的强关系网络之外，还有企业与中介机构（如行业协会、咨询机构、风险投资机构、高校科研机构等）的弱关系网络。通过强弱关系网络，实现了跨界社会团体的交流与联系，获得新的异质性信息，保证了企业创新所需信息的有效程度。社会网络资源是高新技术企业进行公司创业可充分利用的无形资源
外围资源	创业环境	地区经济发展水平，政府对创业的态度，区域自然条件等
	创业政策	税收优惠及减免政策；工商注册支持政策；行业准入政策；创业扶持政策；确保创业者利益的政策；等等

　　为了同外部环境因素和创业团队因素有效地区分开，本书将人才资源和创业环境、创业政策等外围资源分别归类到创业团队因素和外部环境因素，以便于模型的构建和假设的提出。

　　综上所述，本书构建创业资源因素指标体系如表 4.12 所示。

表 4.12　创业资源因素指标体系

影响因素	指标
创业资源	资金资源
	技术资源
	场地资源
	社会网络资源

6. 构建科技型中小企业公司创业影响因素指标体系

根据上述分析,本书提出科技型中小企业公司创业影响因素指标体系,如图4.5
所示。

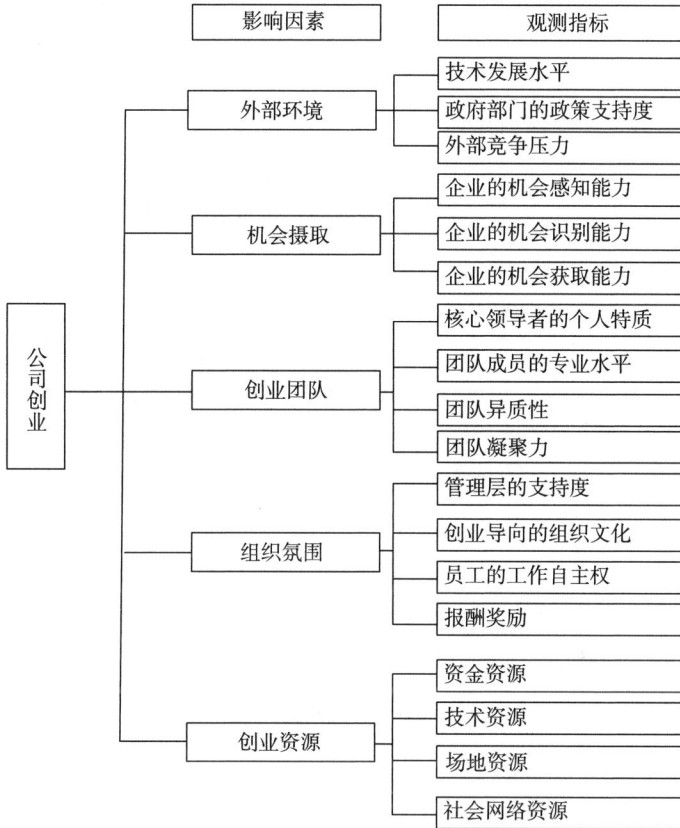

图 4.5　科技型中小企业公司创业影响因素指标体系

4.2.2　科技型中小企业公司创业关键成功因素实证研究设计

1. 实证研究流程设计

本书的实证研究部分基于前文的理论分析,以天津地区华苑产业园区内科技型中
小企业中的高新技术企业为研究对象,用构建结构方程模型的方法来研究五个因
素对公司创业目标实现的具体影响关系,包括其中的结构关系以及大小关系,从而
得出科技型中小企业创业的关键成功因素。实证研究流程如图 4.6 所示。

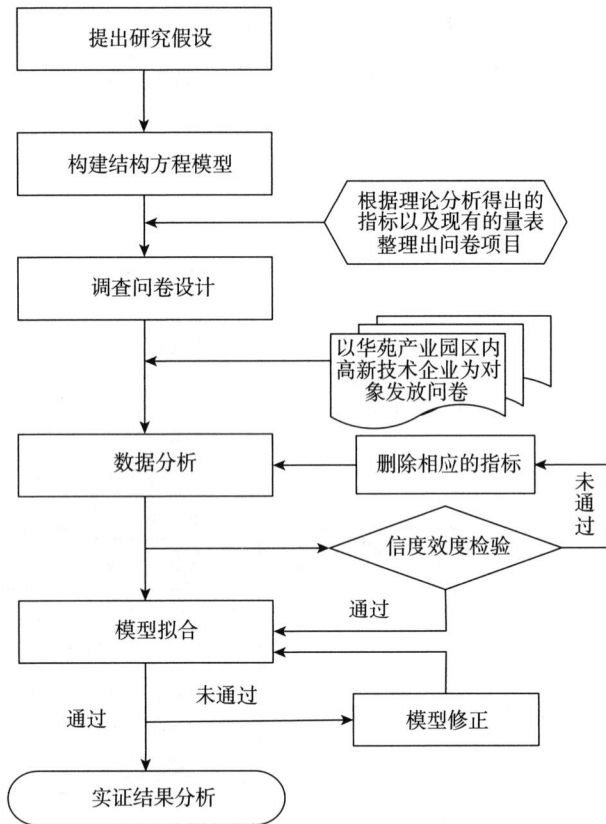

图 4.6　实证研究流程

2. 研究假设及结构关系图

1）研究假设

根据有关专家学者的相关理论和文献研究以及上一章对公司创业影响因素的具体分析，本书认为外部环境、机会摄取、创业团队、组织氛围、创业资源会对公司创业产生影响。因此，基于现有理论模型和分析提出 $H_{4.1}$~$H_{4.5}$，如下所示。

$H_{4.1}$：外部环境的复杂性与宽裕性对公司创业存在正面影响。

$H_{4.2}$：机会摄取的能力对公司创业存在正面影响。

$H_{4.3}$：创业团队的水平与公司创业存在正相关关系。

$H_{4.4}$：组织氛围对公司创业的支持程度越高，越有利于公司创业的进行。

$H_{4.5}$：有效的资源保证对公司创业存在正面影响。

根据创业机会理论可知，创业机会摄取是创业领域的关键问题之一，它决定着整个创业的过程和结果。从来源上来说，Timmons（1999）认为创业机会大都产生于不断变化的环境之中，美国凯斯西储大学的谢恩教授认为创业机会主要来自 4

种变革,分别是技术变革、政治和制度变革、社会和人口变革以及产业变革(黄晓燕,2010)。我国学者雷家骕和冯婉玲(2001)也指出创业机会来源于技术变化、市场变化和政策变化。正是由于各类环境的改变,导致市场需求和市场结构必然发生变化,就会给各行各业带来创业机会(莫里斯和库拉特科,2005)。

然而,存在创业机会不代表企业能够感知和识别创业机会,Shane(2003)指出创业者的个人特质,特别是机会警觉能力对创业机会的识别具有显著的推动作用,德鲁克(2002)将创业者定义为那些能够主动搜索市场环境变化,并积极迅速做出反应,并将其充分利用起来的人(Kohli and Jaworski,1990)。台湾"中山大学"的刘常勇和谢如梅(2006)基于知识分散理论指出,作为公司创业前置因素的创业者先验知识,通过创业警觉的正向调节作用,可以有效识别较好的创业机会。可见创业者在机会的感知和识别中具有重要的作用,对于公司创业来说创业者则是以核心领导者为主导的创业团队。

此外,对于进行公司创业的企业来说,识别创业机会后就是对机会的开发和利用,这一过程必须有充足的资源作保证才能顺利进行,否则企业将仅仅止步于发现机会的状态而无法将创业机会转化为市场可接受的产品或服务。Ardichvili等(2003)通过对创业机会成功应用的研究指出,企业必须拥有创造价值的能力,包括人力、财务资源以及各种必要的有形资源,才能有效开发并利用创业机会(林嵩等,2005)。由此可知,只有在充分识别可利用创业机会的基础上整合利用可获得的资源才能获得创业成功。

基于上述分析本书提出 $H_{4.6}$~$H_{4.8}$,如下所示。

$H_{4.6}$:外部环境的复杂性与宽裕性对公司创业机会摄取存在正面影响。

$H_{4.7}$:创业团队的水平与公司创业机会摄取存在正相关关系。

$H_{4.8}$:有效的资源保证对公司创业机会的摄取存在正面影响。

对于高新技术企业来说,公司创业团队中大多数成员都属于知识型员工,作为知识资源的载体,知识型员工在心理需求、价值观念以及工作方式等方面都与普通员工存在差异,具体表现在:①具有相应的专业技能和较高的个人素质;②具有实现自我价值的强烈愿望;③具有鲜明的个性;④具有强烈的流动意愿;⑤偏爱宽松、自主和灵活的工作环境(李玉成和罗宾,2004)。因此,在企业公司创业活动实践中,如何尽最大可能创造必要的条件是促进创业团队成员之间协调运作,充分发挥团队的系统功能并取得预期目标的重要因素。由于企业内各有关部门之间的互动情形,对于公司创业活动影响甚为重大,因此本书认为企业在推动公司创业活动时,营造一个管理层支持的、分权式的和较自由式的组织氛围,将对公司创业团队的水平的发挥有正面的影响。一个开放的、较自主的、鼓励创新的组织氛围,对创业团队的团结和工作效率具有绝对的正面的意义。

由此,提出 $H_{4.9}$:组织氛围对公司创业的支持程度越高,越有利于公司创业团队水平的提高。

2）研究对象结构关系

根据上述假设分析，本节将整合各因子之间的关系，从整体上把握公司创业的影响因素，初步构建出高新技术企业公司创业影响因素结构关系图，如图4.7所示。

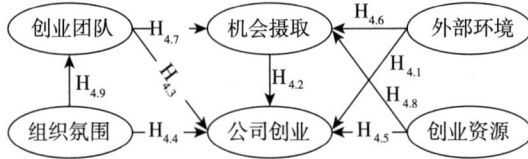

图 4.7　假设结构关系图

3. 结构方程建模

1）结构方程模型变量设定

本书以相关理论为基础构建的高新技术企业公司创业影响因素结构方程模型包含了 6 个潜变量，其中 3 个外生潜变量，分别为外部环境、创业资源和组织氛围，3 个内生潜变量，分别为创业团队、机会摄取和公司创业。

对于外部环境、机会摄取、创业团队、组织氛围和创业资源的观测变量，本书根据本章构建的高新技术企业公司创业影响因素指标体系设定。

对于公司创业的观测变量，本书根据以往研究对公司创业维度的划分进行确定，将其设定为新业务冒险、创新、自我更新、先进性四个观测变量。

各变量的符号及其对应的内容如表4.13所示。

表 4.13　结构方程模型的变量构成

类别	潜变量		观测变量	
	变量符号	变量名称	变量符号	变量名称
外生潜变量	ξ_1	外部环境	x_1	社会经济技术发展水平
			x_2	政府部门的政策支持度
			x_3	外部竞争压力
	ξ_2	组织氛围	x_4	管理层的支持度
			x_5	创业导向的组织文化
			x_6	员工的工作自主权
			x_7	报酬奖励
	ξ_3	创业资源	x_8	资金资源
			x_9	技术资源
			x_{10}	社会网络资源
			x_{11}	场地资源

续表

类别	潜变量		观测变量	
	变量符号	变量名称	变量符号	变量名称
内生潜变量	η_1	创业团队	y_1	核心领导者的个人特质
			y_2	团队成员的专业水平
			y_3	团队凝聚力
			y_4	团队异质性
	η_2	机会摄取	y_5	企业的机会感知能力
			y_6	企业的机会识别能力
			y_7	企业的机会获取能力
	η_3	公司创业	y_8	新业务冒险
			y_9	创新
			y_{10}	自我更新
			y_{11}	先进性

2）结构方程参数设定及整体模型构建

根据公司创业实施过程中各因素之间的相互作用和影响，建立一个全参数模型，假定外生测量方程中 Λ_x、Λ_y 及 Γ 中各参数均不为 0，则建立全参数模型如下。

外生显变量与外生潜变量的测量模型方程如式（4-1）所示，内生显变量与内生潜变量的测量模型方程如式（4-2）所示：

$$x_1 = \lambda_1^x \xi_1 + \delta_1$$
$$x_2 = \lambda_2^x \xi_1 + \delta_2$$
$$\vdots \tag{4-1}$$
$$x_{11} = \lambda_{11}^x \xi_3 + \delta_{11}$$

$$y_1 = \lambda_1^y \eta_1 + \varepsilon_1$$
$$y_2 = \lambda_2^y \eta_1 + \varepsilon_2$$
$$\vdots \tag{4-2}$$
$$y_{11} = \lambda_{11}^y \eta_3 + \varepsilon_{11}$$

上述式（4-1）的参数矩阵形式如式（4-3）所示，式（4-2）的参数矩阵形式如式（4-4）所示：

$$
\begin{bmatrix} x_1 \\ x_2 \\ x_3 \\ x_4 \\ x_5 \\ x_6 \\ x_7 \\ x_8 \\ x_9 \\ x_{10} \\ x_{11} \end{bmatrix} = \Lambda_x \times \begin{bmatrix} \xi_1 \\ \xi_2 \\ \xi_3 \end{bmatrix} = \begin{bmatrix} \lambda_1^x & 0 & 0 \\ \lambda_2^x & 0 & 0 \\ \lambda_3^x & 0 & 0 \\ 0 & \lambda_4^x & 0 \\ 0 & \lambda_5^x & 0 \\ 0 & \lambda_6^x & 0 \\ 0 & \lambda_7^x & 0 \\ 0 & 0 & \lambda_8^x \\ 0 & 0 & \lambda_9^x \\ 0 & 0 & \lambda_{10}^x \\ 0 & 0 & \lambda_{11}^x \end{bmatrix} \times \begin{bmatrix} \xi_1 \\ \xi_2 \\ \xi_3 \end{bmatrix} + \begin{bmatrix} \delta_1 \\ \delta_2 \\ \delta_3 \\ \delta_4 \\ \delta_5 \\ \delta_6 \\ \delta_7 \\ \delta_8 \\ \delta_9 \\ \delta_{10} \\ \delta_{11} \end{bmatrix} \quad (4\text{-}3)
$$

$$
\begin{bmatrix} y_1 \\ y_2 \\ y_3 \\ y_4 \\ y_5 \\ y_6 \\ y_7 \\ y_8 \\ y_9 \\ y_{10} \\ y_{11} \end{bmatrix} = \Lambda_y \times \begin{bmatrix} \eta_1 \\ \eta_2 \\ \eta_3 \end{bmatrix} = \begin{bmatrix} \lambda_1^y & 0 & 0 \\ \lambda_2^y & 0 & 0 \\ \lambda_3^y & 0 & 0 \\ \lambda_4^y & 0 & 0 \\ 0 & \lambda_5^y & 0 \\ 0 & \lambda_6^y & 0 \\ 0 & \lambda_7^y & 0 \\ 0 & 0 & \lambda_8^y \\ 0 & 0 & \lambda_9^y \\ 0 & 0 & \lambda_{10}^y \\ 0 & 0 & \lambda_{11}^y \end{bmatrix} \times \begin{bmatrix} \eta_1 \\ \eta_2 \\ \eta_3 \end{bmatrix} + \begin{bmatrix} \varepsilon_1 \\ \varepsilon_2 \\ \varepsilon_3 \\ \varepsilon_4 \\ \varepsilon_5 \\ \varepsilon_6 \\ \varepsilon_7 \\ \varepsilon_8 \\ \varepsilon_9 \\ \varepsilon_{10} \\ \varepsilon_{11} \end{bmatrix} \quad (4\text{-}4)
$$

结构方程表达式如式（4-5）所示：

$$
\begin{cases}
\eta_1 = \gamma_{13}\xi_3 + \zeta_1 \\
\eta_2 = \beta_{21}\eta_1 + \gamma_{21}\xi_1 + \gamma_{22}\xi_2 + \zeta_2 \\
\eta_3 = \gamma_{31}\xi_1 + \gamma_{32}\xi_2 + \gamma_{33}\xi_3 + \beta_{31}\eta_1 + \beta_{32}\eta_2 + \zeta_3
\end{cases} \quad (4\text{-}5)
$$

上述公式的矩阵形式如式（4-6）所示：

$$
\begin{bmatrix} \eta_1 \\ \eta_2 \\ \eta_3 \end{bmatrix} = \begin{bmatrix} 0 & 0 & 0 \\ \beta_{21} & 0 & 0 \\ \beta_{31} & \beta_{32} & 0 \end{bmatrix} \times \begin{bmatrix} \eta_1 \\ \eta_2 \\ \eta_3 \end{bmatrix} + \begin{bmatrix} 0 & 0 & \gamma_{13} \\ \gamma_{21} & \gamma_{22} & 0 \\ \gamma_{31} & \gamma_{32} & \gamma_{33} \end{bmatrix} \times \begin{bmatrix} \xi_1 \\ \xi_2 \\ \xi_3 \end{bmatrix} + \begin{bmatrix} \zeta_1 \\ \zeta_2 \\ \zeta_3 \end{bmatrix} \quad (4\text{-}6)
$$

其中，ζ_1、ζ_2、ζ_3分别表示内生潜变量创业团队 η_1、机会摄取 η_2、公司创业 η_3 的参差项；γ_{13}、γ_{21}、γ_{22}、γ_{31}、γ_{32}、γ_{33}分别表示外生潜变量外部环境 ξ_1、组织氛围 ξ_2、

创业资源 ξ_3 对内生潜变量创业团队 η_1、机会摄取 η_2、公司创业 η_3 的影响；β_{21} 表示内生潜变量 η_1 对内生潜变量 η_2 的影响，β_{31}、β_{32} 分别表示内生潜变量 η_1、η_2 对内生潜变量 η_3 的影响。

结合前面的理论分析与设定好的变量及参数，可以构建结构方程的全模型，如图 4.8 所示。整体模型均用符号替代各测量指标、因子负荷、指标的误差项以及因子之间的协方差等，这是为了方便后文对模型拟合的研究，各个指标的含义在上文已经标出。

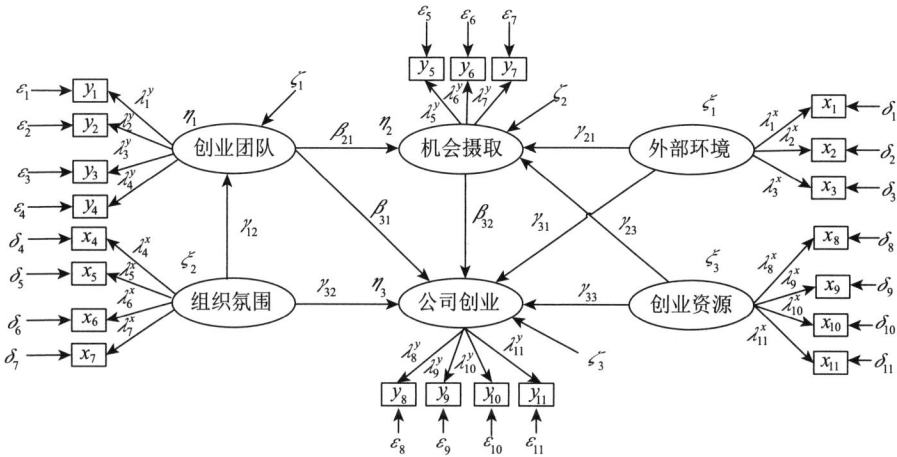

图 4.8　结构方程全模型

4. 调查问卷设计

本书主要采用量表法进行调研，调查问卷分为三个部分，分别是企业基本信息、公司创业影响因素量表、公司创业结果量表。

企业基本信息部分包括 9 个问题，分别是被调查者职位级别，包括基层管理人员、中层管理人员、高层管理人员和总经理；文化程度，包括大专、本科、硕士和博士；所处的部门，包括研发部、生产部、销售部和财务部；企业所处行业类型，包括生物技术、新材料技术、自动化技术、新能源技术、电子信息技术；企业经营规模，包括大型、中型、小型；企业所处的发展阶段，包括创业阶段（公司成立或转制初期，效益不太稳定）、公司创业阶段（企业成立多年，产品或服务结构基本稳定，正在进行产品创新或管理变革，以谋求更大的发展）、转型阶段（企业产品或服务的市场缩小，效益下降，面临转制）；被调查者在企业工作的年限；企业成立的年限；企业员工总数。

公司创业影响因素量表中包含五个变量，即外部环境、机会摄取、创业团队、组织氛围、创业资源。因为无法对这些变量进行直接的测量，本书根据以往的相关研究和相关的量表，针对每个影响因素设计了 3~4 个观测变量来进行测量。调查问卷测量方式采用的是李克特的 5 级打分法，"完全同意"——5 分、"比较同意"——4 分、"一般或者不确定"——3 分、"不太同意"——2 分、"完全不同意"——1 分。依据指标体系设计的调查问卷详见附录四的第二部分。

公司创业结果量表是用来对公司创业取得的成果进行更细致的调查分析。本书采用的量表是在参考 Antoncic 和 Hisrich（2001）关于公司创业的测量问卷的基础上，结合本书的具体情况进行改写的。测量方式同样采用李克特的 5 级打分法。该量表提出了四个维度的测量，即新业务冒险、创新、自我更新和先进性，再把这四个维度转化为具体的 13 个测量问题，其中，1~3 题为新业务冒险的测量题项，4~6 题为创新的测量题项，7~9 题为自我更新的测量题项，10~13 题为先进性的测量题项。具体调查问卷见附录四第三部分。

5. 数据分析方法

本书主要采用 SPSS 17.0 和 LISREL 8.70 两种统计软件作为问卷分析工具对数据进行处理。通过用 SPSS 17.0 软件对调查问卷数据的信度和效度进行检验，用 LISREL 8.70 软件对问卷取得的数据进行计算和分析，获得结构方程模型的结果，并对所提出的 9 个假设的真实性以及理论模型的拟合优度进行检验。

1）基本统计分析

基本统计分析主要是对样本数据的总体情况进行简单的描述，是进行其他数据统计分析的基础。本书运用描述性统计，通过样本不同项目的百分比进行样本数据的总体分布形态的描述，掌握调查样本的基本情况；通过对样本数据平均值和标准差的计算判断各测量题项的匹配度。

2）信度检验

通常，我们通过检验信度（reliability）和效度（validity）的水平来判断一份调查质量的高低。信度是指通过测量问卷所得结果具有一致性或稳定性的程度（毕克新等，2010）。一致性主要反映问卷的各个题项之间的内部关系，主要是考察各个题目是否反映了相同的内容。稳定性主要反映各个题项反映测量内容的稳定程度，对于同一个人在不同时间，以相同的测量工具进行测量，如果两次测量的结果一致，表明测量结果具有稳定性、可靠性。目前最常使用的信度系数是 Cronbach's α 系数，其值介于 0 和 1 之间，数值越大，表明量表的信度越高（吴伟，2012），具体标准如表 4.14 所示。

表 4.14 信度检验标准

信度范围	结果
Cronbach's α <0.3	不可信
0.3≤Cronbach's α <0.4	勉强可信
0.4≤Cronbach's α <0.5	可信

信度范围	结果
0.5≤Cronbach's α <0.7	可信（最常见）
0.7≤Cronbach's α <0.9	高度可信（次常见）
Cronbach's α ≥0.9	十分可信

本书分别为问卷中的每个测量题项计算其 Cronbach's α系数，同时还采用了条目删除 Cronbach's α系数检验，对没有通过条目删除 Cronbach's α系数检验的指标或测量题项进行删除，从而保证每个变量的测量题项具有较好的一致性和稳定性。

3）效度检验

效度是指测量的有效性程度，即测量工具或手段能够准确测出所需测量内容的程度，包括内容效度和结构效度两大类。内容效度是指问卷内容能否反映所要测量的特质，较好地代表欲测量的内容。对内容效度的检验一般是通过定性的方法进行，即由有关专家对问卷项目的恰当与否进行分析评价。本书使用的量表均以理论为基础，并且参考了国内外学者的相关量表，在一定程度上保证了内容效度。结构效度又称构想效度，是指量表能在多大程度上反映所要测量的变量。一般来说，检验测量问卷结构效度常用的方法是因子分析法。本书即采用该方法，在探索性因子分析初步判断的基础上，运用验证性因子分析法对结构效度进行判断（用主成分分析法和方差最大旋转法得到因子载荷矩阵，并将载荷值大于 0.5 的测量题项归为一类），从而达到采用尽量少的不相关的因子代替众多观测变量反映样本数据的目的。

在做因子分析之前，还需要通过对测量数据进行检验，判定其是否适合进行因子分析，如此才能保证分析结果的准确性和有价值性。通过 SPSS 输出 Bartlett's 球形检验和 KMO 样本测度值结果共同判定样本是否适合进行因子分析。对于 Bartlett's 球形检验值来说，根据有关专家的建议，一般以显著性水平小于 0.05 作为检验标准，也就是说若变量的 Bartlett's 球形检验值在小于 0.05 的显著性水平下通过检验，则通过 Bartlett's 球形检验。对于 KMO 的样本测度值的检验来说，一般越接近 1 表示变量间的偏相关系数越低，进行因子分析的结果越好。有关 KMO 样本测度值的判定标准见表 4.15。

表 4.15　KMO 样本测度值判定标准

样本测度值范围	决策标准
KMO≥0.90	极佳的
0.80≤KMO<0.90	有价值的
0.70≤KMO< 0.80	适合的

续表

样本测度值范围	决策标准
0.60≤KMO<0.70	可以接受的
0.50≤KMO<0.60	很勉强接受的
KMO<0.50	拒绝的

本书通过因子分析的方法来检验调查问卷题项设计的合理程度，判断高新技术企业公司创业影响因素及其观测指标的合理性，同时以各影响因素的积累解释量作为效度好坏的判定标准。

4）相关性分析

相关性分析就是通过用变量之间的相关系数来反映变量间相互作用的紧密程度，用来验证变量（包括外生潜变量和内生潜变量）之间是否存在相互影响，相关系数越大表明二者之间的影响程度越强，相关系数越小则表明二者之间的影响程度越弱，进而得以判断理论模型的构建以及相关假设的设置是否合理。

5）拟合度检验

本书在理论分析的基础上构建了高新技术企业公司创业影响因素结构方程模型，要检验所建立的结构方程模型是否与数据相拟合，就需要通过拟合指数（fit index，FI）来进行检验，它是通过比较观察到的协方差与期望方差之间的差异，评价和测量模型的拟合程度。根据相关研究，可以将拟合指数分为绝对指数、相对指数和简约指数三类。在绝对指数中比较常用的有卡方统计量 χ^2 、均方根残差 RMSEA 等。由于 RMSEA 受样本容量的影响程度较小，通常被作为较好的绝对拟合指数标准，若 RMSEA 低于 0.05，则表明模型的拟合效果很好，予以接受；若 RMSEA 大于 0.10，则表明模型的拟合效果较差，不予接受。在相对指数中较常用的是非标准化拟合指数 NNFI 和指数比较拟合指数 CFI。一般来说，若 NNFI 和 CFI 的值大于 0.90 时，则表示模型拟合情况较好。

4.2.3　科技型中小企业公司创业影响因素实证分析

1. 样本基本情况

本书的问卷调查历时 2 个月，以天津地区华苑产业园区内科技型中小企业中的高新技术企业为研究对象。样本的选择主要遵循两个原则：一是选择具有典型性的样本；二是选择具有真实性的样本。调查问卷采用纸质问卷和电子问卷两种方式进行现场和网络形式的发放。此次调查企业共 112 家，共发放问卷 300 份，回收 263 份，剔除无效问卷 24 份，有效问卷为 239 份，有效率达到 79.67%。表 4.16 和表 4.17 为此次调查企业和人员的基本情况。

表 4.16　调研企业基本情况

项目	分类	样本数目/家	占比/%
企业成立年数	3 年以下	9	8.0
	3~5 年	69	61.6
	5~10 年	29	25.9
	10 年以上	5	4.5
企业规模	50 人以下	7	6.2
	51~100 人	32	28.6
	101~500 人	58	51.8
	500 人以上	15	13.4
行业类型	生物技术	23	20.5
	新材料技术	21	18.8
	自动化技术	26	23.2
	新能源技术	18	16.1
	电子信息技术	24	21.4
发展阶段	创业阶段	16	14.3
	公司成长阶段	72	64.3
	转型阶段	24	21.4

表 4.17　调研人员基本情况

项目	分类	样本数目/家	占比/%
职位级别	董事长（或总经理）	8	3.04
	高层管理人员	95	36.12
	中层管理人员	92	34.98
	基层管理人员	68	25.86
文化程度	大专	5	1.90
	本科	130	49.43
	硕士	87	33.08
	博士	41	15.59
部门	研发部门	97	36.88
	生产部门	54	20.53
	销售部门	70	26.62
	财务部门	42	15.97
工作时间	3 年以下	70	26.62
	3~5 年	98	37.26
	5~10 年	73	27.76
	10 年以上	22	8.36

　　由表 4.16 的 85.7%，表明被调查的高新技术企业多处在公司成长或是转型的阶段，因此，对公司成长过程中的困难和关键因素有更为切身的体验和认识，能够为本书提供更为切实可靠的资料数据。

　　由表 4.17 可以看出，在被调查的 263 位对象中，大专以上学历的受访者达到 258 位，占样本总数的 98.10%。这说明受访的高新技术企业工作人员文化素质普遍较高，能够有效理解问卷内容并作答，这有效地保证了问卷结果的准确性和可靠性。而且被调查的人员大部分为企业的中层、高层管理者，在企业工作的时间大都在 3 年以上，对本企业的整体情况相对熟悉，能更好地对测量问卷项目给予合理的判断。

　　通过对调查对象样本数据的搜集整理，得出设定的各观测指标的统计结果显示匹配度良好，具体如表 4.18 所示。

表 4.18　调研数据汇总

维度	评价指标	最小值	最大值	匹配度	
				平均值	标准差
外部环境	技术发展水平	1	5	3.02	1.03
	政府部门的政策支持度	1	5	3.98	1.80
	外部竞争压力	1	5	3.14	1.77
组织氛围	管理层的支持度	1	5	4.62	1.56
	创业导向的组织文化	1	5	4.06	1.45
	员工的工作自主权	1	5	4.21	1.80
	报酬奖励	1	5	4.53	1.47
创业资源	资金资源	1	5	4.66	1.42
	技术资源	1	5	3.15	1.16
	社会网络资源	1	5	4.13	1.82
	场地资源	1	5	4.58	1.58
创业团队	核心领导者个人特质	1	5	4.88	1.95
	团队成员的专业水平	1	5	4.43	2.03
	团队凝聚力	1	5	4.18	2.35
	团队异质性	1	5	4.05	2.56
机会摄取	企业的机会感知能力	1	5	4.16	1.91
	企业的机会识别能力	1	5	4.34	2.23
	企业的机会获取能力	1	5	4.52	2.09
公司创业	新业务冒险	1	5	4.32	2.36
	创新	1	5	4.56	1.57
	自我更新	1	5	4.12	1.87
	先进性	1	5	4.07	1.69

2. 信度与效度检验

1）公司创业影响因素量表的信度与效度检验

本书利用 SPSS 17.0 软件，经过分析得出公司创业影响因素量表的总体系数为 0.846，根据信度检验标准可知，其处于高度可信的范围内，具体如表 4.19 所示，表明该量表内部总体一致性程度较高，属于高信度量表。

表 4.19　总体信度分析表（一）

Cronbach's α	基于标准化项目的 Cronbach's α 系数	项目个数
0.846	0.846	18

本书为了达到进一步改良量表的目的，使量表构成达到最优，故采取了条目删除 Cronbach's α 系数检验。从表 4.20 可知，外部环境因素的 Cronbach's α 系数为 0.726，3 个分项指标对相应总项的相关系数中，最小的为 0.497，最大的为 0.696，删除任何测量项目后，α 系数的值并无显著的提高，表明外部环境因素的测量项目（指标）具有较高的内部一致性，信度较好。机会摄取因素的 Cronbach's α 系数为 0.828，3 个分项指标对相应总项的相关系数值均大于 0.5，并且删除任何测量项目后，α 系数的值也无显著的提高，表明机会摄取因素的测量指标（项目）具有较高的内部一致性，信度较好。组织氛围因素的 Cronbach's α 系数为 0.816，4 个分项指标对相应总项的相关系数均大于 0.5，并且删除任何测量项目后，α 系数的值也无显著的提高，表明组织氛围因素的测量指标（项目）具有较高的内部一致性，信度较好。创业团队因素的 Cronbach's α 系数为 0.839，4 个分项指标对相应总项的相关系数均大于 0.5，并且删除任何测量项目后，α 系数的值也无显著的提高，表明组织氛围因素的测量指标（项目）具有较高的内部一致性，信度较好。创业资源因素的 Cronbach's α 系数为 0.793，4 个分项指标对相应总项的相关系数中，最小的为 0.398，最大的为 0.746。若删除相关系数最小的 EFI 17 问卷项目，可以看到 α 系数的值有显著的提高，故应该将该项予以删除。删除后的影响因素问卷的总体系数由 0.846 提高到 0.863，如表 4.21 所示，量表的内部总体一致性进一步提高。

表4.20　各因素指标信度分析表

影响因素	测量项目（指标）	分项对总项的相关系数	删除该项后的 Cronbach's α 系数	全部项目的 Cronbach's α 系数
外部环境	EFI 1	0.497	0.655	0.726
	EFI 2	0.696	0.702	
	EFI 3	0.633	0.715	

续表

影响因素	测量项目（指标）	分项对总项的相关系数	删除该项后的 Cronbach's α 系数	全部项目的 Cronbach's α 系数
机会摄取	EFI 4	0.699	0.806	0.828
	EFI 5	0.676	0.814	
	EFI 6	0.758	0.823	
组织氛围	EFI 7	0.779	0.809	0.816
	EFI 8	0.517	0.814	
	EFI 9	0.736	0.792	
	EFI 10	0.763	0.803	
创业团队	EFI 11	0.693	0.795	0.839
	EFI 12	0.726	0.803	
	EFI 13	0.688	0.785	
	EFI 14	0.602	0.816	
创业资源	EFI 15	0.746	0.699	0.793
	EFI 16	0.712	0.702	
	EFI 17	0.398	0.811	
	EFI 18	0.661	0.714	

表 4.21　总体信度分析表（二）

Cronbach's α	基于标准化项目的 Cronbach's α 系数	项目个数
0.863	0.863	17

接着进行问卷的效度检验，根据 Kaiser 给出的 KMO 度量标准，由表 4.22 中的数据可知 KMO 值为 0.896，处于有价值的标准范围内，且样本分布的 Bartlett's 球形检验值为 776.506，$P<0.05$，在自由度为 161 时，已达显著水平，因此可以拒绝零假设。由两项检验统计量可知，本实证得出数据具有较高的相关性，适宜进行因子分析。

表 4.22　KMO 和 Bartlett's 球形检验（一）

取样足够度的 KMO 度量		0.896
Bartlett's 球形检验	近似卡方	776.506
	df	161
	Sig.	0.000

进一步对数据进行因子分析后得到四个因子，经过旋转后得到的各问题题项的因子负荷值，如表 4.23 所示。通常情况下，如果问卷的每个因子的负荷量超过

0.5 时，则认为这个因子具有较强的解释能力。通过表 4.23 可以看出高新技术企业公司创业影响因素的每个因子负荷均大于 0.6，结果比较理想。并且通过因子分析得到五个因子，其中，题项 EFI 1~ EFI 3 提取一个因子（外部环境），题项对变量的累计解释量为 57.12%，表明外部环境因素的观测指标具有较好的结构效度；题项 EFI 4~EFI 6 提取一个因子（机会摄取），题项对变量的累计解释量为 68.49%，表明机会摄取因素的观测指标同样具有较好的结构效度；题项 EFI 7~EFI 10 提取一个因子（组织氛围），题项对变量的累计解释量为 65.33%，表明组织氛围因素的观测指标也具有较好的结构效度；题项 EFI 11~EFI 14 提取一个因子（创业团队），题项对变量的累计解释量为 69.06%，表明创业团队因素的观测指标具有较好的结构效度；题项 EFI 15~EFI 17 提取一个因子（创业资源），题项对变量的累计解释量为 62.03%，表明创业资源因素的观测指标具有较好的结构效度。因此，公司创业影响因素问卷的效度良好，符合研究要求。

表 4.23　旋转后的公司创业影响因素载荷成分表

测量题项	因子负荷					累计解释量/%
	F1	F2	F3	F4	F5	
EFI 14 公司创业团队的核心领导者具有优秀的创业特质和技能	0.904					69.06
EFI 11 公司创业团队的成员在各自的领域都具有高专业水平	0.892					
EFI 13 公司创业团队成员之间具有高度的凝聚力	0.884					
EFI 12 公司创业团队成员之间的技能优势互补	0.796					
EFI 7 公司创业能够得到企业管理层的支持		0.854				65.33
EFI 10 企业给予成功完成公司创业项目的员工适当的报酬和奖励		0.802				
EFI 9 企业采用授权方式使权力向组织下层转移，使基层员工能获得更多的职责和更大的自主决策权		0.785				
EFI 8 企业员工在创新和充满活力的组织氛围下工作		0.723				
EFI 5 企业能够识别适合公司创业的机会			0.897			68.49
EFI 6 企业能够充分利用公司创业机会			0.765			
EFI 4 企业能够快速感知潜在市场机会			0.699			
EFI 15 企业能够提供公司创业所需资金				0.838		62.03
EFI 16 企业拥有先进的技术资源				0.798		
EFI 17 企业拥有丰富的社会网络资源				0.697		
EFI 2 政府对公司创业有相应的配套支持政策					0.786	57.12
EFI 3 企业所处的同行业市场竞争激烈					0.693	
EFI 1 社会经济技术发展水平较高					0.634	

2）公司创业活动结果量表的信度与效度检验

同公司创业影响因素量表的检验方法相同，经过信度分析得出公司创业活动结果量表的 Cronbach's α 系数为 0.857，如表 4.24 所示，根据信度检验标准可知，其同样处于高度可信的范围内，并且删除任何条目后的 Cronbach's α 系数均无显著提高（故删除条目后的信度分析表此处省略），所以该量表同样属于高信度量表。

表 4.24　信度分析表

Cronbach's α	基于标准化项目的 Cronbach's α 系数	项目个数
0.857	0.857	13

公司创业结果测量问卷共有 13 个问题，涉及四个维度。从表 4.25 中可以看出，KMO 值为 0.889，处于有价值的标准范围内，且样本分布的 Bartlett's 球形检验值为 792.263，$P<0.05$，在自由度为 153 时，已达显著水平，因此可以拒绝零假设。由两项检验统计量可知，本实证得出数据具有较高的相关性，适宜进行因子分析。

表 4.25　KMO 和 Bartlett's 球形检验（二）

取样足够度的KMO度量		0.889
Bartlett's球形检验	近似卡方	792.263
	df	153
	Sig.	0.000

进一步对数据进行因子分析后得到四个因子，经过旋转后得到的各问题题项的因子负荷值，如表 4.26 所示。

表 4.26　旋转后的公司创业测量指标载荷成分表

测量题项	因子负荷				累计解释量/%
	F1	F2	F3	F4	
CEI 5 企业强调技术创新	0.824				
CEI 4 企业在新产品活动上的花费很高	0.801				67.62
CEI 6 通过公司创业开发的新产品数量很多	0.778				
CEI 7 企业强调在该行业的开发技术水平的领先	0.792				
CEI 8 改组业务单元和部门来提高公司创新		0.728			
CEI 9 协调业务单元之间的活动性来促进公司创新		0.693			65.19
CEI 10 增强不同业务单元的自主性来提高创新		0.684			
CEI 1 企业在现有行业扩展业务线			0.792		
CEI 3 企业经常通过提供新的业务线和产品进入新的业务			0.773		62.07
CEI 2 企业在与当前业务相关的新行业追求新业务			0.685		

续表

测量题项	因子负荷				累计解释量/%
	F1	F2	F3	F4	
CEI 11 企业的决策风格倾向快速果断	·			0.835	
CEI 13 企业具有很强的竞争态势				0.726	55.93
CEI 12 企业拥有新技术（首先引入的新产品/服务/技术等）				0.653	

通过表 4.26 可以看出高新技术企业公司创业的每个测量项目的因子负荷均大于 0.6，结果比较理想，并且通过因子分析得到四个因子，其中 CEI 4~CEI 7 共提取一个因子，按照它们内容的共同特征，可归纳为创新，累计解释量为 67.62%，表明创新维度的测量项目具有较好的结构效度；CEI 8~CEI 10 共提取一个因子，按照它们内容的共同特征，可归纳为自我更新，累计解释量为 65.19%，表明自我更新维度的测量项目具有较好的结构效度；CEI 1~CEI 3 共提取一个因子，按照它们内容的共同特征，可归纳为新业务冒险，累计解释量为 62.07%，表明新业务冒险维度的测量项目具有较好的结构效度；CEI 11~CEI 13 共提取一个因子，可以归纳为先进性，累计解释量为 55.93%，表明先进性维度的测量项目具有较好的结构效度。以上提取的四个因子与本书之前对公司创业四个维度的划分刚好符合，因此，公司创业测量问卷的效度良好，符合研究要求。

3. 结构方程模型的整体检验

上文通过信度和效度检验确定了调查问卷的合理性，本小节在此基础上通过拟合指数对第 3 章建立的高新技术企业公司创业影响因素结构方程模型进行整体检验。根据统计分析软件 LISREL 8.70 输出的模型拟合结果，如表 4.27 所示，可以看出 RMSEA 的值在 0.05 之下，并且 NNFI 和 CFI 的值均大于 0.90，表明假设理论模型与样本数据的拟合效果较好，该结构模型较好地反映了样本数据之间的内在关系，因此，模型不需要进一步的修正。

表 4.27　模型拟合指数结果

拟合指数	χ^2	df	RMSEA	NNFI	CFI
输出结果	269.04	177	0.035 8	0.927	0.943

在 LISREL 8.70 输出的结果里面，可以得到已建模型的路径图，如图 4.9 所示，从图中可以清楚地看到各个潜变量之间的路径系数及观测变量和潜变量之间的因子负荷。

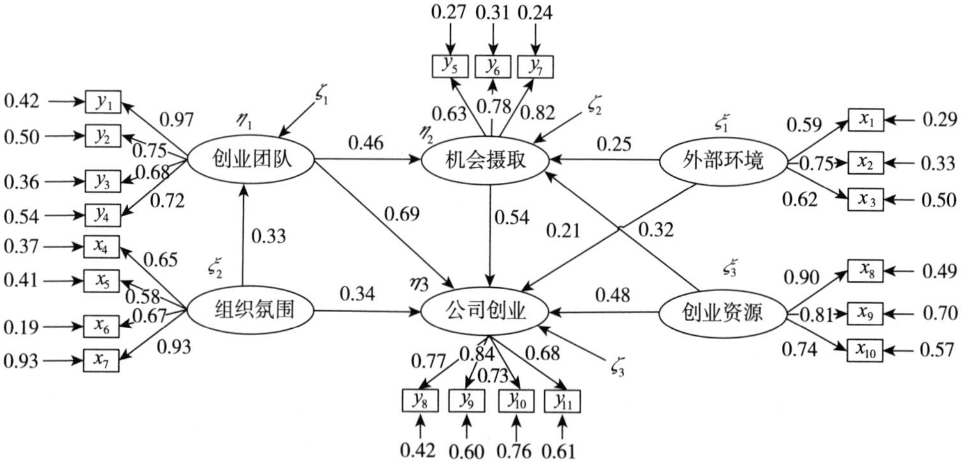

图 4.9　高新技术企业公司创业影响因素结构方程路径图

4. 研究假设的检验

本书在进行模型构建的时候，对各潜变量之间的关系做了 9 项假设，在本节中就模型的输出结果对这些假设分别作验证，以此来检验它们的正确性和合理性，从而为本书结论的得出提供科学的理论支持。通过各个潜变量之间的路径系数可以得到它们之间的相关性，路径系数为正，表明潜变量之间呈正相关的关系，路径系数为负，表明潜变量之间呈负相关的关系，且路径系数的绝对值越大，变量之间的相关性就越强。

对于外部环境这个影响因素来说，本书在前面提出 $H_{4.1}$：外部环境的复杂性与宽裕性对公司创业存在正面影响，以及 $H_{4.6}$：外部环境的复杂性与宽裕性对公司创业机会摄取存在正面影响。由模型图 4.9 可知，外部环境对公司创业的效应为 $\gamma_{31}=0.21$（$t=4.216$）（由于所有因子间效应的 t 值均通过 t 检验，故不再将其列表举出），对机会摄取的效应为 $\gamma_{21}=0.25$（$t=3.852$），均达到了显著性水平，即 $H_{4.1}$ 和 $H_{4.6}$ 均得到了验证：外部环境的复杂性与宽裕性会促进创业机会的摄取以及公司创业的实施。

对于创业资源这个影响因素来说，本书在前面提出 $H_{4.5}$：有效的资源保证对公司创业存在正面影响，以及 $H_{4.8}$：有效的资源保证对公司创业机会的摄取存在正面影响。由模型图 4.9 可知，创业资源对机会摄取的效应 $\gamma_{23}=0.32$（$t=4.035$），对公司创业的效应 $\gamma_{33}=0.48$（$t=4.129$），二者均达到了显著性水平，即 $H_{4.5}$ 和 $H_{4.8}$ 得到了验证：创业资源越充足，越有利于公司创业机会的摄取和公司创业的实施。

对创业团队这个影响因素来说，本书在前面提出 $H_{4.3}$：创业团队的水平与公司创业存在正相关关系，以及 $H_{4.7}$：创业团队的水平与公司创业机会摄取存在正相关关系。由模型图 4.9 可知，创业团队对机会摄取的效应 $\beta_{21}=0.46$（$t=4.525$），对公司创业的效应 $\beta_{31}=0.69$（$t=4.324$），均达到了显著性水平；即 $H_{4.3}$ 和 $H_{4.7}$ 得到了验证：创业团队的水平越高，越有利于创业机会的摄取和公司创业的顺利进行。

对于机会摄取这个影响因素来说，本书在前面提出 $H_{4.2}$：机会摄取的能力对公司创业存在正面影响。由模型图 4.9 可知，机会摄取对公司创业的效应 $\beta_{32}=0.54$（$t=4.673$），达到了显著性水平，即 $H_{4.2}$ 得到了验证：企业机会摄取的能力越强，越有利于公司创业活动的开展。

对于组织氛围这个影响因素来说，本书在前面提出 $H_{4.4}$：组织氛围对公司创业的支持程度越高，越有利于公司创业的进行，以及 $H_{4.9}$：组织氛围对公司创业的支持程度越高，越有利于公司创业团队水平的提高。由模型图 4.9 可知，组织氛围对创业团队的效应 $\gamma_{12}=0.33$（$t=4.159$），对公司创业的效应 $\gamma_{32}=0.34$（$t=4.366$），二者均达到了显著性水平，即 $H_{4.4}$ 和 $H_{4.9}$ 均得到了验证：企业内支持创业的组织氛围越浓厚越有利于公司创业团队水平的提升和公司创业活动的顺利实施。

由以上分析可知，本书在前文提出的 9 条假设全部通过验证，即 $H_{4.1}$~$H_{4.9}$ 均成立。

5. 高新技术企业公司创业影响结构关系分析

根据上述高新技术企业公司创业影响因素结构方程模型的输出结果，可以得出各因素对公司创业活动影响程度的大小以及各因素之间的影响关系，其结果分析如下。

1）机会摄取对公司创业的影响

从模型输出图 4.9 中可以看出，机会摄取对公司创业的影响系数为 0.54，其各项指标按系数从大到小依次为企业的机会获取能力、企业的机会识别能力、企业的机会感知能力，这说明相对于感知和识别创业机会，更重要的是能够根据已控制的资源充分利用它，并将其转化为可行的商业计划，并最终实现价值的转化。所以，高新技术企业应当提高资源的使用和配置的能力，有效地将资源与公司创业机会相结合。

2）创业团队对公司创业的影响

从模型输出图 4.9 中可以看出，创业团队对公司创业的影响有两条路径，创业团队不仅直接影响公司创业的实施，而且会通过影响企业的机会摄取能力间接影响公司创业活动。其中创业团队对公司创业的直接影响系数为 0.69，间接影响系数为 0.46 × 0.54=0.248 4，故可得到创业团队对公司创业的总影响系数为 0.69+0.248 4=0.938 4。此外，创业团队的各项指标按系数从大到小依次为核心领导者的个人特质、团队成员的专业水平、团队异质性、团队凝聚力。这表明核心领导者的特质，包括创新冒险精神、创业知识和技能以及领导能力等在组建和管理创业团队的过程中具有十分重要的作用。因此，在高新技术企业内部有意向发起公司创业活动的内企业家首先应当充分重视自身知识，技能和能力的培养和提升，这将对其成功领导创业团队顺利进行公司创业有至关重要的决定作用。其次,对于一个优秀的创业团队来说,仅仅有一个优秀的领导者是不够的,团队成员的专业水平和技能也很重要,团队各成员在各自领域内卓越的专业技能将与核心领导者优秀的管理能力相辅相成,共同促进公司创业活动的顺利开展。

3）外部环境对公司创业的影响

从模型输出图 4.9 中可以看出,外部环境对公司创业同样有直接和间接的两条路径,其中,间接路径是通过影响机会摄取实现的。外部环境对公司创业的直接影响系数为 0.21,间接影响系数为 0.25×0.54=0.135,故可得到外部环境因素对公司创业的总影响系数为 0.21+0.135=0.345。同时,从图中我们也可以得出外部环境的各项指标按系数从大到小依次为政府部门的政策支持度、外部竞争压力、社会经济技术发展水平。这表明,对于高新技术企业来说,在外部环境因素中,政府部门有关政策,包括税收优惠及减免政策、信贷支持政策、创业扶植政策、行业准入政策等,对于高新技术企业是否进行公司创业战略的实施有一定的决定作用。

4）创业资源对公司创业的影响

从模型输出图 4.9 中可以看出,创业资源因素不仅直接影响公司创业,同时通过机会摄取因素间接影响公司创业。其中创业资源对公司创业的直接影响系数为 0.48,间接影响系数为 0.32×0.54=0.172 8,故可得到创业资源因素对公司创业的总影响系数为 0.172 8+0.48=0.652 8。不同的创业资源按照系数从大到小依次为资金资源、技术资源、社会网络资源。这表明对于高新技术企业来说,其进行公司创业最重要的是资金资源,由于高新技术企业公司创业的高投入性,开展同样规模的新业务,高新技术企业通常需要较高的资金投入。资金资源毫无疑问地成为其进行公司创业的重要因素,缺乏启动资金将无法开始公司创业活动,很可能导致创业机会的流逝,缺乏后续维持资金,公司创业活动的实施又会受到阻碍,引起财务风险。所以高新技术企业进行公司创业时要充分认识到资金的重要性,建立合理的资金筹集和分配机制,优化资金的使用,减少公司创业成本。由于高新技术企业通常都是 R&D 高密集的企业,企业的持续成长和发展都需要持续的 R&D 支持,所以技术资源对于高新技术企业来说也十分重要,高新技术企业应当注意对本企业内技术资源的开发与保护,关键技术、制造流程、作业系统、专用生产设备等,可以通过法律手段予以保护,形成组织的无形资产等资源。此外,为了能够更快速地获取新技术和市场信息,降低交易成本,高新技术企业也应当注意自身社会网络的构建,包括科研机构和高校以及价值链上的相关合作企业。

5）组织氛围对公司创业的影响

从模型输出图 4.9 中可以看出,组织氛围对公司创业的影响路径有 3 条,1 条直接路径,即组织氛围对公司创业的直接影响,2 条间接路径,分别为组织氛围→创业团队→公司创业和组织氛围→创业团队→机会摄取→公司创业。直接影响系数为

0.34，间接影响系数为 0.33×0.69=0.227 7 和 0.33×0.46×0.54=0.082 0，故可得到组织氛围因素对公司创业的总影响系数为 0.34+0.227 7+0.082 0=0.649 7。组织氛围的各项指标按系数从大到小依次为报酬奖励、员工的工作自主权、管理层的支持度、创业导向的组织文化。这表明对参与公司创业的成员予以一定的报酬奖励会激励他们更加投入自身的工作中，同时管理层的支持和创业团队成员的一定自主权也有利于团队成员水平的发挥，从而加快公司创业的步伐。

6. 高新技术企业公司创业关键成功因素的确定

从以上的分析可以得出，高新技术企业公司创业虽然受到多种因素的共同影响，但是每个影响因素对企业进行公司创业的影响程度不尽相同，高新技术企业公司创业的影响因素路径系数从大到小依次为创业团队（0.938 4）、创业资源（0.652 8）、组织氛围（0.649 7）、机会摄取（0.54）、外部环境（0.345）。表明公司创业团队的水平对公司创业活动的影响最大，其次是充足的创业资源保证和良好的组织氛围的支持，机会摄取因素多是通过以上三个因素来实现对公司创业的影响，而对于外部环境来说，影响系数较小，对企业进行公司创业的影响力较弱。然而影响系数小并不代表可以不闻不问，重要的是认识到在资源有限的情况下，将资源优化配置，首先建设那些对公司创业影响较大的因素。

因此，根据关键成功因素理论，本书将高新技术企业公司创业的关键成功因素确定为创业团队、创业资源、组织氛围三大项。其中创业团队因素中最重要的是核心领导人的个人特质，创业资源因素中最重要的是资金资源，组织氛围因素中最重要的是报酬奖励。高新技术企业在实施公司创业的过程中应当重点抓住关键成功因素，促进公司创业的顺利进行。

4.3　科技型中小企业可持续性发展扩散机制的建立

不管是科技型中小企业复制扩散、衍生扩散、还是裂变扩散，科技型中小企业可持续性发展的扩散主要都取决于企业家能力、技术创新能力、企业管理制度和市场营销能力这四个方面。在科技型中小企业可持续性发展的扩散过程中，这四个方面内生动力对其都起着决定性的作用，缺一不可。首先，企业家能力的高低是诱发科技型中小企业成长扩散的最原始的影响因素，企业家的能力不仅影响着企业管理者的创新决策，而且影响着企业员工对创新的态度，作为"创新之魂"，它对企业技术创新、企业管理制度的创新和市场营销的创新具有十分重要的作用。其次，技术创新能力是促进科技型中小企业成长扩散的核心影响因素，是科技型中小企业在自己的行业领域占据很领先地位的核心。再次，企业管理制度是科技型中小企业扩散的必要的影响因素。科技型中小企业要实现扩散，必须在企业内部建立具有创新意识的企业文化，它是被企业员工普遍认同的价值观和行为准则的总和，科技型中小企业由于外部环境的多变性和内部信息的高度集成性，必然要求员工富有创新和开拓精神，且具有团结协作、相互支持的团队精神，培养科技型中小企业技术创新的积极个性因素，它将加强引进科技人才、管理和激励机制，将技术开发与市场需求密切结合，引进风险资金为技术开发提供保障。最后，市场营销能力会显著影响科技型中小企业扩散。市场营销能力是一种控制市场影响顾客的能力，特别是在单一性被复杂性取代、确定性被不确定性取代、稳定性被不稳定性取代的市场环境下，使企业弱化了预见性。因此市场营销能力作为一种准确把握市场需求，生产适合客户需要的产品的一种能力，其重要性日益凸显，不容忽视（图4.10）。

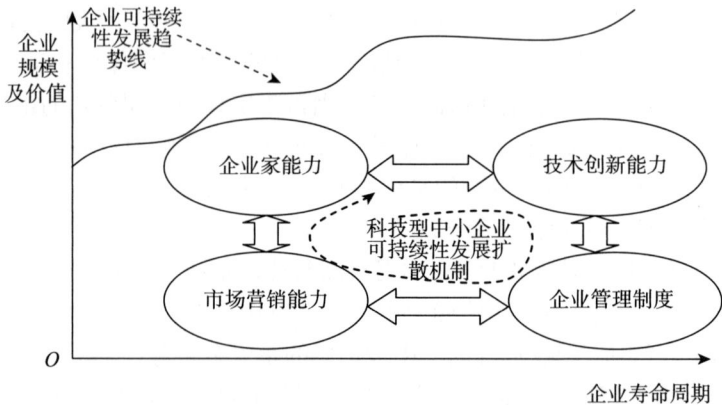

图4.10　科技型中小企业可持续性发展扩散机制

第5章 科技型中小企业可持续性发展的对策建议

本章主要根据前文对动力机制与扩散机制的研究，整合影响科技型中小企业可持续性发展的关键因素，建立动力与扩散整合机制，并提出相应的对策建议。

5.1 科技型中小企业可持续性发展动力与扩散整合机制

根据前文对科技型新创企业可持续性发展动力来源的实证分析、企业生命周期理论和"企业代"的思想下企业可持续性成长问题综合分析、科技型中小企业可持续性发展的扩散机制实证分析以及高新技术企业公司创业的关键成功因素实证分析，本书建立了科技型中小企业可持续性发展动力与扩散整合机制（图5.1）。

由图5.1可知，科技型中小企业可持续性发展需要动力机制与扩散机制的共同作用，动力机制由内部动力来源和外部动力来源两部分组成，内部动力来源主要有企业家能力、人力资源管理、技术管理、市场机会管理、组织效率、资源支持六个方面，外部动力来源有政府职能、科技环境、融资环境三个方面；企业扩散的模式主要有复制扩散、衍生扩散和裂变扩散三种，其扩散机制也由内部扩散支持和外部扩散支持两部分组成，内部扩散支持来源主要有技术创新能力、企业家特质、市场营销能力、企业管理制度四个方面，外部扩散支持来源主要有经济技术发展水平、政府政策、外部竞争压力三个方面。

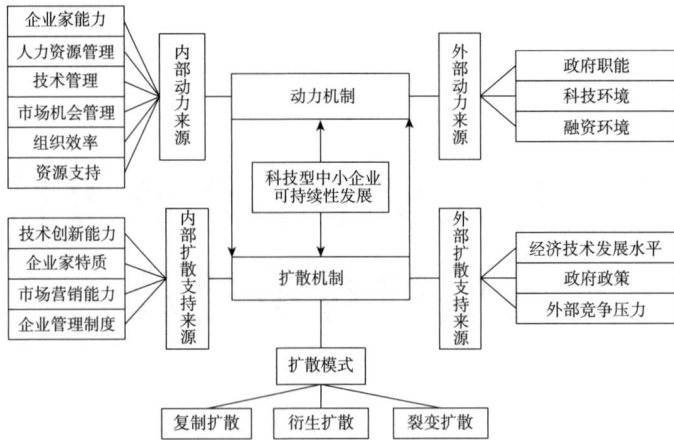

图 5.1　科技型中小企业可持续性发展动力与扩散机制

5.2　科技型中小企业可持续性发展对策建议的提出

不管是科技型中小企业成长的动力机制还是扩散机制，科技型中小企业的可持续性发展主要都取决于企业家能力、人力资源管理、技术管理、市场机会管理、组织效率、资源支持、市场营销能力、企业管理制度、政府职能、科技环境、融资环境、外部竞争压力 12 个方面。在科技型中小企业可持续性发展的过程中，这 12 个方面内生动力和外生动力对其都起着决定性的作用，缺一不可。基于此，本书根据科技型中小企业可持续性发展的动力与扩散整合机制，提出相应对策建议。

5.2.1　建立以市场为导向的技术创新管理机制

在当前买方市场状态下，消费者需求日趋呈现多样化、复杂化、知识化特征。本书所走访的调研企业，均表示市场需求是其进行技术创新以及各类生产经营活动的指向标。为此，为实现市场机会与技术创新的协同管理，科技型中小企业应建立以市场为导向的技术创新管理机制，即以市场需求状况与变化趋势为导向，最大限度地获取市场信息，规避新技术创新风险，最大限度地提高创新成果的市场接受程度，进而促进科技型中小企业长期绩效的实现。

1. 科技型中小企业市场导向管理原则

市场导向的理论基础源于"营销观念"（Kohli and Jaworski，1990）。这一观念最早于 20 世纪 90 年代被提出，其研究主要有三种观点，即组织文化的观点、市场情报的观点和顾客的观点（Narver and Slater，1990；Deshpande et al.，1993）。虽然学者们的研究视角有所不同，但普遍认为市场导向包括 4 层含义，即以顾客为中心、注重信息共享、注重跨部门协调以及重视执行（张婧，2004）。基于此观点，本书将从以下四个方面来阐述科技型中小企业的市场导向管理原则。

一是科技型中小企业要以顾客为中心，满足顾客现实和潜在的需要，才能把握市场机会。企业赖以生存和发展的基本条件是消费需求。科技型中小企业能否满足消费者的需求直接影响到科技型中小企业的生存与发展。顾客喜好的多样性和复杂性直接影响着市场的需求，所以以顾客为中心的市场导向，就如同一种无形的推力，不断向科技型中小企业提出创新要求，推进企业的创新活动。此外，市场导向需求变化的趋势指示着新创企业创新的方向，根据市场的要求进行技术创新，不断地从市场那里获取创新思想是科技型中小企业创新的成功之道（罗青军，2003）。

二是科技型中小企业要注重信息收集与信息共享，强调顾客、竞争者等外部信息在组织范围内传播和扩散的重要性。市场导向是对有关顾客和竞争者等市场信息的处理行为（成韵，2010）。但由于在实际操作中，组织机制缺乏激发信息收集与共享合作的强烈市场动机和持续、有力的市场运行机制，常使信息收集与共享达不到实际效果。所以应建立一个开放、合作的信息资源收集与共享体系（图5.2），以实现信息资源合理而有效的共享，这是科技型中小企业市场组织的最大目标（成韵，2010）。

三是注重跨部门协调，强调不同职能部门的共同行动。市场信息的产生不单独是研发部门的责任，营销等部门也能够在营销过程中获取顾客需求、顾客信息和竞争对手的信息，所以需要研发、生产和营销等部门共同协作，以快速抓住满足顾客需求的市场信息，从而为企业创造最大的利益。

四是重视执行，强调市场导向的科技创新活动在行动中体现出来。市场导向关注的是企业特定的行为而不是哲学观念，强调基于市场信息采取行动来满足市场需要（Kohli and Jaworski，1990）。科技型中小企业应在企业家的领导下发挥执行力，才能更好地实现基于顾客信息的跨部门协作，从而进行创新活动，提供创新产品，为顾客创造高的价值（Deshpande et al.，1993）。

2. 建立以市场为导向的技术创新管理体系

以市场为导向的技术创新管理体系，表现为企业市场需求管理与技术创新管理间的交叉协同管理，呈现在"技术寿命评价→新技术研发决策→产品概念形成→

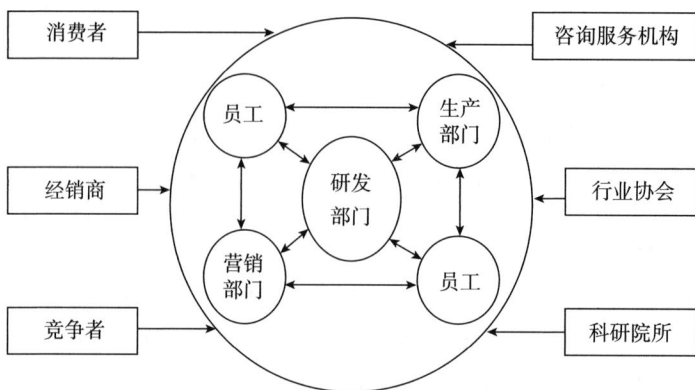

图 5.2　市场信息搜集与共享体系

技术研发→技术商品化"过程中,产品、技术与市场需求匹配度反复验证的循环过程,如图 5.3 所示。产品技术与市场需求匹配验证,是技术创新的基础性管理工作。此过程首先要求企业持续关注市场需求状况,并据此检验技术与产品所处生命周期。一旦市场具备出现新需求的趋势,并可能冲击处于成长或成熟期的技术与产品,企业须及时做出新技术研发决策。企业在新技术研发决策阶段,须对市场机会进行初步筛选,包括初步的市场评价,以及技术研发的必要性(如果不进行,是否危及产品市场地位)与可能性(企业内部资源,以及可获取的资源是否支持技术研发)评价,以决定是否进行技术研发。在整个技术研发以及技术商品化过程中,技术与市场需求匹配度验证始终贯穿其中。如果某一步的市场需求、企业资源与技术创新活动不匹配,都将导致企业对技术研发做出中止的决策,从而在最大限度上降低技术投资项目的风险。

3. 建立以市场为导向的技术管理机制

基于科技型新创企业市场导向的技术创新管理的四个原则,针对其市场机会管理和市场导向下的技术管理,构建以市场为导向的技术管理机制,如图 5.4 所示。

以市场为导向的技术管理机制由四个层次构成:第一层次是以市场为导向的技术创新理念。这是科技型中小企业追求的目标,同时也是其实现可持续性发展的核心动力。众所周知核心技术对于科技型中小企业的重要作用,而以市场为导向的技术创新理念则是科技型中小企业追求核心技术的源动力。第二层次是企业以维护与顾客关系为技术管理的核心。此处的顾客要以关系网络的观点把顾客概念进行扩展,不但包括下游买方,还需股东、债权人、员工及社区等其他利益相关者群体。第三层次是在企业与顾客关系的基础上,建立强有力的市场导向的企业文化。只有这样才能把以市场为导向的技术理念深入到企业的每个员工。在科技型新创

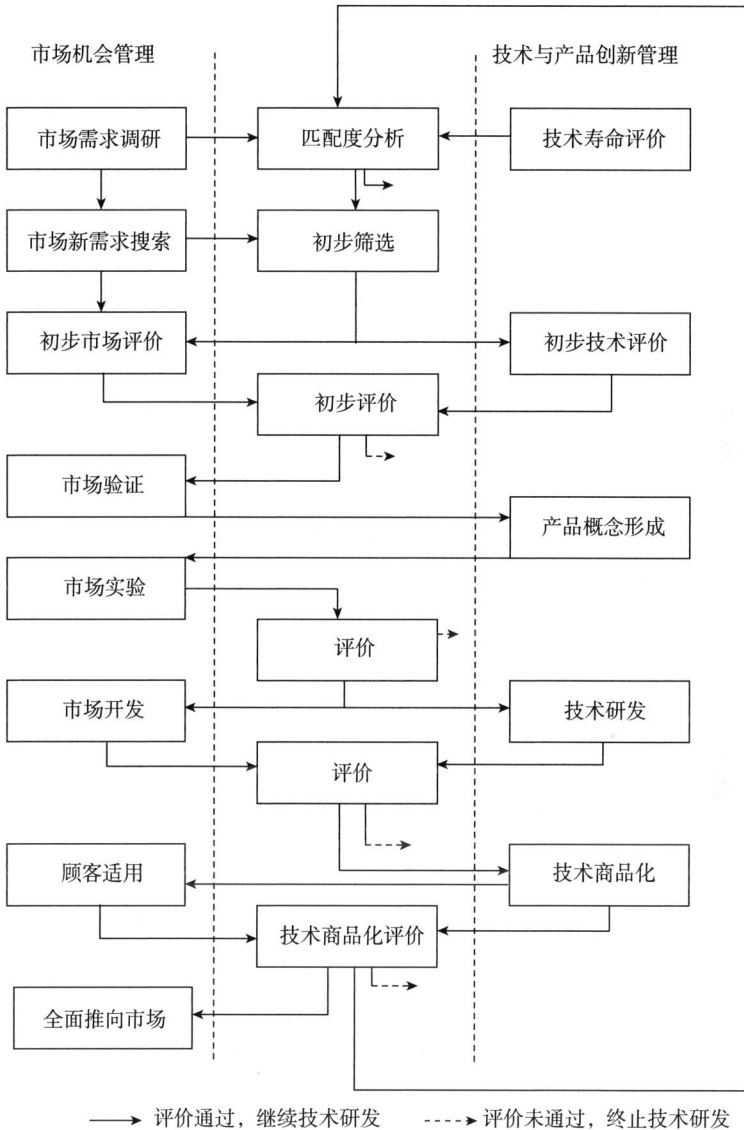

图 5.3　以市场为导向的技术创新管理体系

企业中，技术创新并不只是研发部门的责任，而需要企业全体员工的自觉行动的支持，只有这样企业的核心技术才能最终以顾客价值为中心，技术创新产出的产品才能适应市场的需求。第四层次是市场导向下的技术管理要通过计划、组织、控制、人力及信息系统的构建，把上述理念贯穿到企业活动中去。这是相互增强的过程，

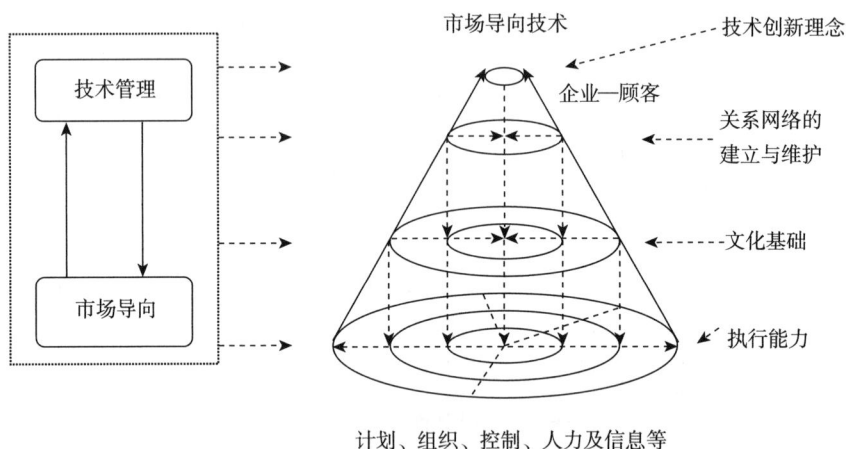

图 5.4　市场导向下的技术管理机制

把重视企业与顾客关系融入到企业的市场导向文化之中，又通过企业各部门的具体活动来实现。可见，由以市场为导向的技术层、顾客关系层、文化建设层及执行层四个层次构成的科技型中小企业技术管理机制，保障了技术的先进性，从而推动科技型中小企业在迎合市场需求情况下的可持续性发展。

4. 构建技术创新与市场的协同管理机制

对于技术部门和市场部门力量均相对薄弱的科技型中小企业，技术与市场的协同管理，对提高企业技术创新成功率及技术商品化效率起着积极的促进作用。为此，应将市场营销部门及技术研发部门进行有效整合，建立协同管理机制，以实施R&D-市场营销界面管理。

第一，建立沟通管理机制，提高沟通效率。沟通管理机制包括沟通理念、沟通政策、沟通内容、沟通渠道和沟通反馈五个要素（裴剑平，2009），如图 5.5所示。

第二，建立合作激励机制。科技型中小企业内部部门合作研发与推广的共赢程度取决于双方倾注的努力程度。由于双方按照各自效用最大化原则投入努力，得出双方的努力程度不仅受各自的能力与成本系数影响，还受到收益分成比例的制约（刘国亮和范云翠，2010）。因此，科技型中小企业从利益分成角度激励市场部门和研发部门的合作。由于合作双方各自的努力程度取决于收益的分成比例，所以在技术部门面临信息不对称的条件下，要想在市场部门得到更多的市场需求信息，就要基于利润分配和技术分享相结合的激励方式建立合作激励机制，给予能力较大的市场部门更多的单位产品的利润分配比例。在更多的单位产品的利润分配比例

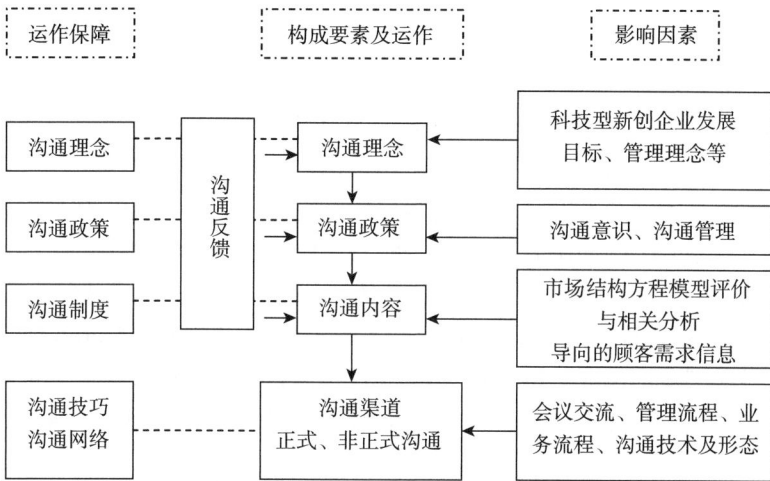

图 5.5　企业内部沟通机制及运作模型

的激励作用下，可促使市场部门在自利行为驱使下积极获得并且真实显示掌握的顾客需求信息，实现市场部门与技术部门合作的稳定性和企业期望利润的最大化。合作激励机制有两个出发点，一是促进员工主动寻求合作；二是排除阻碍员工合作的因素。

第三，建设企业合作文化。调查显示，企业文化因素与企业职工进行信息交流的个人因素间相互影响。企业文化影响职工间相互关系的融洽性，在文化氛围较好的企业，企业内部信息交流渠道，特别是非正式交流渠道较畅通，有利于创新思想的产生（吴子稳，2007）。因此，建设企业合作文化是企业部门间界面管理的有力保障。要从以下两个方面侧重建立企业合作文化：一方面，建立合作文化的管理制度。科技型中小企业要把追求科技领先的价值观和持续经营的理念转变为管理制度，这些管理制度还要具有可操作性，并与企业文化相适应，包括激励制度、绩效考核制度、晋升制度等。这种潜能的管理制度应符合人性化，才能在企业内部员工中得到广泛认可，并且能促使企业内部员工中形成一种遵守制度的习惯。另一方面，完善制度执行机制。仅建立管理制度还不够，企业须加大制度文化建设力度，通过培训、宣传、例会等途径使员工学习、认同并遵守企业制度，将企业导入科学化管理轨道。完善各种制度执行的机制，使制度具有普适性，使企业中的任何人都受到制度的约束，使企业倡导的企业文化真正内化为员工的内心准则，转化为员工自觉的行动。

5.2.2　建立企业家能力提升机制

这里从微观层面的企业家自身努力与宏观方面的引导两个方面入手，建立企业家能力提升机制。

1. 企业家心智模式的完善

从企业家自身努力的角度寻求其能力的提升，主要是通过其在企业发展过程中一系列意识与行为实现的。企业发展一般会经过创业、守业与展业三个阶段，在不同的阶段所需的企业家能力是不同的。企业家在开创企业之初，就已经在某种程度上形成了心智模型，而随着事业的发展，不可预期的问题不断浮现，使得企业家现有能力不能满足于新形势的需要，此时需要企业家进行心智模式的自我完善。

改善企业家心智模式的最佳途径是双环学习（double-loop learning）法。该方法相对于单环学习（single-loop learning）过程而言，其既包含较低水平的学习过程，即对已知的开拓，又囊括较高水平的学习过程，即对未知的探索，如图 5.6 所示。

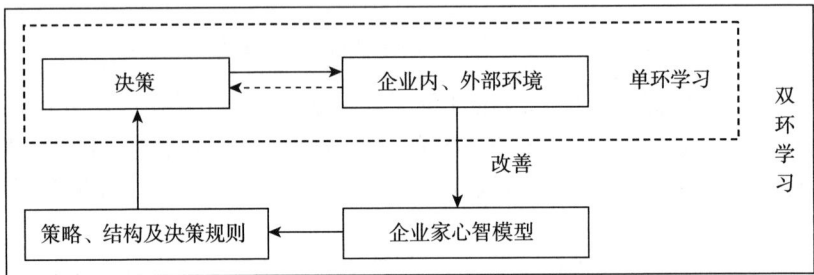

图 5.6　双环学习模式

单环学习是通过反馈机制形成循环模式，从而实现引导与校正行动的目的。该学习模式表现为，在企业家做出决策的同时，由外部环境产生相应反映并反馈给企业家，企业家再依据反馈做出决策的周而复始的过程。而双环学习则在此基础上添加了策略、结构以及决策规则过程，从而实现企业家心智模式的完善。事实上，企业家在形成决策时总要依据一定的策略、结构及决策规则，而这些又源于其自身心智模式。如果企业家能够通过信息反馈来改善其心智模式，就形成了双环学习过程。相比较于仅涉及表面问题的单环学习而言，双环学习有利于挖掘问题本质，发展企业家认识问题的思维逻辑，提升其决策准确程度（吴子稳，2007）。

2. 外部引导与规范

从目前我国企业家自身素质的局限上来看，由政府对企业家能力的提升进行引导和规范，势在必行。企业家能力提升的外部引导与规范包括建立健全企业家培养体系、加大培训服务机构建设以及完善企业家服务体系。

（1）健全企业家培养体系。改革高校中的培养方式和教学内容，开设培养企业创业人才相关的专业课程，塑造成功创业者应该具备的心理和人格特征，提高创业者自我效能感；充分利用各种优质的教育资源对企业家进行培训，对企业家的培训包括管理知识、理念更新、前沿专业技术等方面的知识；定期组织优秀企业家到国内外知名企业学习先进的管理理念和方法，有目的性的邀请国内外企业经营管理专家举办讲座，加强企业家之间的交流，通过举办学术报告会、研讨会等形式构建企业家交流学习的平台。

（2）加大优质培训服务机构建设，提高培训机构的服务质量和水平。鼓励培训机构探索满足企业家实际需要的培训内容、方法和培训方式，加强企业家培训方面的国际合作，使企业家方便获得高质量的培训服务。

（3）完善企业家服务体系，构建企业家社会关系网络平台。引导科技型中小企业建立企业家协会，促进企业家内部交流，并对企业家协会的建立提供资金、技术、信息和场所等方面的支持，通过企业家协会及时了解企业家们的意见和需求，通过帮助他们解决实际困难从而促进企业家和企业的快速成长。

5.2.3　建立战略性人力资源管理机制

1. 建立战略性人力资源管理体系

第一，加强人力资源管理战略性研究与规划。科技型中小企业须做到：①在进行人力资源规划过程中需要"盘点"企业现有的人力资源存量，"预估"人力资源的目标存量，采取有效的措施补充人力资源存量。因此，首先要明确企业的战略要求，在明确企业战略要求的基础之上进行企业人力资源存量的增加、增值。人力资源存量的增加主要通过内部、外部招聘的方式吸取适合的人力资源，人力资源的增值主要通过培训、晋升培养等方式提升现有人力资源能力素质，通过人力资源存量的增加与增值以弥补目标人力资源存量与现有人力资源存量的差距。②注重研究和遵循科技型人才成长规律，不断创新人才管理体制机制，实现人才观念转变，研究人才与企业共同成长的规律。③按照企业整体发展方向与目标，针对重要岗位研究科技人员的分布、工作参与度、人员结构与聚集度、人员规模适合度、结构适合度、组织方式适合度配置原则，进行人才队伍建设。

第二，建设以员工素质管理与职能岗位管理为基础的人力资源管理体系，以实现企业人力资源不同职能的有机结合。企业的人力资源管理体系包括由职业生涯管理等组成的引导机制，由岗位责任书、公司制度等组成的规范机制，由企业培训、员工晋升计划等组成的激励机制，由员工下岗、员工淘汰等组成的约束机制。人力资源管理的四个机制并不是相互独立的，而是通过员工素质管理与职位管理两项基础结合在一起。企业通过员工素质管理可以明确现有的人力资源素质以及人力资源发展潜力，有利于提前为企业战略做好人力资源准备；企业通过职位管理可以明确岗位所需的实际员工素质与企业战略所需要的人员素质。战略性人力资源通过引导、规范、激励与约束四个机制，实现员工素质的提升或引进新的员工，以完成企业战略的人力资源需求，保证企业战略的达成。

第三，形成有利于技术研发与业务拓展的人才使用机制。首先，营造公平竞争环境。实行全员聘用合同制，实现用人制度的重大转变，实行"按需设岗、按岗聘任、竞争上岗、契约管理"的岗位聘用制度。全面实行"公开招聘"和"竞争上岗"制度，按科技研发需求设置创新岗位，注重强化能力、业绩和贡献的导向作用。其次，使用灵活的科技型人才用工方式，促成新技术与产品的研发成功。推行"岗位聘用、项目聘用以及流动人员"相结合的灵活用工机制，增强研发团队的创新活力。通过"人事代理"和"人才派遣"等方式，逐步实现人事关系管理与人员使用相分离。针对不同类型的人才，还要采取不同的聘用方式，如对于科技领军人才、高水平技术支撑和高层次管理人才，可以采取相对稳定的岗位聘用方式；根据阶段性科技任务需求而聘用的博士后等科技人才，可以选择采用多远的用人方式；而对于外籍庄家可以采用多种形式的用人方式，提倡"不求所有，但求所用"的理念。

2. 员工激励与保留机制

针对受访企业近年来新晋员工流动率较大的问题建立员工激励与保留机制，避免核心人才流失。对此，企业可以从员工职业生涯发展、员工能力提升、企业文化与环境建设等方面，有针对性地开展工作，解决企业用人方面存在的问题。

第一，建立完善的薪酬激励制度和人性化的福利制度。科技型中小企业在创业时，一般员工人数较少便于管理，于是在管理中决定个人工资报酬时，多为管理人员根据员工个人情况确定其相关的薪酬福利，未形成合理规范的薪酬福利制度，存在较多的个人主观随意性，这对员工稳定与发展十分不利。因此，科技型中小企业应建立完善的薪酬福利制度和员工福利制度。根据阿尔德弗（C.Alderfer）的 ERG 理论，生存需要是员工的基本需要；成长型的需要是员工较高层次的需要，能较大地调动其工作积极性；关系需要是实现员工努力工作的重要保障，能够为员工积极主动工作创造优良的环境氛围。企业在进行薪酬福利制度设计时，应对不同员工的需要进行个性化的薪酬福利设计。新进企业的员工，由于缺乏工作经验，短时间内难以做出较高的业绩，而这类员工面临的生活压力较大，其需要在一定程度上主要表现为基本的生存需要，因此在薪酬设计时应降低绩效薪酬在总薪酬中所占用的比例，增加其基本报酬。对于工作年限较长的员工，他们工作经验丰富，更容易获得成果，因此企业在进行薪酬设计时，应增加绩效薪酬在其总薪酬中所占的比例，以激励该类员工做出更多的贡献。一般研发工作所需工作周期较长，因此对研发人员的薪酬设计应避免采用业绩决定奖金的短期激励措施，而应采用长期的股权激励、员工利润分享等长期激励措施。由于员工个性化需要的不同，在进行福利设计时需满足员工的不同需要，否则企业所支出的福利成本便不能达到既有效果。由于科技型中小企业的人员规模较小，管理成本较低，因此可以采用自助式福利的方式充分满足员工的个性化需要，实现企业福利支出所期望达到的激励效果。

第二，基于"双高希望"的员工职业生涯规划管理。职业生涯规划，是指员工通过个人职业生涯计划，明确职业发展方向及目标。在科技型中小企业中，由于员工总数相对较少且企业成长主要依靠员工整体能力的提升，因此须关注基层员工的职业发展路径的选择与规划问题。为此，应建立以企业发展目标为导向的员工职业生涯规划管理。该管理以"双高希望"为目的与出发点，即培养员工对企业发展的高期望以及对自身发展的高期望，具体的管理机制包括企业层面与员工层面的工作。在企业层面，应明确企业愿景，制定阶段性发展目标，并将企业发展目标具体化，明确到新成立的部门、拓展的业务、增加的工作团队以及各个管理层级。在员工层面，首先，企业应摒弃不可持续的"高薪引人"策略，形成以"事业聚人"为中心的人才招集理念，还应运用正确的价值观引导人才，用共同发展的理念凝聚人才，用创新的事业培养造就人才，使员工对企业发展前景、具体目标以及增设的新岗位有所了解，进而增强对企业发展的信心。其次，切实转变"人才流动等于人才流失"的旧观念，树立"鼓励流动等于防止流失"的正确用人观念。美国学者卡倍里认为：不应把人才当做一座水库，而应该当做一条河流来管理。企业应树立有利于人才价值实现和使队伍保持活力的人才流动观念，对于科技型人才应该设法对人才的流动方向以及速度进行管理。最后，指导科技型人才根据自身特点做好职业规划。该管理机制不是简单地将员工职业生涯规划流于形式，而是具体化为真正意义上的管理流程。

第三，建立有利于员工职业发展的能力培训体系，提高员工工作的胜任力。科技型中小企业的科技型人才更加注重自身的职业发展和进步，对组织的忠诚度较低（赵永亮和倪自银，2006）。当企业不能为其提供足够的能力提升与职业发展空间时，很容易产生科技型员工的流失问题。美国最近有一项研究表明，在那些很少提供培训的公司中，有41%的员工计划一年内离职，而那些能提供良好培训的企业中，只有21%的员工有此打算；在那些没有给员工提供适当工作指导的企业中，35%的员工希望在12个月内找到另一份工作，而这一比例在给员工提供适当工作指导的企业中只有16%。企业在建立员工能力提升机制时，应包含多层次的员工能力提升内容，有针对性地展开员工能力培养，形成内部培训与外部培训相结合，部门培训与跨部门培训相结合，管理技能培训与技术技能培训相结合的多方位的员工能力提升体系。为配合员工职业发展路径的实现，企业须根据员工需求，从多角度入手开展员工培训工作。对于基层员工应加强对专业技能的培训，对于中层管理人员应有针对性地加强管理技能的培训，而对于高层管理人员应当加强对战略决策的培训。首先，对单一技能的培训，可遵照"培训计划=岗位预期达到的绩效-员工目前实际工作绩效"的原则制订培训计划，保障员工在本职岗位的胜任力稳步提升。其次，开展"一专多能"的培训，这是企业帮助员工寻求更宽范围职位发展的有效手段。由于该培训注重员工能力的拓展，属跨部门培训，也便于其他部门在培训过程中直接挑选员工，有利于复合型人才的脱颖而出。最后，为解决科技型企业缺乏"技术—管理双优人才"的问题，企业应根据员工条件，加强有针对性的培训以造就管理人才。鼓励在培训过程中表现优异的员工担任"培训导师"，既可以保证"有人学、有人教"的培训机制保持良性运行，也可以使导师在培训员工的过程中思考管理问题，进行"模拟管理"，提升管理能力。对于培训导师，除每月给予一定的补助津贴外，还应将被培训员工考核成绩与导师一次性奖励挂钩。

第四，注重企业文化与环境建设，提升员工的组织承诺。组织承诺是员工与组织保持联系的纽带（汤亚莉和任涛，2006），企业的文化认同、环境因素、工作关系、上级支持等因素，对科技人员的组织承诺具有非常显著的影响作用（史宝康和郭斌，2010）。企业创始人对于企业文化的形成具有非常重要的作用，创始人的管理风格在一定程度上决定了企业文化的内容。科技型中小企业在经营过程中应当重视企业文化的建设，企业文化作为员工的共同价值观，优良的企业文化有利于形成优良的工作氛围，提高员工的满意度与凝聚力。建设和谐的工作关系，关怀员工生活、利用上级支持等方式增加企业对员工的认同，对于提高员工归属感具有重要作用。通过企业文化建设与员工环境改善，加强员工对于企业的感情承诺，利用感情纽带建立员工对企业的长期承诺，降低员工流动，稳定员工队伍。

5.2.4　建立企业动态能力重构机制

1. 企业成长能力的系统构建

在第 4 章的实证分析得出六种突破科技型中小企业成长限制性因素的企业能力，并分析了其动态演进机理，得知科技型中小企业在创业期、成长期和成熟期的企业能力所发挥的作用是在不断地动态演进的。本章将科技型中小企业能力动态演进与企业可持续性发展机理及企业成长力阶段性分析相结合，从而探讨科技型中小企业成长能力系统何时重构演进，以及如何发挥其作用，并基于此构建出科技型中小企业成长能力系统，如图 5.7 所示。

1）代际成长阶段（核心能力系统重构期）——能力系统能量缓慢积聚期

在企业的成长过程中，企业成长可能由于某种问题的凸显而达到阶段性成长上限（如创业期的资源上限、成长期的管理上限、成熟期的技术上限）。由于此时的企业能力系统不足以突破成长上限，就需要企业重构能力系统。针对企业成长上限问题而重构的能力系统，很好地解决了企业阶段性凸显问题，促使企业突破阶段性成长上限。但又由于企业能力系统刚刚重构，各能力的作用仅仅是逐步体现，其最大的效用没有得到发挥。因此在企业能力系统的重构期，能力系统的能量呈现缓

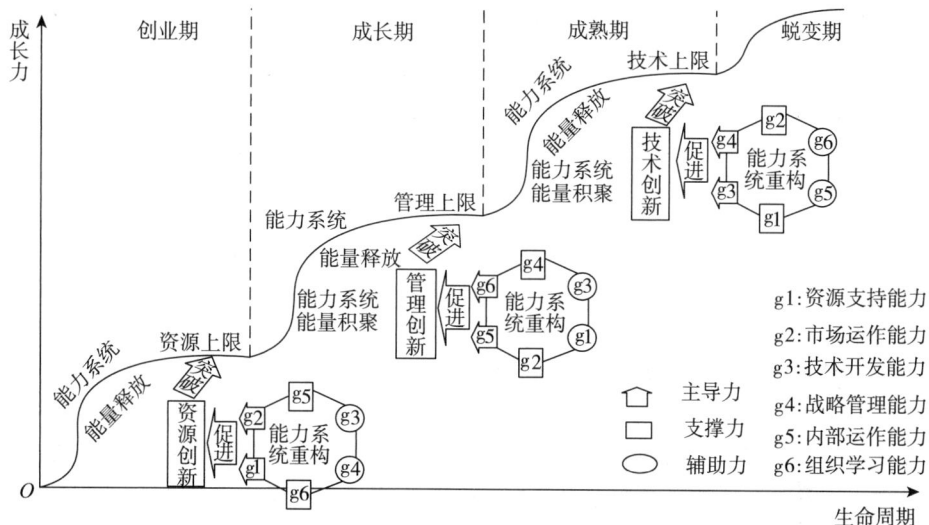

图 5.7　科技型中小企业成长能力系统

慢的积累。所以企业成长的速度较为缓慢。

2）代际成长阶段（快速增长期）——企业能力系统能量快速积聚期

随着企业重构能力系统的完善以及其最大效用的发挥，企业完全解决了上一阶段的成长上限问题，并步入了快速成长的时期。在企业成长的现阶段，企业能力系统与其成长阶段是相匹配的。因此，企业能力系统的能量快速积聚。与此同时，企业成长力也得到了快速增强，企业步入了复杂有序高效的成长状态。

3）代内成长（稳定增长期）——能力系统能量释放期

代内成长的稳定增长期是指企业成长能力系统的能量释放的时期。随着企业的成长及其问题的出现，企业通过此时能力系统能量释放来应对和解决现阶段企业出现的问题。随着能力系统能量的释放以及企业新问题的出现，企业的增长速度是逐渐放缓的。但是此时释放出能力系统积聚的能量，足以促进企业的继续成长。

4）代内成长阶段（成长上限期）——能力系统能量殆尽期

代内成长的成长上限期是指当企业成长能力系统的能量殆尽期。随着企业能力系统能量的逐渐释放，此时能力系统积聚的能量日益递减。并且企业新问题逐渐凸现，已然成为限制企业继续成长的关键因素，即企业又步入了阶段性成长上限期。如果此时企业不考虑进行企业能力重构，随着企业能力系统能量的殆尽，此时的能力系统已不足以突破企业成长上限，企业很可能进入衰退期。所以此时是能力系统重构的关键时期。企业迫切需要进行能力系统的重构，来打破企业成长的僵局。

在科技型中小企业阶段性的向前发展的过程中，需要不断地进行阶段性创新来突破阶段性成长上限，由此才能保证企业阶段性向前成长，而企业能力系统的重构就是促进企业阶段性创新的关键力量。只有不断地重构动态核心能力系统，企业不同成长阶段的不同创新才具有适配性推动作用，由此才能更好地推动企业阶段性创新来突破企业阶段性成长上限，使得科技型中小企业跨阶段性可持续性发展。

2. 科技型中小企业能力策略分析

科技型中小企业的持续成长系统是符合系统从无序到有序的耗散结构的条件。首先，企业是开放的，并且能与周围环境进行能量、物质和信息的交换。其次，企业持续成长系统是远离平衡状态的。最后，企业持续成长系统是不稳定的非线性系统，它受到来自企业内部和外部的多方面的因素的影响，主要可以归纳为资源、管理和技术三方面。所以对科技型中小企业持续成长的研究可以运用最新的熵理论和耗散结构理论。在对科技型中小企业持续成长机理分析的基础上，针对我国企业特点，提出相应的能力策略的代际转变。企业能力系统是企业拥有和控制的所有能力的有机结合。通过综合理论研究和实证研究基础上提出的 6 种能力是影响企业持续成长的关键能力。本书针对这 6 种能力来对企业能力策略进行具体研究。企业能力包括资源支持能力（人才的招募及有效配置能力、拓宽融资渠道的能力、市场有用信息获取的能力以及吸引和留住高素质研发人才的能力等）、市场运作能力（根据市场信息整合资源的能力、成本管理和财务控制的能力、新产品的市场导入能力和营销及客户关系管理能力等）、技术开发能力（技术与研发的能力、拥有关键技术的能力和研发成果的商业化能力等）、战略管理能力（技术创新目标与企业目标匹配的能力、企业家能力和对技术创新机会/威胁的感知能力等）、内部运作能力（部门间的协作能力、完备内部制度及其执行力、产品生产制造能力和企业内部审计能力等）和组织学习能力（组织结构的柔性和适应能力、知识管理能力和内部员工培训及知识共享能力等）。这些能力作用的发挥对推动科技型中小企业持续成长具有举足轻重的作用。

3. 突破创业期资源上限的能力策略

站在整体、全局的角度，从企业资源水平与企业成长与发展关系出发构建资源水平与科技型中小企业成长上限系统基模，如图5.8所示，由此得出突破创业期资源上限的企业能力策略。

1）增强环路与资源上限的出现

科技型中小企业在创业期高速成长的机制体现在此图左边的增强闭路中，即在发展过程中有一定的资源流入后，企业将积累的资源再投入到企业的生产中，促进企业成长和整体规模的增大，企业成长和规模的增大又有利于资源继续流入企业内部。如此循环发展构成了企业的"增强环路"。但是这个"增强环路"不可能永远延续下去，因为随着企业成长和规模增大到一定程度，原来的资源水平不再适

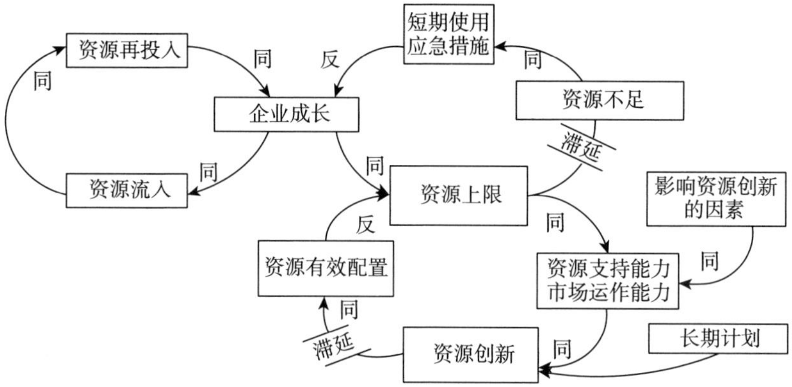

资源再投入　同　反　短期使用应急措施　同　资源不足

同　企业成长　滞延

资源流入　同　资源上限　同　影响资源创新的因素

资源有效配置　反　资源支持能力市场运作能力　同

滞延　资源创新　同　长期计划

图 5.8　资源水平与企业成长上限系统基模

应成长壮大后的企业规模和日趋激烈的市场环境,企业中的资源水平就开始成为影响企业成长发展的因素。

2)资源上限的症状解

对于科技型中小企业来讲,当资源水平达到上限时,最可能的反映就是使用短期的应急措施,这就是资源上限的症状解。其具体的做法是通过吸收家族成员来补充人力资源,通过创业者的人际关系网或者和大企业合作来获得信息和物质资金的资助。这类方法就短期解决资源供给问题是非常有效的,当从长远来看却给企业带来了灾难。因为它会带来以下这些问题:吸收家族成员补充人力资源,由于是家族成员的关系而出现难于管理的困境;通过创业者的人际关系网获得的资源十分有限;通过和其他企业合作获得的资源,又必将长期受制于其他企业,难以求得更大的发展。

3)资源上限的根本解——突破创业期资源上限的能力策略

处于创业期的科技型中小企业,其价值目标是求生存。此时创业期的企业财务往往处于亏损状态,外部融资困难。企业产品尚未得到市场的认可,销售几乎为零。企业组建厂房、购买设备、聘请员工等需要大量资金的支持,所以财务往往处于亏损状态。由于企业没有任何信用记录和经济效益,其外部融资非常困难,此时企业的资源系统处于无序的混乱状态。此时企业需要通过资源创新来引入负熵流提高成长能力,这就要发挥企业资源支持能力和企业市场运作能力的作用,进而来扭转这种预势。企业通过人才的招募及有效配置能力来招募员工并对其进行有效的配置,从而使得员工发挥其自身最大的作用。企业通过各种方式来拓宽融资渠道和获取市场有用信息,最大限度地利用已有资源和发掘潜在资源,实现企业的资源创新从而突破资源上限。资源支持能力作用的发挥,不仅能够有效的从外界获取资源,而且也提升了资源的利用率。然后根据市场信息来整合资源,并使成本管理和财务控制能力等市场运作能力进行进一步的提高，进一步提高资源的有效利用率，资源负熵会不断地流入企业，形成企业资源体系的耗散结构，使得资源体系的资源获取和利用趋于有序，使得企业得以生存并能继续成长，避免衰亡。

由于企业从发挥资源支持能力和市场运作能力入手，采取最优的资源获取和利用措施，对解决资源上限起到了很大的推动作用。首先，企业提高了资源水平重要性的认识，从而对资源水平的提高进行长远的规划。其次，建立人才吸收机制，企业信息网以及企业融资的规划来提高企业对外获取资源的能力，提高企业技术水平来增强企业内部资源的利用率。最后，投入大量的精力、人力和财力，从根本上解决资源问题，这些都是企业提高资源水平必须要付出的。企业采取最优的资源获取和利用措施，有助于企业积累资源财富，提高资源水平，使资源的储备适应企业成长的水平，从而才能避免企业盲目采用症状解，影响企业的长远发展。

4. 突破成长期管理上限的能力策略

站在整体、全局的角度，从企业管理水平与科技型中小企业成长与发展的关系出发构建管理水平与企业成长上限系统基模如图 5.9 所示，得出突破成长期管理上限的企业能力策略。

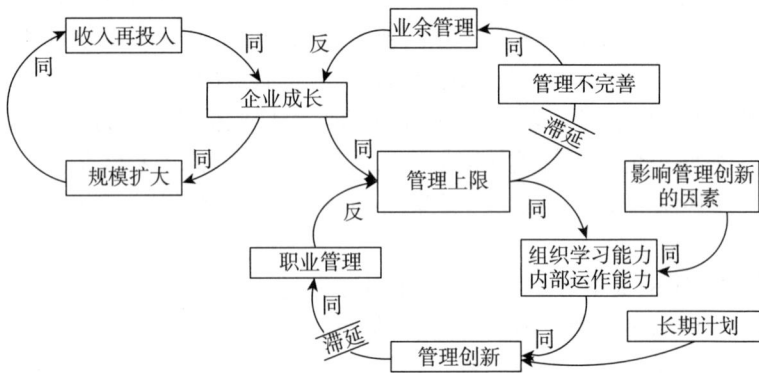

图 5.9　管理水平与企业成长上限系统基模

1）增强环路及管理上限的出现

左边的增强闭环反映了科技型中小企业在管理水平适应企业的成长情况下企业不断成长与发展的过程，但是，当企业发展到一定程度时，企业规模逐渐增大，企业员工数量也逐渐增多，组织结构也日趋复杂，此时原有的管理水平不足以应对企业规模、人员以及组织结构的变化，管理上的限制性因素随着日益激烈的竞争环境而逐渐凸现，最终成为此阶段限制企业成长的管理上限。

2）管理上限的症状解

对于科技型中小企业来讲，最先被想到的解决方法是业余管理这一症状解，即企业家承担管理责任或者聘请外部管理咨询公司来解决凸显的管理问题来解燃眉之急。这类方法是应急和短期解决某个具体问题非常有效的办法，但从长远来看却给企业带来了灾难。因为它至少会带来这些问题：由于企业家管理知识的匮乏，对企业管理上出现的问题的解决方法片面化、浅显化，使得问题不但没有解决反而复杂化；借助外部人才帮助解决问题，使得企业对外部的依赖性增强，而企业内部的管理水平没有得到提高，当外部人员解决问题后，企业在面临新的更复杂的问题时，企业必将危机四伏。

3）管理上限的根本解——突破成长期管理上限的能力策略

对于成长期科技型中小企业而言，其价值目标是求发展。处于成长期的企业，人力资源、信息资源和物质资源都在一定程度上得到了补充。资源负熵不断地输入企业，但是随着企业规模的扩大，产品销售量增加，更好的物质资源引入，大批高素质人力资源的加入，企业在管理方面出现了混乱的状态，管理熵值不断地增加。所以为了避免进入管理的无序状态，企业就需要通过管理创新来引入负熵流提高企业成长力。这就要发挥企业内部运行能力和企业组织学习能力的作用来扭转这种局面。企业的内部运行能力是指企业通过部门间协作、完备内部制度、新产品制造以及内部审计等方式来整合现有的资源，以此生产出满足客户需求的产品或提供相应服务的一系列企业活动。在企业内部运作的基础上，还要加强企业组织学习能力，这能够使得企业组织达到柔性成长，内部员工知识共享，从而建立、完善企业内部运行能力和企业组织学习能力，使得企业得到规范化的管理并能有序的运行，强化企业自组织功能和管理耗散功能，才能不断增强管理负熵的作用，形成管理耗散结构，从而推动企业迅速成长。

由此从科技型中小企业内部运作能力和组织学习能力入手，得到管理上限的根本解决方法是提高企业内部人员的整体管理水平，对企业进行职业管理。首先，企业要提高管理水平重要性和人才培养长期性的认识，从而对人才管理水平培养进行长期整体的规划。其次，引进具有高管理素质的人才，完善企业的管理制度以及建立适合本企业特点的管理模式，以此来提高企业的整体管理水平，解决管理水平落后的瓶颈。最后，让所有者与经营者分离，进行职业管理。因为企业内的高层管理者通常就是企业的所有者，所以在解决这个问题上有先天不足，做到所有者与经营者分离就意味着所有者放弃经营权，这是一次痛苦的抉择过程，但这对于企业的长远发展又是必需的。只有这样企业才能彻底的实施职业管理，才能从根本上解决企业管理上限的问题。

5. 突破成熟期技术上限的能力策略

站在整体、全局的角度，从科技型中小企业技术水平与企业成长与发展的关系出发构建技术水平与企业成长上限系统基模，如图 5.10 所示，得出突破成熟期技术上限的企业能力策略。

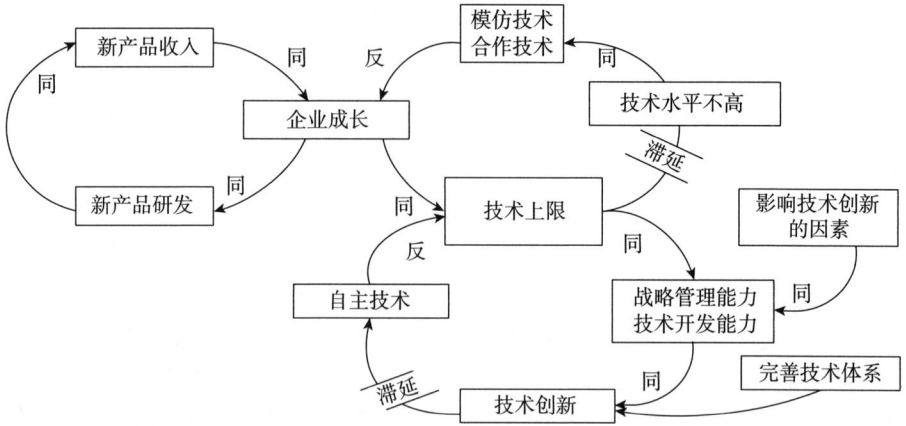

图 5.10　技术水平与企业成长上限系统基模

1）增强环路及技术上限的出现

图中左边的增强闭环反映的是随着企业成长，科技型中小企业由于新产品研发给企业带来丰厚利润，进而将资金再次投入到企业，促进企业成长的过程。但是，企业成长到一定规模时，对于技术要求不断地提高，技术水平的增长不足以弥补技术需求。因此，日益激烈的竞争环境下，企业技术水平有可能形成技术上限，妨碍企业的继续成长，这时技术水平就开始成为影响企业成长的限制性因素。

2）技术上限的症状解

对于技术部门来讲，遇到技术上限后最可能的反应是通过模仿技术、引进技术来解决燃眉之急。这类方法只能够在短期内有效地解决某个问题，但从企业持续成长的长远角度来看，则可能给企业带来许多弊端。例如，模仿技术在研发上缺乏前瞻性，对于技术创新的投入较少，很难形成有效的技术积累；模仿技术还容易受到技术壁垒的制约，模仿者一般无法获得相关的核心技术，另外还会遇到来自于法律和制度等方面的障碍，如从企业深入的访谈中了解到，专利保护制度在对技术创新方面就是一把双刃剑，一方面保护了创新者的利益，另一方面又阻碍了技术创新的长远发展。因为创新者利用专利保护制度来阻碍模仿技术，保持创新者自身的竞争优势，这样的模仿技术对于一个追求长远发展的企业来说，不是长远之计。合作技术双方的权利与义务比较模糊，如果没有完善而且有力的契约作为保证，很容易出现机会主义行为；而且合作双方在管理体系和规章制度上的差异，无形中加大了合作创新过程的管理与协调的难度，使得合作创新技术的效率大大降低；由于合作创新成果企业无法独占，创新主体在成果分配上会产生纠纷而影响双方的合作。所以，当企业成长到一定的高度，再寻求更快的成长与发展时，模仿技术与合作技术带给企业的不再是促进，而变成了阻碍。

　　3）技术上限的根本解——突破成熟期技术上限的能力策略

　　科技型中小企业在成熟期所追求的价值目标是盈利。企业成长过程中最为理想的阶段就是成熟期，企业成长到这一阶段已经具有比较雄厚的实力，拥有完善的组织机构和健全的规章制度，技术在成熟期企业中发挥着十分重要的作用。此时，随着市场占有份额逐渐扩大，企业所获得利润空间却逐渐减小。但是企业领导层和员工并不能轻易发现，因为大部分企业在此时倾向于安于现状，仅仅以保持良好态势为追求目标，减弱了企业的进取精神。因此，进入成熟期的企业灵活性也随着降低，企业采用保守的办法来维持现有的利润区，而寻求新的利润区的能力逐渐下降。这是因为，在不断的能量做功过程中，资源系统经过资源获取和利用效率最大的临界点后，资源熵逐渐增加，由资源耗散结构产生的负熵逐渐减小；并且管理系统的组织经过效率最大的临界点后，管理熵逐渐增加，由管理耗散结构产生的负熵值也在减小。此时，企业需要进行技术创新引入负熵流来提高企业成长力，充分发挥企业技术开发能力和战略管理能力，从而扭转这种颓势。企业战略管理能力是指企业寻求新的增长点，开拓新的业务，或进入新的行业的能力。企业技术开发能力则是指企业内部要继续保持创新的精神，开发新的产品，进行自主创新来促进企业拥有自身的竞争优势。这样企业才能站在长远发展的战略角度，强化企业的自组织功能和技术体系耗散功能，才能不断增强战略负熵和技术负熵的作用，形成战略和技术的耗散结构，从而推动企业持续成长。

　　由此从技术开发能力和战略管理能力入手，得出科技型中小企业技术上限的根本解决方法只能是在战略的高度，建立完善的技术体系。企业不仅要加强提高技术水平重要性和自主技术创新的意识，还要投入大量资金并吸收大量专业技术人员在企业中进行自主技术创新。企业进行自主创新，就意味着企业必然会耗费大量的人力和财力，而且自主创新技术的成效显现比较漫长，企业必将要经历这一痛苦的"寒冬"时期。但是企业只有进行自主技术的研发，吸收科技人才，累积科技经验与成果，才能建立起完善的技术体系。这也是企业在技术上不受制于其他企业，保持自身的竞争优势的必然选择。同时，这也是企业突破技术上限的根本解决办法。

5.2.5　建立有效的组织氛围培养机制

　　人才对科技型中小企业的作用特别突出，企业进行扩散发展从创意生成到付诸行动到最终的走向市场，无不是人的活动，企业只有为这些活动创造一个良好的组织氛围，有效地激发员工的工作热情和积极性，才能取得公司创业的成功。科技型中小企业可以从以下三个方面入手构建良好的组织氛围。

1. 建立创新激励机制，实施多重激励

在公司项目实施的过程中，团队成员很可能从自己的兴趣和利益出发，相应的投入自己的努力，但是在很多情况下这都与管理者所期望的目标不一致，因此就会造成创业团队工作效率低下，公司创业效果不佳的状况。根据激励理论，管理者若希望创业团队成员为实现组织目标而努力工作就必须实施多种激励措施，建立和健全企业内部公司创业激励制度。企业的公司创业激励机制应该起到提升创业团队的工作积极性的作用，而且应该贯穿于团队组建、增强团队的创业氛围和培养创业团队有效性的整个过程当中。企业扩散激励机制应该使得创业团队成员都觉得自己付出的努力得到了认可及相应回报。因此，要建立有效合理的人员激励机制，必须认真分析各类型工作人员的需要层次，找出关键需要并提炼激励因素。综合国内外实施公司创业的成功企业经验，本书认为：应当针对不同类型的员工进行激励机制的设计，同时还应该注意企业内部激励的整体性和一致性，因此本书提出如图5.11所示的内部激励链。

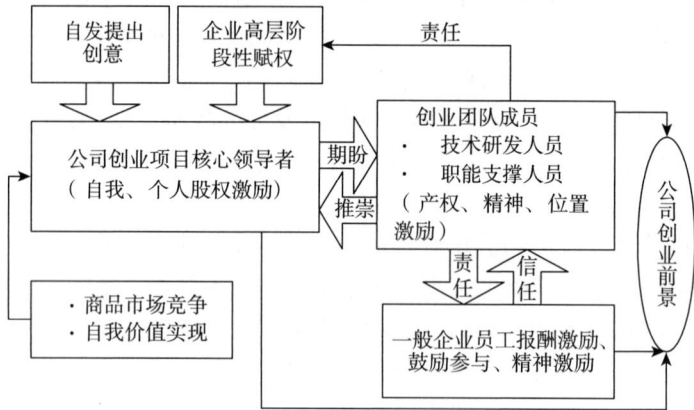

图 5.11　公司创业内部激励链

对企业扩散发展的核心领导者的激励主要在于使其产生要创业要成功要将企业持续下去，将企业做强做大的内在冲动，也就是使核心领导者保持持久的创业激情，这种激励的动力主要来自于外部竞争和企业自上而下的压力以及内创业者本身自我价值实现的需求以及创业团队内部自下而上的推力。激励的方式主要包括自我激励，包括自我意识激励，自身价值激励，自我理念激励和创业目标激励，个人股权激励等。

为了形成和强化核心领导者与团队成员的团队合作精神和意识，必须关注创业团队成员特别是关键技术人员的激励问题。对于公司创业团队成员的激励主要有以下几种方式：一是产权激励，包括对创业团队中职能成员的期权激励和对技术成员的技术产权激励。目前多数国家的公司都将创业团队成员持有公司股票作为一项长期的激励方案，其中最突出的就是奖励期权，授予期通常是 1 年，项目成立后就立即授予。而对技术成员来说，技术产权的激励则更为奏效，技术创新成果的所有者、劳动者应该拥有技术创新成果和劳动力等生产要素的权利，这样才能充分调动和激发技术人员的智慧和积极性。二是位置激励，所谓位置激励就是选用最适当的人使之处在最适当的管理或技术岗位上做最恰当的事，从而激励团队成员为企业成长尽心尽力。因为只有将最适当的人安排在最适当的位置上才能充分调动其工作的积极性和创造性，更好地展示个人的才华和潜能。三是精神激励，它通过满足员工马斯洛需求层次上最尖端的自我发展和自我实现的需要来提高员工较高层次上的工作积极性。高新技术企业的员工特别是 R&D 人员，作为高技术知识分子，与普通企业的员工相比往往具有更强的事业心和成就动机，对他们而言，这些高于物质利益的高层次需要才是他们所追求的。这种高层次的需要正是高新技术企业工作人员努力工作、进行知识和技术创新的持久动力（刘汝翠和金洁，2007）。精神激励的手段主要有荣誉激励、榜样激励、培训进修激励、感情激励和期望激励等方式，在具体实施的过程中企业应当注意将多种激励方式结合起来，并根据实施的效果和项目的发展做动态的变化。

对创业团队的激励除了上述几种方式外还有短期报酬激励、工作环境激励等。所谓短期报酬激励，就是要适当的给关键技术人员以高额报酬，保证与其为公司创业所做的贡献相称。工作环境激励，就是要为关键技术人员创造条件提供优越的工作环境，其中包括硬件环境和软件环境，而这种工作环境在其他企业往往得不到。例如，对高新技术企业技术工作人员实行弹性的工作制度，废除监督制的上下班计时制度等。

在科技型中小企业扩散发展的过程中还必须重视对一般员工的激励，其目的是诱导员工产生"企业长、我也长，我与企业共荣辱、共存亡"的意识，使所有员工都投入到创新创业的工作中去，形成企业的整体行动力，从而推动公司创业活动的顺利开展。同时，也能为企业今后的公司创业活动提供人才储备。对一般员工的激励有报酬激励、鼓励参与、培训激励等。

2. 提供多方面的创新创业支持

由实证结果分析可知，管理层对科技型中小企业扩散的支持以及创新导向的公司创业文化对公司创业有显著的促进作用。但是管理层的支持并不是盲目的，必须是有目的有针对性的才会起到实质性的作用。对于扩散发展来说，创新是它的核心，创新在公司创业中的表现形式多种多样，只有当管理层明确了公司希望采取的创业形式以及希望公司创业在公司的哪些部门进行这些创新后，鼓励各种创新活动的战略才会有效。创新组合强调了追求创新的需要，各种创新活动的风险程度，连续或不连续的创新，以产品为导向和以流程为导向以及拥有各种不同的市场潜力。创新组合的观点表明创新可以来自公司的方方面面，因此，企业高层管理应该从多方面在企业内部构建良好的创新创业氛围，为员工新想法新创意的产生提供良好的孕育环境。

一方面，企业应尽可能地扩大创新空间，即赋予员工更多的工作自主权，以多种方式向创新人员提供更多的发明创造的自由，包括提出创新想法和创意的自由、从事新想法研究的自由，允许员工做出关于工作进展的决定，如柯达公司对于提供具有可行性设想的发起人，允许其可以离开原有的岗位，进行设想的组建实施，包括撰写创业项目规划书，进行产品模型的开发等。同时企业高层管理者也应该在一定程度内允许员工失败，避免对员工在创新时犯的错误进行批评。这些有关高管对企业内部创新创业的各种支持性政策，对于企业内部想要从事创新创业活动的人员来说，不仅能够激发他们的工作潜力，而且能够极强地增加他们的组织支持感，使他们能够更加没有束缚和压力地进行创新活动的研究和实施。

另一方面，企业应当保证各种资源，包括资金和时间的可获性。创新想法的产生和培育都需要一定的时间来孵化，因此企业应当适度减轻员工的工作负担，避免对员工在时间上进行严格的限制，给予员工充足的时间从事自己的研究项目，同时让员工相互合作以促进创新和创业行动的开展。例如，惠普公司就允许研究人员利用工作时间的10%从事自己创新想法的研究，而且公司提供24小时开放的实验室供研究人员进行研发。除了时间上的相对宽松以外，企业还应该注重在财务方面的资助，例如，在柯达公司，有大约10%希望成功的创新提议提出时，发起人就可以从企业获得高达2.5万美元的资金资助，并且如果提议通过审核并且项目进展顺利，那么即可以得到持续的资金供给支持。

3. 充分利用企业常规职能部门，保障公司创业项目的顺利实施

为使公司创业项目顺利投入运营，企业须全面开放资源，调动各方面力量，为公司创业团队提供良好的企业内部环境支持。例如，海信集团在进行新事业的开发时，集团公司战略研究中心和计划财务部对新事业的战略规划和经营计划提供咨询；集团公司人力资源部对新事业激励机制建立、职位分析设计、人才招聘培训、绩效考核等方面给予指导；市场部对新事业建立销售渠道、拓展客户关系等做出帮助和指导等。

因此，本书提出了一个基于科技型中小企业扩散发展的企业职能部门的支撑体系，如图5.12所示。企业人力资源部负责拟定人员需求计划，进行人员的招聘培训，为公司创业活动的持续进行提供源源不断的各专业人才，同时人力资源部还能为特定的公司创业项目量身制订绩效考核方案和激励机制，提高人员的工作积极性。财务部一方面，在公司创业项目计划阶段对公司创业项目进行风险价值

评估，为公司创业项目的可行性提供指导，另一方面，对于已确定的公司创业项目，财务部可为其提供必需的资金支持。市场部作为企业的前线部门，由于直接与消费者接触，因此可以搜集到一手的市场需求信息和用户反馈信息，为企业拟定公司创业项目提供方向性的指导建议。技术部作为高新技术企业公司创业的核心部门，为公司创业项目提供优秀的技术人才，实现市场需求技术化，技术概念产品化路径。生产部作为制造部门，最终将由公司创业项目开发的技术概念转化为直接创造价值的最终产品。总之，公司创业团队应当充分利用人力资源部、财务部、技术部和生产部等带来的人流、资金流、技术流，为公司创业项目提供全方位的保障和支持。

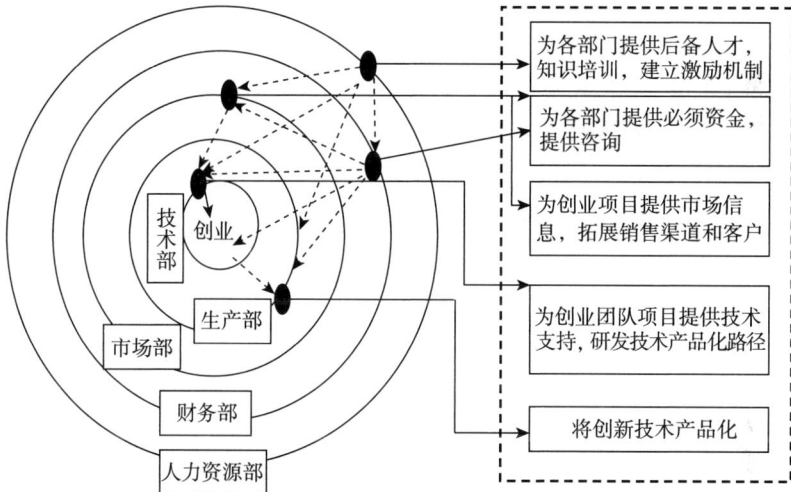

图 5.12　科技型中小企业扩散发展支撑体系

5.2.6　建立扩散发展的资源保障机制

1. 多渠道获取资金

根据实证分析可知，资金资源在科技型中小企业发展过程中具有十分重要的作用。资金是其发展的前提和基础保障。科技型中小企业在发展过程中不仅涉及大量的研究开发自主创新，还需要做好充足的市场调研和需求分析，这些都只有在企业提供充足的资金支持下，才能顺利进行。科技型中小企业发展的资金来源主要有两个方面：一方面是利用企业现有的资金资源；另一方面是通过外部渠道获得的资金支持。

首先，相对于新建企业，已建立的企业在资金上一般会有一定的优势，因此，企业应当有效利用本身资金资源，将已有资金与新项目相结合，建立严格的财务审核制度,采用预算与成本双向控制的办法充分利用企业资金,在投资过程中充分进行风险审核,在资金使用过程中充分进行资金使用情况监督,保证公司资金的有效利用。

其次,对于自有资金不足的企业来说,还可以通过争取银行贷款和风险投资等外部渠道获得资金。一是银行贷款,由于我国科技型中小企业本来就存在高风险的特点,所以获得银行贷款具有较大的困难,但并不意味着其发展不能得到银行的支持,可以从以下几个方面取得银行的信任:提供可靠的担保,以转移银行风险;贷款期限尽可能缩短,以减轻银行风险;制订一份精细的项目计划以及同银行建立良好的业务关系等,从而增加获取银行贷款的可能性。二是风险投资,风险投资是指由专业投资者投入到新兴的快速成长的、有巨大潜力的企业中的一种与管理相结合的资本。作为一种支持创业者的工具,在孵化创新型中小企业、推动高技术产业发展、拓宽就业市场、优化资源配置、培育新的经济增长点等方面发挥了巨大的作用,促进了经济结构的调整和社会科技水平的整体提高。

2. 构建以企业为中心的全方位社会网络

我国的科技型中小企业尤其是其中的高新技术企业多是以产业集群的形式存在,企业间关系往往超出正式的经济契约关系,形成基于友谊和互惠基础上的信任关系和社会网络关系(图 5.13)。本地网络中拥有丰富的资源,包括知识技术资源、物质资源、市场资源、人力资源、金融资源以及政策资源等,企业通过加入社会网络能够从其他网络成员那里获取成长所需的资源,降低交易成本,从而有效增强和发挥自身的能力,提高组织竞争力(戴维奇等,2009)。特别是科技型中小企业,社会关系网络的存在非常有利于新信息和新技术在不同组织、个人之间传播,为企业进行创新创业活动提供市场导向和技术导向。企业通过社会网络可以获取来自政府机构、专家等相关组织或个体的建议和资源,提升公司创业的信息优势,发现商业机会、获得行业知识与关键技术诀窍等。通过与供应商、客户的关系网络,企业可以获取行业内的发展信息,更新企业的知识结构,提升企业把握市场机会的能力与创新能力。

因此,本书基于理论分析和实证研究提出了科技型中小企业可持续性发展社会网络模型,如图 5.13 所示。该模型由核心资源网络、服务资源网络以及辅助资源网络三个层次构成。其中,核心资源网络由科技型中小企业和与其相关的企业构成,企业在纵向的供应链上与供应商和客户相连,在横向上与产品、技术互补性的企业相连。服务资源网络为企业提供各种服务以帮助企业更顺利地实施公司创业活动,科技型中小企业同在其技术领域范围内的高校科研机构以及各专业技术中介服务机构和技术标准机构建立长期良好的合作关系,能够为企业实施公司创业战略提供技术资源方面的支持,此外,选择一个或多个业内绩效较好的管理咨询

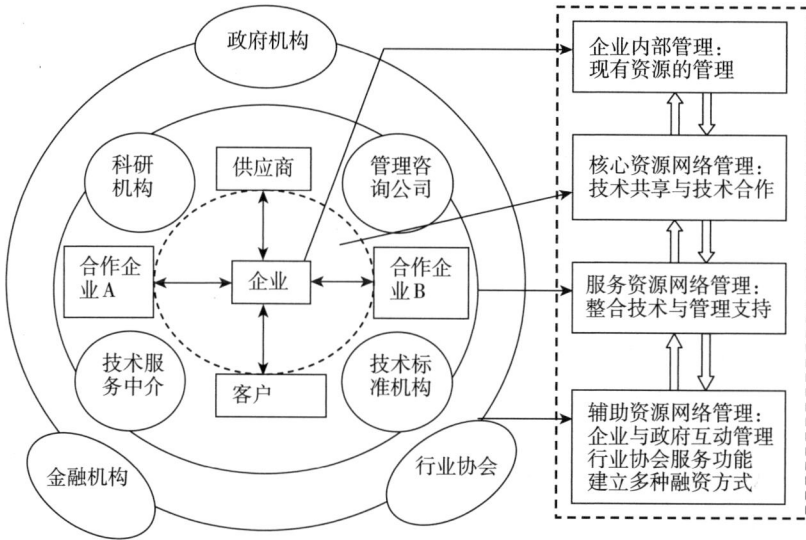

图 5.13　科技型中小企业扩散发展社会网络模型

公司作为企业固定的咨询对象，能够为企业提供战略布局和运营管理等方面的知识资源支持。辅助资源网络由行业协会、金融机构以及政府机构组成，政府机构虽然不能直接提供技术知识以及资金等各方面的资源，但可通过发挥政府的宏观调控职能发布各种政策，为企业进行公司创业提供良好的外部环境，降低企业进行公司创业的门槛，在一定程度上扫除公司创业的某些非技术性障碍，行业协会能够为企业间建立良性的竞争环境，并为信息的有效合法交流提供一定的保障，同时促进企业与政府之间的相互衔接与协调；企业与不同的金融机构建立良好的合作关系有利于其对企业进行公司创业乃至其他需要资金的各种活动提供资金支持。

　　总之，建立有效的社会网络对于科技型中小企业的持续发展具有重要的作用。企业应当积极主动开拓社会网络，从多方面进行社会网络构建，为企业内部进行公司创业提供多样化的网络资源支持。

5.2.7　建立企业市场营销能力提升机制

　　由于科技型中小企业知识密集以及发展变化快等特点的变化，科技型中小企业产品的用户就需要掌握大量的专业知识，同时科技型中小企业产品的更新速度很快，因此，科技型中小企业在做市场开拓时，要尽力做到满足高质量客户的市场需求。科技型中小企业在满足客户技术的需求的同时，也不能忽视了对于公司生存与发展同等重要的市场营销能力。因此，科技型中小企业的市场营销能力急需提高，主要有以下两个方面。

第一，满足市场客户的需求。要时刻考虑到市场用户的需求，多采用高度弹性的市场营销策略，以市场为导向，以科技成果转化为中心，确定科研技术产品的方向，注重市场调查和预测，加强技术研发部门与营销部门的沟通协调，合理满足目标市场需求。同时，由于科技型中小企业的产品大多技术含量都比较高，在营销过程中，需要保证非常准确的答案和解释提供给顾客，因此需要对营销人员进行专业性的培训，培养一些懂技术的人才从事营销，为客户提供专业的解释及个性化的产品和服务，提高客户的满意度和忠诚度，巩固和积累更多的客户。在这个过程中，与顾客建立更长期的关系，将顾客资产转化为市场上的竞争优势。

第二，注重品牌营销。科技型中小企业在品牌管理建设方面，可以建立一个与众不同的品牌以填补目前市场上存在的空白区域（Batjargal，2007）。在其资金有限的情况下，我们可以选择一些较低的投入成本从多个渠道进行宣传，通过发布一些新的产品来提升企业整体品牌形象。

5.2.8　建立外部支持体系的完善机制

为使科技型中小企业在健康的环境中得到良性发展，从政府机构、科技机构以及金融机构等角度建立相应机制，从而保障制度环境、融资环境以及科技环境能够为企业可持续性发展过程提供切实帮助。

1. 政府职能

政府机构虽然不能直接干预科技型中小企业的发展，但可通过发挥政府调控职能促进企业的成长。这里从制度、政策等方面对政府行为与措施提出建议。

1）建立科技型中小企业专有政策促进平台及监督检验平台

政策促进平台不涉及政策制定责权，其工作范围主要是对政府制定的政策进行具体的实施操作，推动政策切实对企业成长发挥效力。监督检验平台主要对政府促进平台的工作效果及效率进行监督与评估。二者在政府职能上互为补充，在工作流程上相互承接。

政策促进平台发挥的核心功能包括：①定期对高新技术产业市场发展趋势以及需求变化状况进行调研，考察并挖掘科技型新创企业发展需求，并形成相关报告，为政策制定部门提供决策依据；②制定促进政府关于科技型中小企业成长各项政策落实办法，并推动其贯彻落实；③选拔典型企业作为试点，深入了解企业特点，根据不同企业设计并提供不同的政策扶持模式，进而具体负责各项政策性促进政策的落实与执行；④负责扶持项目的日常审查、监控与管理工作。

政策落实监督平台的核心功能包括：①政策制定功能，即为保证科技型企业成长促进政策的客观性、科学性以及可操作性，对政策制定过程进行必要的监督；②过程—结果双重监控功能，即为保证政策执行的效率与效果，对政策落实过程以及结果进行双重的监督；③目标检核功能，即对政策落实效果进行最终评估，包括对政策执行者工作能力、目标实现程度以及政策执行公平性等问题的具体评价。

2）加快推进科技型中小企业成长加速器服务体系

为促进科技型企业成长，许多欧美国家，如美国、丹麦已经开展了针对科技型企业的加速器计划。我国科技部火炬高技术产业中心，也确定了若干家科技型企业作为加速器试点单位并加以扶持。区别于传统政策体系，加速器服务体系包括 3 项职能，即战略指导与咨询、资源支持平台与网络及促进企业成长的环境与文化氛围（王胜光和程郁，2009）。政府应制定并推行积极的政策，促进加速器计划功能最大化，使政府服务功能得到一定的延伸。具体办法包括：①在信息平台建设、资金投入、项目水平提升以及加速器计划服务人员队伍建设等方面加大投入，给予加速器计划试点企业直接的支持与指导；②在政策允许的前提下，在加速器计划初期拿出一定资金扶植企业成长，并将需要延伸的政府职能（如科技项目初期筛选工作、科技评估工作、市场调研工作、项目可行性分析）授权于与企业联系更加紧密的孵化器承担，使加速器计划的实施更具针对性；③利用政府网络信息化平台，及时发布加速器计划实施过程，促进企业交流经验，在更广的范围内形成良好的企业成长环境与氛围；④及时总结加速器计划的经验与教训，并加快其在更大范围内的应用。

3）加大税收减免政策力度

政府的减免税收政策，对科技型中小企业的成长影响十分巨大。目前我国税收减免激励政策相对单一。为加大此方面的力度，可以采取 R&D 税收激励政策，即制定与企业 R&D 投资比例直接挂钩的税收减免政策，促进企业积极开展 R&D 活动，如 OECD（Organization for Economic Co-operation and Development，即经济合作与发展组织）国家采用的所得税减免政策以及应税收入抵扣政策。其中，所得税减免政策是指，政府从企业应付所得税额中扣除部分或全部的特定 R&D 支出。加拿大、意大利、韩国、荷兰、挪威、法国、日本、墨西哥、美国、葡萄牙、西班牙等 OECD 国家实施这种税收减免政策。应税收入抵扣政策是指，政府允许企业从应税收入中扣除比实际 R&D 支出更多的金额。比利时、丹麦、英国、澳大利亚、奥地利、匈牙利等 OECD 国家采用这种税收政策。

4）加大知识产权保护力度

为保证科技型中小企业在良性竞争的环境中健康成长，政府须加大科技型企业知识产权保护力度。具体方法包括：①建立以专利、商标、版权、商业秘密等为主要内容的知识产权体系；②明确针对知识产权进行犯罪的行为以及量刑力度，以起到警示作用；③支持企业通过合法手段保护自身知识产权的行为；④支持建立以行业协会为主导的知识产权维权援助机制，有效保护企业的创新权益。此外，政府还需进一步完善知识产权地方法规与政策体系，强化知识产权保护执法，加大对侵犯知识产权行为的打击力度，充分发挥知识产权法律制度的激励创新与保护创新的作用，打造自主知识产权高地。

2. 科技环境

科技产业园区、行业协会以及科研院所等机构是科技型中小企业所处科技环境的重要主体，对这些主体进行科学管理，能够使其为科技型中小企业的可持续性发展切实发挥作用。

1）高效整合科技产业园区管理模式

目前，全球范围内科技产业园区所采用的管理模式不尽相同，我国科技产业园区建设的当务之急就是要建立符合我国国情及企业特征的管理模式。美国加州大学伯克利分校教授卡斯特尔与霍尔，在《世界高技术园区》一书中将科技产业园区的管理模式分为 4 类：①由孵化科技型企业的产业综合体构成，如美国加州的硅谷以及波士顿 128 公路地区。这些综合体彼此发生联系，形成集研究、开发以及制造于一体的产业链。②科学城。这种科技产业园区的规划与建设通常由政府主导，通过将大批研究机构以及科学家集中在某一行政区域内，促使高水平的协同研究活动的发生以及高科技成果的诞生。前苏联的西伯利亚城、韩国的大德科学城以及日本的筑波科学城等均具有这样行政区域的特点。③技术园区。该种形式类似于新型的产业行政区域划分，即在某一划定的地区集中兴建科技型企业，如我国台湾的新竹等。④高科技城。这种产业园区通常建立在国家边远地区，旨在通过新技术的开发与应用带动偏远落后地区的科技发展，这是日本特有的园区管理模式。

由于科技型企业自身资源相对较少，我国针对科技型中小企业建立的产业园区应本着实现资源整合最大化的原则，可选择将产业综合体与科学城相整合形成的复合式的产业园区管理模式。该种模式强调行业内的信息交流，产业链上下游的顺承与互补，对科研机构科技资源的利用以及对市场信息的接受与反馈。此外，为进一步改善园区内企业间各种交互的频率及效率，应对园区进行功能性改进，如配合科技产业园区的建立，以企业深度合作鼓励政策促进科技型中小企业集聚。目前，政府建立产业园区主要是从地域上促使科技型企业形成集群，却忽视了对企业间真正的深层次合作的引导。这方面可以借鉴国外经验，如在北美，产业园区更注重企业商业计划的策划，在商业计划、融资、营销、法律等方面对企业提供支援，而不是场所或有形基础设施。又如韩国的科技园区主要依托政府力量推行"协作化实践计划"，该计划针对三个以上的科技型中小企业结成协作关系，进行企业结构高度化资金支持，而且享受免除因发生合作关系而产生的房地产注册税，并可在 5 年内减免 50% 的财产税以及综合土地税等优惠。

2）改进行业协会服务功能及企业的互动管理机制

对于科技型企业来讲，行业协会可在建立良性竞争环境，衔接企业与政府关系等方面发挥重要作用,从而为科技型中小企业良性发展提供保障。可以看到,行业协会较政府更贴近产业集群及企业,更能向企业提供高适用性支持。目前,我国一些地区开始尝试让行业协会逐渐承担原来只由政府部门行使的职能,迫使行业协会改善服务功能:①利用规范化制度服务,维持同行业企业的"竞—合平衡"关系;②进一步推进基础服务专业化,实现集群内科技资源优化配置;③提供行业战略性发展指导服务,在行业发展战略规划、企业间战略联盟以及区域品牌战略实施等方面提供服务;④提供前瞻化的危机管理服务,以应对国际市场反倾销行动和技术性贸易壁垒对我国企业发展造成的限制。

3) 借助中介服务机构为科技型中小企业提供多方位支持

为取得商业优势,新创企业必须建立强大的社会支持体系,而中介机构在其中起着关键作用。因此,应借助中介服务机构为科技型企业发展提供多方位支持,主要包括两个层面的举措。

(1) 从科技型产业园区层面与中介服务机构建立战略合作。产业园区可以选择一些服务质量好、信用度较高的中介服务机构,如律师事务所、会计师事务所、技术产权交易所、技术服务机构、投资管理咨询公司、专业培训中心、管理咨询中心、人才交流与服务中心等,建立合作伙伴关系。中介服务机构可在产业园区内设立办事处并针对园区企业特点开展相应的咨询活动。同时由于产业园区的介入,中介服务机构既要对委托的产业园区负责,也要受其监督。目前,产业园区与中介服务组织相结合已成趋势,中介服务机构的引入增强了孵化器的服务能力以及资源整合能力;而中介服务机构也从合作中获益,一方面获得了稳定的客户群,另一方面降低了提供服务的交易成本。这是一种互利双赢的合作模式。

(2) 从企业层面,充分利用中介服务机构的支持作用。协助科技型中小企业与大学、科研单位和重点实验室建立技术合作同盟,促进它们与孵化企业建立合作关系,协助孵化企业利用它们的科技资源。特别是技术中介组织,能够直接为科技型企业主营业务的发展提供技术 R&D 支持。其所特有的科技资源优势,能够通过技术培训、技术转移和输出、技术评价、技术咨询等手段,为企业提高知识的传播和流动性,帮助科技型中小企业提升技术竞争能力。

3. 融资环境

为使科技型中小企业及时便利地得到资金支持,应建立科技型中小企业融资体系 (图 5.14)。体系包括以科技型中小企业的专属企业管理局为基础和核心,并包括风险投资公司、商业银行在内的政策导向型融资系统,以及资本市场、企业集群在内的自助式融资系统。

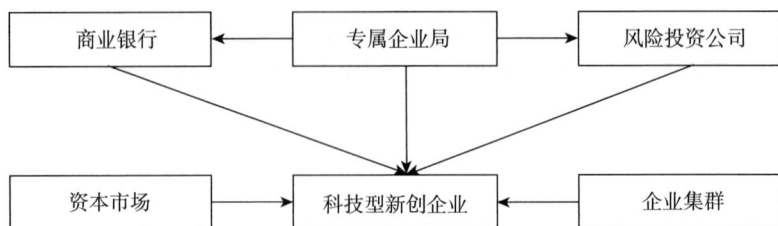

图 5.14　科技型中小企业融资体系

1）政策导向型融资模式

政策导向型融资模式，主要是以建立科技型中小企业的专属企业管理局这样的政府机构为核心。这种融资模式中政府机构的作用是：①为企业向银行提供担保；②向为科技型中小企业提供风险投资的投资企业提供优惠政策或补助；③直接向企业提供创新研究资助资金。风投企业在享受政府机构的优惠政策或得到补助后，向企业提供低息贷款，或通过购买企业证券的形式对企业进行资金支持。银行在得到专属企业局担保后，向企业提供贷款。类似的融资管理模式被国外政府采纳和应用，并被证明是有效的。例如，美国政府于 1953 年成立的小企业管理局（Small Business Administration，SBA），为小企业提供信用担保。在全美有 96 个服务点，与 7 000 家商业银行合作，对 75 万美元以下的贷款提供总贷款额 75%的担保；对 10 万美元以下的贷款提供 80%的担保，还款期长达 25 年。又如日本的中小企业融资体系中包括金融公库、国民金融公库、商工组合金融公库等。政府全额出资，以低于市场 2~3 百分点的优惠条件向企业提供中长期信贷支持。

2）创新型自助式融资模式

由于受政府产业政策的影响和财政预算的约束，政策导向型融资模式对科技型中小企业的支持是有限的。多数企业依靠融资机构在资本市场公开发行股票进行股权融资来获取资金。但是，通过本书进行的企业走访，了解到尽管国家及地方政府出台了一系列政策帮助科技型中小企业实现融资，但在企业实际融资过程中仍面临大量的实际问题。这些问题集中于信贷制度的限制，如科技型中小企业一般没有厂房，可用于抵押的固定资产价值低。常规自助式融资模式包括个人积蓄和向亲戚朋友借钱，融资规模同样有限，只能满足科技型中小企业种子期前后的资金流动需求。因此，企业应建立创新性的自助式融资模式。

基于集群视角的融资模式，帮助完善科技型中小企业信用担保体系，不仅能够解决科技型中小企业融资难的问题，还可以在一定程度上推动科技型中小企业的集群程度。对于完善我国科技型中小企业信用担保体系主要有以下几点建议。

（1）基于优势企业合作，建立纵向供应链企业信用互助联保管理模式（李虹，2006）。该模式首先见于山东的农业企业联保经验引入科技型中小企业集群信贷管理中,使处于产业链中的企业形成相互制约的信用担保联盟,实现了为符合银行信贷制度而进行的对分散担保资源的整合。对于本书研究的科技型中小企业,具体运用办法是:首先,由信用担保服务公司对处于同一产业链的科技型中小企业进行统一的信贷管理。由科技型中小企业相互评定对方的资产价值与发展前景。企业间出于自身采购与营销的需要,会对其上、下游企业实力进行客观而公正的评价,这构成了此种企业间信贷管理模式可实施性的重要保障。在企业互评过程中,信用担保服务公司具有一票否决权。其次,符合资格的科技型中小企业,须将一定比例的资产以现金形式作为担保基金存入指定账户。最后,融资机构根据企业信用情况评定其信用等级,以确定其贷款额度。

(2)基于抵押物难变现的困难,建立同质企业信贷管理机制。为解决科技型企业资产异质性较高的问题,借鉴江西省余江县针对微型元件产业群建立融资信贷模式的经验,整合同产业中生产相同或相近产品的企业,对其整体建立信贷管理机制。建立这种管理模式最主要的出发点是,在产业中的横向同质企业,其实物资产相似程度较高,如果其中一家企业因亏损而退出,资产评估出现争执的可能性相对较低,科技型资产也容易被再利用,从而减少融资机构的信贷风险(朱清贞和邹啸鸣,2008)。以上两种以科技型企业集群为导向的信贷管理模式,可以有效利用现存企业集群网络促进同业间低成本互相监督,降低跨产业资产评估风险。这不仅为企业拓展了融资渠道,还可以在一定程度上加强企业集聚效应,提升当地企业对外竞争力,形成良性循环。江西省余江县在针对微型元件产业进行合作担保信贷管理后,企业发展状况得到了明显的改善。从产业集群方面来看,整个微型元件行业迅速突破瓶颈,呈现较快的发展势头,企业间竞争渐趋有序,产业链在一定程度上实现向前、向后延伸(彭江波,2008)。

(3)建立多层次的风险补偿机制和风险分散机制,促进信用担保机构的可持续发展(汤继强,2007)。一是建立再担保机构,健全信用担保体系的保险机制,信用担保机构利用担保机构之间以及与再担保机构的担保分担,可以达到分散风险的作用。二是成立专项风险担保基金,支持科技型中小企业的融资。这种方式有利于在企业发生损失时及时给予补偿,以降低企业风险,改善科技型中小企业融资问题,促进科技型中小企业的发展。三是从科技型中小企业的税收中提取一部分作为基金,支持科技型中小企业的发展。提供的这部分基金可以更好地为企业提供担保,促进科技型中小企业的发展。

参 考 文 献

爱迪思 I. 2004. 企业生命周期. 赵睿译. 北京：华夏出版社.

安同良. 2004. 企业技术能力发展论——经济转型过程中中国企业技术能力实证研究. 北京：人民出版社.

安赟, 王英姿. 2008. 基于自组织理论的中小型科技企业成长内生动力研究. 商场现代化, （26）：69.

彼得斯 T, 沃特曼 R. 2000. 追求卓越. 张立华译. 北京：中央编译出版社.

毕海德. 2004. 新企业的起源与演进. 北京：中国人民大学出版社.

毕克新, 李莹, 陈申. 2010. 科技型中小企业自主创新外部环境及支持体系研究. 科技与管理, （4）：70-76.

薄湘平, 吴俊哲, 肖旭荟. 2005. 基于人力资源开发的企业可持续发展策略. 生产力研究, （11）：232-234.

蔡莉, 肖坚石, 赵镝. 2008. 基于资源开发过程的新创企业创业导向对资源利用的关系研究. 科学学与科学技术管理, （1）：98-102.

蔡莉, 单标安, 周立媛. 2010. 新创企业市场导向对绩效的影响——资源整合的中介作用. 中国工业经济, （11）：77-86.

曹珺艳. 2006. 中国民营科技企业公司治理研究——基于案例分析视角. 中国市场, （4）：14-15.

曹利军. 2008. 企业成长的动力、机制与实现方式. 科技与管理, 10（5）：73-75.

曹兴, 许媛媛. 2004. 基于知识的企业技术核心能力管理模式. 中国软科学, （10）：72-76.

曹兴, 潘金丽. 2007. 技术核心能力演进与高技术企业成长的作用机制分析. 中南大学学报（社会科学版）, （5）：556-561.

曹兴, 曹伟针. 2008. 技术平台与高技术企业技术核心能力提升的微观机制分析. 科技管理研究, （1）：23-25.

曹兴, 陈琦, 郭然. 2010. 高技术企业成长模式重构及实现方式. 管理学报, 7（4）：570-576.

常华兵. 2009. 中国科技型企业可持续成本优势研究. 科技管理研究, （12）：262-267.

陈冰磊. 2011. 创业管理理论的最新评述. 企业导报, （1）：118.

陈海秋. 2003. 基于资源和管理的技术创新能力的定义和统计分析. 北京航空航天大学学报（社会科学版）, 16（1）：63-66.

陈浩义, 葛宝山. 2008. 基于创业者资源禀赋的新创企业战略选择研究. 改革与战略, 24（3）：27-30.

陈佳贵. 1995. 关于企业生命周期与企业蜕变的探讨. 中国工业经济, （11）：5-7.

陈佳贵. 2002. 我国中小企业发展的几个问题. 经济管理, （1）：4-9.

陈劲. 1994. 从技术引进到自主创新的学习模式. 科研管理, 2：32-34.

陈劲. 2002. 最佳创新公司. 北京：清华大学出版社.

陈林杰. 2010. 企业成长能力的识别与评价研究. 改革与战略, 26（11）：156-159.

陈琦. 2009. 基于技术核心能力的高技术企业成长机理及其模式研究. 中南大学博士学位论文.

陈伟. 1998. 创新管理. 北京：科学出版社.

陈晓红. 2004. 基于突变级数法的中小企业成长性评价模型研究. 财经研究, （11）：5-15.

陈晓红，张傅强. 2008. 我国东中西部中小企业外部环境的实证比较研究. 科学学与科学技术管理，（8）：145-147.

陈耀，汤学俊. 2006. 企业可持续成长能力及其生成机理. 管理世界，（12）：111-114，141.

陈玉娟，朱发仓，吴伟中. 2009. 科技型中小企业持续发展的金融支持途径研究. 经济特区，（6）：268-296.

成春，贺立龙. 2008. 创业企业的成长动力探析. 四川大学学报（哲学社会科学版），（6）：136-140.

成韵. 2010. 基于顾客价值的企业市场创新研究. 武汉理工大学博士学位论文.

戴维奇，魏江，林巧. 2009. 公司创业活动影响因素研究前沿探析与未来热点展望. 外国经济与管理，（6）：10-17.

德赫斯 A. 1998. 长寿公司. 孙立强译. 北京：经济日报出版社.

德鲁克 P. 1999. 九十年代的管理. 东方编译所译. 上海：上海译文出版社.

德鲁克 P F. 2002. 创新与创业精神. 上海：上海人民出版社.

邓荣霖. 2011. 企业自主创新的体制环境和制度创新. 管理工程学报，（24）：55-56.

丁慧平，傅俊元，罗斌. 2009. 企业成长能力的演进机理. 管理学报，（5）：615-621.

丁育生. 1998. 小天鹅之路. 集团经济研究，（3）：41-43.

董俊武，黄江圳，陈震红. 2004. 基于知识的动态能力演化模型研究. 中国工业经济，（2）：77-85.

樊桂花. 2009. 企业生命周期与成本战略探析. 西安文理学院学报（社会科学版），12（6）：124-125.

樊宏，戴良铁. 2004. 基于能力的人力资源管理新模式. 科学学与科学技术管理，（9）：98-101.

方琳瑜. 2010. 科技型中小企业自主知识产权成长机制与脆弱性评价研究. 中国科学技术大学博士学位论文.

费冬青，徐飞. 2005. 上海民营高科技企业核心技术竞争力实证研究. 科学学研究，（1）：92-96.

冯文娜. 2010. 网络能力、网络结构对企业成长的影响——以济南中小软件企业为例. 中央财经大学学报，（8）：59-63.

弗拉姆豪茨 E G，兰德尔 Y. 2004. 企业成长之痛：创业型公司如何走向成熟. 王任飞，彭瑞梅译. 北京：清华大学出版社.

弗莱姆兹 U. 1998. 增长的痛苦. 李建峰译. 北京：中国经济出版社.

福斯 N J，克努森 K. 1998. 企业万能——面向企业能力理论. 李东红译. 大连：东北财经大学出版社.

付宏，肖建忠，夏清华. 2008. 中国高科技新创企业的行为特点：一种结构化的分析路径. 科技管理研究，（6）：385-388.

傅梅烂，秦辉，王义嘉. 2005. 科技型中小企业各成长阶段的生命体特征. 商业研究，（9）：34-35.

傅远佳. 2009. 钦州市中小企业的问题及发展. 现代企业，（4）：34-35.

高宁，庞小宁. 2010. 科技型中小企业补偿性发展模式应用研究. 科技进步与对策，27（3）：73-75.

高志，刘素坤. 2008. 科技型中小企业成长评价指标体系研究. 辽宁师范大学学报（社会科学版），31（6）：47-49.

格雷纳 L. 1985. 哈佛管理论文集. 孟光裕译. 北京：中国社会科学出版社.

葛宝山，董保宝.2009. 动态环境下创业者管理才能对新创企业资源获取的影响研究. 研究与发展管理，21（4）：20-27.

葛宝山，蔡莉.2010. 创业管理. 北京：机械工业出版社.

苟燕楠，董静.2005. 企业内部的创新提议与决策制度. 经济体制改革，（5）：66-69.

顾兴树，揭筱纹，杨斌.2009. 企业成长研究——基于动态能力与外部战略风险匹配视角. 现代管理科学，（3）：45-46.

关健，侯赞，韩文强. 2009. 外部环境对我国中小企业成长的影响——基于11个城市面板数据的实证研究. 科技进步与对策，26（10）：84-88.

官建成.2004. 企业制造能力与创新绩效的关系研究：一些中国的实证发现. 科研管理，25（9）：78-84.

郭碧坚.2001. 高技术企业经营战略与人力资源管理. 研究与发展管理，（6）：31-35.

郭会斌.2009. 重构持续竞争优势——面向现代服务性企业的内创业研究. 北京：中国经济出版社.

郭蕊，张雁，吴欣.2005. 论企业可持续成长能力的内涵与评价方法. 软科学，19（6）：79-82.

郭骁，夏洪胜.2007. 企业代际路径可持续发展的演进机理：基于自组织理论的分析. 中国工业经济，（5）：96-103.

韩福荣，徐艳梅.2002. 企业仿生学. 北京：企业管理出版社.

韩顺平，王永贵.2006. 市场营销能力及其绩效影响研究. 管理世界，（6）：153-154.

韩炜.2010. 基于商业模式创建的新企业成长过程研究. 软科学，24（9）：95-99.

何健，韩顺平，董伊人，等.2010. 管理能力、关系收益与顾客资产的关系研究——对组织市场客户服务的实证分析. 南开管理评论，13（5）：107-114.

何建洪，贺昌政.2011. 创新能力与创新型企业评价研究. 管理学报，8（2）：248-253.

何伟.2005. 与高技术企业治理——以烽火通信为例的分析. 科学管理研究，（4）：43-45.

何元斌.2009. 企业可持续发展的三层次六维度分析框架研究. 经济问题探索，（6）：83-89.

何峥，陈德棉. 2004. 早期高科技企业融资困境分析研究. 科学学与科学技术管理，（1）：128-132.

何志聪，王重鸣.2005. 企业成长与公司创业精神的培育. 科研管理，26（3）：51-54.

贺守海，张习宁.2009. 组织效率、寡占市场结构与中国企业成长. 求索，（3）：31-33.

贺小刚.2006. 企业家能力与企业成长：一个能力理论的拓展模型. 科技进步与对策，（9）：31-34.

贺小刚，李新春.2005. 企业家能力与企业成长：基于中国经验的实证研究. 经济研究，（10）：101-111.

贺小刚，潘永永，连燕玲.2007. 核心能力理论的拓展：企业家能力与竞争绩效的关系研究. 科研管理，28（4）：141-148.

胡望斌，张玉利，牛芳.2009. 我国新企业创业导向、动态能力与企业成长关系实证研究. 中国软科学，（4）：107-118.

胡望斌，张玉利，杨俊.2010. 基于能力视角的新企业创业导向与绩效转化问题探讨. 外国经济与管理，32（2）：1-8.

胡筱丹，胡冰.2010. 加快我国科技成果商业化的对策与建议. 中国科技论坛，（10）：67-71.

黄春，吴凯雷.2007. 科技型企业核心竞争力培育的途径. 企业经济，8：57-59.

黄建.2006. 企业持续成长评价和预警研究：理论、方法与实证分析. 厦门大学博士学位论文.

黄津孚. 2004. 机遇、竞争力与企业成长：首届"中国企业成长国际研讨会"会议纪要. 首都经贸大学学报，（6）：5-10.

黄鹏，李晓轩. 2006. 创新经济下 R&D 人员职业取向与制度激励. 科学学与科学技术管理，（10）：110-115.

黄如金. 2008. 21 世纪的中国式管理. 北京：经济管理出版社.

黄肖鹤，顾琴轩. 2004. 科技型企业的人力资源管理模式创新. 科学学与科学技术管理，（9）：95-97.

黄晓燕. 2010. 创业机会的识别及其影响因素——以 21 位创业者为例. 中山大学硕士学位论文.

黄泽成. 2007. IT 企业成长动力研究. 特区经济，（4）：240-242.

黄志民，郭海燕. 2003. 我国科技型中小企业技术创新问题的研究. 生产力研究，（5）：217-220.

季玉群，黄鸥. 2004. 知识型企业核心能力分析及其综合评价研究. 科研管理，（7）：37-40.

贾生华. 2004. 企业家能力与企业家成长模式的匹配. 南开学报（哲学社会科学版），（1）：21-23.

姜百臣，覃劫，陈思宏，等. 2009. 技术创新的市场需求导向——来自消费者选择偏好的问卷分析. 科学与管理，（1）：20-22.

蒋峦，谢卫红，蓝海林. 2005. 组织柔性结构的演进及其演进的理论诠释. 中国软科学，（3）：84-88.

巨荣良. 2004. 20 世纪 90 年代以来美国反垄断政策变迁的原因. 山东财政学院学报，（3）：80-84.

卡梅隆 K S，奎因 R G. 2006. 组织文化诊断与变革. 谢晓龙译. 北京：中国人民大学出版社.

康荣平. 2003. 企业专业化成长：利基战略. 经济管理，（1）：49-53.

科林斯 J C，波拉斯 J I. 2002. 基业长青. 孙耀君，等译. 北京：中信出版社.

雷家骕，冯婉玲. 2001. 高新技术创业管理. 北京：机械工业出版社.

雷家骕，王兆华. 2008. 高技术创业管理. 第二版. 北京：清华大学出版社.

黎精明. 2006. 上市公司财务能力实证研究. 武汉科技大学学报（社会科学版），（1）：18-21.

李柏洲，靳娜莉. 2003. 创造高新技术企业成长系统. 学术交流，（12）：22-23.

李柏洲，李海超. 2004. 层次分析法在高技术企业成长力评价中的应用. 高科技与产业化，9：17-18.

李陈华，文启湘. 2004. 流通企业的（规模）边界. 财贸经济，（2）：43-48.

李春玲，高伟，李艳丽. 2009. 基于灰色模糊优选模型的科技型中小企业人力资本投资风险评价. 科学学与科学技术管理，（6）：188-191.

李大元，项保华，陈应龙. 2009. 企业动态能力及其功效. 南开管理评论，12（6）：60-68.

李飞，杜纲. 2007. 企业成长路径与影响因素研究. 管理现代化，（6）：60-62.

李虹. 2006. 激励、合作范围与担保制度创新：李庄模式研究. 金融研究，6（3）：174-182.

李进波，丁雨. 2010. 基于企业生命周期理论的企业股权激励模式选择. 企业导报，（12）：96-97.

李俊男. 2010. 基于生命周期理论的中小企业成长研究. 西南财经大学硕士学位论文.

李前兵. 2010. 企业内部创新动力来源的实证研究. 科技管理研究，（1）：220-223.

李乾文. 2005. 管理、领导与创业研究. 经济界，2：29-33.

李青，刘莉. 2008. 基于创业机会的中小企业成长模型研究. 科技管理研究，（8）：236-238.

李时椿. 2010. 创业管理. 北京：清华大学出版社.

李维安. 2005. 为什么要推出中小企业经济发展指数. 南开管理评论，4：1.

李文辉. 2010. 基于 SEM 的科技型企业自主创新能力影响因素实证研究. 科技管理研究,（16）:
　　12-15.

李新春, 梁强, 宋丽红. 2010. 外部关系—内部能力平衡与新创企业成长——基于创业者行为视
　　角的实证研究. 中国工业经济,（12）: 97-107.

李业. 2000. 企业生命周期的修正模型及思考. 南方经济,（2）: 47-50.

李颖灏, 彭星闾. 2007. 基于创新力与控制力动态均衡的企业持续成长路径分析. 科研管理, 28
　　（4）: 67-72.

李永刚. 2002. 小企业群落式裂变衍生的机理模型分析. 财经论丛,（6）: 12-18.

李宇凯. 2010. 资源型企业可持续成长能力评价研究——以紫金矿业集团股份有限公司为例.
　　中国地质大学博士学位论文.

李玉成, 罗宾. 2004-10-12. 政府培育市场: 国家实施科技型中小企业创新基金五周年述评. 科
　　技日报.

李允尧. 2005. 超越生命周期的企业持续成长模型. 矿冶工程, 25（3）: 91-94.

梁哨辉, 宋鲁. 2007. 基于过程和能力的知识管理模型研究. 管理世界,（1）: 162-163.

梁晓雅, 卢向华. 2010. 产品创新、架构变革与文化协同——基于多案例比较的电子企业可持续
　　成长分析. 研究与发展管理, 22（3）: 58-66.

林筠, 孙晔, 何婕. 2009. 吸收能力作用下创业导向与企业成长绩效关系研究. 软科学, 29（7）:
　　135-140.

林强. 2003. 基于新创企业绩效决定要素的高科技企业孵化机制研究. 清华大学博士学位论文.

林润辉. 2004. 网络组织与企业高成长. 天津: 南开大学出版社.

林嵩. 2005. 高科技创业企业资源整合模式研究. 科学学与科学技术管理,（3）: 143-147.

林嵩, 姜彦福. 2008. 公司战略模式及应用——一个系统化过程模型. 中国工业经济,（9）:
　　109-117.

林嵩, 冯婷. 2009. 公司创业的概念内涵和支持要素. 生产力研究,（4）: 49-51.

林嵩, 姜彦福, 张帏. 2005. 创业机会识别: 概念、过程、影响因素和分析架构. 科学学与科学
　　技术管理, 26（6）: 128-132.

刘帮成, 姜太平. 2010. 影响企业可持续发展的因素分析. 软科学, 3: 52-54.

刘常勇. 2006. 与员工合伙创业. 21 世纪商业评论,（1）: 1-2.

刘常勇, 谢如梅. 2006. 创业管理研究之回顾与展望: 理论与模式探讨. 创业管理研究, 1（1）:
　　1-43.

刘东辉. 2006. 科技人才要求分享企业剩余的理论分析. 技术与创新管理, 27（5）: 71-73.

刘国豪. 2010. 基于工业设计创新的企业成长动力研究. 生产力研究,（10）: 217-219.

刘国亮, 范云翠. 2010. 基于合作研发与推广的运营商与终端厂商的双边激励研究. 科技进步与
　　对策, 7（2）: 8-11.

刘怀民, 关伟. 2008. 企业家技术创新力的评价与比较. 财经问题研究,（1）: 125-129.

刘井建. 2010. 创业学习模式及其对新创企业成长的作用机理研究. 科技进步与对策, 27（20）:
　　70-73.

刘静. 2008. 美日政府对中小型科技企业扶持政策的比较. 科技情报开发与经济,（21）: 163-164.

刘林. 2010. 企业成长及其评价指标体系设计. 研究与发展管理,（6）: 58-66.

刘汝翠. 2006. 公司创业研究. 西安电子科技大学博士学位论文.

刘汝翠, 金洁. 2007. 公司创业的形成机制研究. 科技创业月刊,（4）: 54-55.

刘芍佳，李骥. 1998. 超产权论与企业绩效. 经济研究，（8）：3-12.

刘旭东，顾力刚，高元平，等. 2010. 企业成长影响因素的相关性分析. 科技管理研究，（8）：241-243.

刘耀. 2008. 创新型企业持续发展战略探讨. 企业经济，6：20-22.

刘预，蔡莉，朱秀梅. 2008. 信息对新创企业资源获取的影响研究. 情报科学，26（11）：1728-1731.

刘智勇，姜彦福. 2009. 新创企业动态能力：微观基础、能力演进及研究框架. 科学学研究，27（7）：1074-1079.

龙勇，王姝. 2008. 基于知识成长的企业成长机制研究. 生产力研究，（18）：138-140.

陆立军. 2002. 科技型中小企业：环境与对策. 北京：中国经济出版社.

璐羽. 2002. 科技政策词汇. 北京：中国标准出版社.

罗杰斯 E. 2002. 创新的扩散. 辛欣译. 北京：中央编译出版社.

罗珉，刘永俊. 2009. 企业动态能力的理论架构与构成要素. 中国工业经济，250（1）：75-86.

罗青军. 2003. 市场导向与企业绩效关联研究. 浙江大学博士学位论文.

罗余才，李功网. 2009. 企业生命周期视角下的中小企业管理. 广州：暨南大学出版社.

吕一博，苏敬勤. 2011. "创新过程"视角的中小企业创新能力结构化评价研究. 科学学与科学技术管理，2（8）：58-64.

吕一博，苏敬勤，傅宇. 2008. 中国中小企业成长的影响因素研究——基于中国东北地区中小企业的实证研究. 中国工业经济，（1）：14-23.

马驰，贾慰文. 1994. 国内外工业企业技术创新行为的比较. 国家科委中国科技促进发展研究中心.

马鸿佳. 2009. 创业强度理论综述与研究展望. 工业技术经济，（8）：55-58.

马鸿佳，董保宝，葛宝山. 2010. 高科技企业网络能力、信息获取与企业绩效关系实证研究. 科学学研究，28（1）：127-131.

马小援. 2010. 论企业环境与企业可持续发展. 管理世界，（4）：1-3.

孟艳芬，宋立公，路晓冬. 2004. 动态能力理论与企业成长路径. 商业研究，（12）：61-64.

米俊，曹利军. 2007. 企业生命周期不同阶段的组织结构选择. 商业时代，（2）：42.

苗莉. 2005. 基于企业内创业的企业持续成长研究. 财经问题研究，（2）：68-74.

莫里斯 M，库拉特科 T. 2005. 公司创业：组织内创业发展. 杨燕绥，等译. 北京：清华大学出版社.

慕静，韩文秀，李全生. 2005. 基于主成分分析法的中小企业成长性评价模型及其应用. 系统工程理论方法应用，14（4）：369-371.

牛雁翎，张少杰. 2005. 小型科技企业核心技术能力简论. 河北大学学报（哲学社会科学版），（5）：142-143.

欧阳桃花，周云杰. 2008. 中国企业产品创新管理模式（三）——以海尔产品经理为案例. 管理世界，（2）：136-147.

潘安成. 2008. 基于知识创新的企业成长内在机理模型研究. 中国管理科学，16（4）：170-174.

潘安成，邹媛春. 2010. 组织忘记、组织学习与企业动态能力. 科研管理，31（1）：33-37.

潘罗斯. 1959. 企业增长理论. 上海：上海人民出版社.

庞艳桃，周亚. 2010. 创业期高新技术企业可持续成长评价研究. 武汉理工大学学报，32（4）：183-187.

裴剑平. 2009. 虚拟企业内部沟通机制构建方法研究. 商业时代，（28）：105-106，112.

彭华. 2007. 科技创业企业成长期的管理问题及对策——上海漕河泾创业中心 IT 企业案例研究. 上海交通大学硕士学位论文.

彭江波. 2008. 以互助联保为基础构建中小企业信用担保体系. 金融研究, (2): 75-82.

钱德勒 A D. 1987. 看得见的手——美国企业的管理革命. 重武译. 北京: 商务印书馆.

钱士茹. 2008. 企业持续成长的动因与机理——基于战略、能力与生命周期视角的分析. 第三届中国管理学年会——组织与战略分会场论文集.

秦立柱, 秦兆行. 2007. 创业团队的组建与激励问题研究. 中小企业科技, (6): 21-23.

琼斯 G, 乔治 J. 2003. 当代管理学. 郑风田, 等译. 北京: 人民邮电出版社.

曲延军. 2005. 创业企业战略选择及成长模式研究. 清华大学硕士学位论文.

单文, 韩福荣. 2002. 三维空间企业生命周期模型. 北京工业大学学报, (1): 117-121.

饶扬德. 2009. 企业可持续成长能力及其提升机理研究. 华东经济管理, 23 (7): 108-111.

任佩瑜, 张莉, 宋勇. 2001. 基于复杂性科学的管理熵、管理耗散结构理论及其在企业组织与决策中的作用. 管理世界, (6): 142-147.

任荣伟, 赵盈盈. 2007. 从模仿到自主: 百度早期成长关键要素对新创企业的启示. 技术经济与管理研究, (6): 31-33.

任荣伟, 林显沃. 2008. 新创企业早期成长中的异质性资源的塑造与整合分析——以阿里巴巴公司的早期创业成长为例. 技术经济管理研究, (6): 41-45.

任迎伟, 林海芬. 2010. 管理创新引进决策模型构建. 管理世界, (3): 180-181.

任志宏. 2005. 完善企业集团内部审计模式提高企业战略决策经营能力. 审计研究, (3): 82-84.

芮明杰. 2000. 中国企业发展的战略选择. 上海: 复旦大学出版社.

芮明杰, 潘可军. 1999. 管理重组论. 经济与管理, (1): 8-13.

史宝康, 郭斌. 2010. 科技创新企业评价指标体系研究. 首都经贸大学学报, (5): 70-76.

宋建彪. 2004. 中小企业支持系统研究田. 厦门大学博士学位论文.

宋新普. 2003. 留住核心员工的人力资源策略. 人才开发, (8): 22-23.

孙兰, 冯超. 2012. 天津市科技型企业创新方法集成推广应用研究. 中国高新技术企业, (16): 13-15.

孙明华. 2006. 科技型中小企业竞争战略研究. 天津: 天津社会科学研究院出版社.

孙玉明. 2002. 高技术企业成长的动力及支持结构. 科学与管理, (1): 25-27.

孙早, 刘庆岩. 2006. 市场环境、企业家能力与企业的绩效表现——转型期中国民营企业绩效表现影响因素的实证研究. 南开经济研究, (2): 92-124.

汤鸿, 王学军, 饶扬德. 2009. 创新协同与企业代际成长. 思想战线, (4): 113-116.

汤继强. 2007. 我国科技型中小企业融资政策研究——基于政府的视角. 西南财经大学博士学位论文.

汤学俊. 2006a. 企业可持续成长的多层灰色评价. 统计与决策, (11): 156-158.

汤学俊. 2006b. 营销战略规划与管理. 北京: 中国商业出版社.

汤亚莉, 任涛. 2006. 基于平衡计分卡的企业可持续发展能力评价. 科技管理研究, (11): 156-158.

唐靖, 姜彦福. 2008. 创业能力概念的理论构建及实证检验. 科学学与科学技术管理, (8): 52-57.

唐铭聪. 1992. 创业导向, 市场导向, 与经营绩效之实证研究: 社会资本之观点. 高雄第一科技大学硕士学位论文.

田莉.2010. 新企业初始条件与生存及成长关系研究前沿探析. 外国经济与管理, 32（8）: 27-34.

万迪昉, 朱伟民, 王赞.2000. 战略杠杆、核心能力与企业技术创新战略. 科研管理, （3）: 1-8.

万福, 鲍统霞.2010. 科技型中小企业成长外部环境评价. 中国高校科技与产业化, （11）: 50-51.

王春法.2004. 科技型中小企业在我国技术创新中的地位和作用. 中国科技产业, （11）: 30-31.

王飞绒, 陈劲, 池仁勇.2006. 团队创业研究评述. 外国经济与管理, （7）: 16-22.

王海龙, 武春友.2007. 基于产业集成的科技创业企业成长路径——以路明科技集团为例. 管理学报, 4（5）: 668-673.

王核成.2001. R&D 投入与企业成长的相关性研究. 科学管理研究, （6）: 13.

王江.2010. 隐性知识与企业核心能力: 案例研究. 科学学研究, 28（4）: 566-570.

王岚.2009. 基于结构视角的企业集群创新能力研究. 科技管理研究, （4）: 227-228.

王丽平, 许娜.2011. 中小企业可持续成长能力评价及能力策略研究——基于熵理论和耗散结构视角. 中国科技论坛, 12: 54-59.

王丽平, 许娜.2012. 技术创新模式的代际转变: 中小企业可持续成长的关键. 科技进步与对策, 2（29）: 80-85.

王丽平, 胡雪洁.2013. 科技型中小企业可持续发展关键成功因素的实证研究. 天津工业大学学报, 2（32）: 73-77.

王丽平, 胡雪洁.2014.BOP 市场的价值开发与实现路径研究.华东经济管理, 5（28）: 171-176.

王丽平, 李乃秋, 许正中.2011. 中小企业持续内创业的动态管理机制研究——基于双元能力的圆形组织结构视角.科技进步与对策, 8（28）: 78-82.

王丽平, 钱周春, 梁晓琴.2013a. 基于扎根理论的科技型中小企业成长衍生扩散内生动力研究. 科技进步与对策, 5（30）: 95-100.

王丽平, 于志川, 王淑华.2013b. 心理距离对知识共享行为影响研究: 基于组织支持感的中介作用. 科学学与科学技术管理, 9（34）: 37-45.

王佩, 李芸.2001. 企业融资能力与融资行为分析. 经济师, （9）: 171-172.

王庆喜.2004. 企业资源与企业成长. 商业研究, （15）: 109-110.

王庆喜, 宝贡敏.2007. 社会网络、资源获取与小企业成长. 管理工程学报, （4）: 57-61.

王胜光, 程郁.2009. 企业的成长动力机制及 "加速器" 的作用机理. 科学学与科学技术管理, （5）: 130-135.

王素芳.2011. 浅谈企业成本管理. 山西财经大学学报, 33（4）: 54.

王涛, 任荣.2008. 基于资源与能力演进的企业成长研究. 兰州学刊, （8）: 81-84.

王昕宇, 华欣.2009. 基于企业生命周期的科技型中小企业技术创新模式选择与对策研究. 改革与战略, 25（1）: 184-186.

王旭.2004. 科技型企业创生机理研究. 吉林大学博上学位论文.

王勇.2009. 企业成长的关键影响因素及其重要性研究. 清华大学学报（哲学社会科学版）, 24（1）: 27-32.

魏光兴.2005a. 论企业文化的生命周期. 华东经济管理, （1）: 116-118.

魏光兴.2005b. 企业生命周期理论综述及简评. 生产力研究, （6）: 231-232.

邬爱其.2007. 集群企业网络化成长机制. 北京: 中国社会科学出版社.

吴贵生.2000. 技术创新管理. 北京: 清华大学出版社.

吴清津, 陈涛.2000. 中国企业持续成长探究. 北京商学院学报（社会科学版）, （7）: 39-42.

吴思华. 1997. 高科技企业的经营战略. 中外管理,（10）: 25-27.

吴添祖, 冯勤, 余春生. 2000. 高新技术企业发展一般规律. 中国软科学,（11）: 76-79.

吴伟. 2012. 科技型中小企业开放式技术创新模式研究——以辽宁省为例. 当代经济管理,（8）: 33-39.

吴晓云, 袁磊. 2003. 论全球营销战略及整合的全球营销战略模型 IGMS——兼评其对我国企业发展跨国经营战略的启示. 南开管理评论,（6）: 57-62.

吴永林, 孙强, 吴振信. 2008. 北京高技术企业发展评价及存在问题分析. 科技管理研究,（12）: 54-56.

吴月瑞, 崔毅, 杨丽萍, 等. 2010. 促进新创企业成长的科技园发展模式探析. 科技管理研究,（9）: 28-29.

吴云荣. 2009. 因势利导打造品牌竞争力. 改革与开发,（7）: 73-74.

吴照云, 王宇露. 2003. 企业文化与企业竞争力——一个基于价值创造和价值实现的分析视角. 中国工业经济,（12）: 79-83.

吴子稳. 2007. 企业家心智模式形成及其对企业发展的影响. 华东经济管理, 21（1）: 111-114.

西蒙 H. 2005. 隐形冠军. 北京: 经济日报出版社.

向刚, 李兴宽, 章胜平. 2009. 创新型企业评价指标体系研究. 科技管理研究, 6: 122-130.

肖海林, 彭星间, 王方华. 2004. 企业持续发展的生成机理模型: 基于海尔案例的分析. 管理世界,（8）: 111-118.

肖治术, 张知彬. 2004. 扩散生态学及其意义. 生态学杂志, 23（6）: 107-110.

肖治术, 张知彬. 2006. 小议生物扩散. 生物学通报,（7）: 27-28.

肖智润. 2005. 中小企业可持续成长与动态核心能力探析. 求索,（11）: 34-35.

邢斐. 2009. 加强专利保护对我国创新活动影响的实证研究. 科学学研究, 27（10）: 1495-1499.

邢建国. 2005. 中小企业可持续成长: 代内成长与代际成长. 北京: 中国经济出版社.

邢建国. 2006. 中小企业可持续成长: 代内成长与代际成长. 上海经济研究,（10）: 31-38.

刑以群. 1998. 论高技术企业企业核的形成. 浙江大学学报,（12）: 42-47.

刑以群. 2000. 高技术企业经营管理理论. 浙江: 浙江大学出版社.

熊义杰. 2002. 企业生命周期分析方法研究. 数理统计与管理, 21（2）: 36-38.

徐飞, 陈洁, 郑菁菁. 2005. 上海民营高科技企业核心技术竞争力成因研究. 科研管理,（2）: 113-119.

徐红. 2009. 农民合作经济组织成长问题研究. 商业时代,（3）: 8-9.

徐明亮. 2009. 科技型中小企业政策性金融体系构建思考. 财会通讯,（11）: 29-30.

徐强, 李垣. 2009. 组织结构敏感性对组织绩效的影响分析. 现代管理科学,（4）: 1-4.

徐英吉. 2008. 基于技术创新与制度创新协同的企业持续成长研究. 山东大学博士学位论文.

徐英吉, 徐向艺. 2007. 技术创新和制度创新的组合对企业持续成长的影响. 财经科学,（9）: 82-89.

许庆高, 周鸿勇. 2009. 资源需求、企业家能力与民营企业成长研究. 经济理论与经济管理,（12）: 72-76.

许庆瑞. 2000. 研究、发展与技术创新管理. 北京: 高等教育出版社.

许晓明. 2004. 企业成长模式选择的定性与定量研究: 首届"中国企业成长国际研讨会"会议纪要. 首都经贸大学学报,（6）: 17-22.

许晓明, 张咏梅. 2007. 企业成长动力系统模型及其动力学分析. 上海管理科学,（5）: 65-69.

薛红志，张玉利. 2003. 公司创业研究评述——国外创业研究新进展. 外国经济与管理，（11）：7-11.

严基河. 1997. 现代企业研究开发与技术创新. 北京：经济管理出版社.

严旭东. 2002. 关于人力资源管理与开发的思考. 金融与经济，（3）：59-60.

严志勇，陈晓剑，吴开亚. 2003. 高技术小企业技术创业模式及其识别方式. 科研管理，（4）：71-75.

杨发文. 2008. 企业成长力评价指标体系及应用研究. 西南财经大学博士学位论文.

杨蕙馨，朱晓静. 2006. 集群中的中小企业成长研究——集群优势对企业资源与能力提升的作用. 经济学动态，（11）：27-31.

杨蕙馨，李贞. 2008. 集群内知识转移对企业成长的作用机制. 经济与管理研究，（4）：12-17.

杨景岩，李凯飞. 2006. 技术创新企业成长的动力. 经济与管理研究，（7）：64-68.

杨九铃. 2011. 中小高科技企业融资能力研究. 改革与战略，27（8）：150-152.

杨梅英，熊飞. 2008. 创业管理概论. 北京：机械工业出版社.

姚小涛，张田，席酉民. 2008. 强关系与弱关系：企业成长的社会关系依赖研究. 管理科学学报，11（1）：143-152.

叶国灿. 2004. 从管理理论演进看企业管理模式创新趋势. 中国人民大学学报，（2）：130-135.

叶晓倩，谭学军. 2012. 高效率团队对微型企业人力资源管理的启示. 中国人力资源开发，5：22-26.

尹义省. 1999. 适度多角化——企业成长与业务重组. 上海：生活·读书·新知三联书店.

余红剑. 2007. 新创企业外部网络关系品质、内部能力与成长绩效研究. 浙江大学博士学位论文.

余红剑. 2009. 新创企业顾客关系品质与成长绩效关系研究——基于内部能力提升与应用视角的理论分析. 科学学与科学技术管理，（5）：143-150.

余伟萍. 2005. 企业持续发展之源——能力法则与策略应用. 北京：清华大学出版社.

曾珍香，吴继志. 2001. 企业可持续发展及实现途径. 经济管理，13：35-38.

张多中. 2003. 关于企业成长的动力与条件分析. 首都经贸大学学报，（6）：73-76.

张方华，吴剑. 2011. 中小企业集成能力影响创新绩效的实证分析——以苏南地区为例. 预测，（5）：18-24.

张桂英. 2010. 科技型小企业特点及人力资源管理对策分析. 中小企业管理与科技，（2）：64.

张洪梅. 2011. 我国中小家族企业可持续发展中的融资矛盾解析. 当代经济研究，（1）：67.

张焕勇. 2007. 企业家能力与企业成长关系研究. 厦门大学博士学位论文.

张健，姜彦福，林强. 2003. 创业理论研究与发展动态. 经济学动态，（5）：71-74.

张瑾. 2009. 民营企业家人力资本与企业成长绩效实证研究. 山东大学博士学位论文.

张婧. 2004. 出口市场导向的前因变量与绩效结果研究. 华中科技大学博士学位论文.

张军波. 2008. 科技型企业业绩评价指标体系的构建研究. 会计之友，11：87-88.

张立，陈伟鸿. 2007. 集群演进的品牌实现机理与效应分析——集群演进与民营企业的成长互动. 商业研究，（10）：47-50.

张米尔，田丹. 2005. 基于利基策略的企业核心技术能力形成研究. 科学学研究，23（3）：387-393.

张茉楠，李汉铃. 2005. 基于资源禀赋的企业家机会识别之框架分析. 管理世界，（7）：166-167.

张薇. 2010. 管理咨询企业成长驱动因素的实证分析. 企业经济，（9）：22-25.

张伟. 2009. 资源型产业链中中小企业成长机制研究. 商业经济与管理，（3）：68-73.

张宜霞. 2008. 企业内部控制论. 大连：东北财经大学出版社.

张尹聪. 2006. 科技型中小企业集群的创新成长模式与实证研究. 沈阳工业大学硕士学位论文.

张映红. 2006. 公司创业的演化背景及其理论综述. 经济管理, 7（14）：4-10.

张玉利, 李乾文. 2005. 公司创业活动与组织绩效——基于中国成长期私营企业的实证研究. 科研管理, 26：28-39.

张玉利, 李乾文, 李剑力. 2006. 创业管理研究新观点综述. 外国经济与管理, 28（5）：1-7.

张玉明, 王英姿. 2009. 区域创新网络与中小型科技企业成长的实证研究. 大连理工大学学报（社会科学版）, 30（3）：8-14.

张玉明, 刘德胜. 2010. 企业文化、人力资源与中小型科技企业成长关系研究. 科技进步与对策, 27（5）：82-89.

章仁俊. 2002. 我国科技型中小企业管理创新的基本思路. 河海大学学报（哲学社会科学版）, （12）：22-23.

赵镝. 2009. 企业外源融资获取的影响研究. 情报科学, 7（4）：626-628.

赵曙明. 2011. 胜任素质、积极性、协作性的员工能力与企业人力资源体系重构. 改革, （6）：137-140.

赵永亮, 倪自银. 2006. 中小企业可持续成长的内部动力及成长能力评价. 统计与决策, （4）：156-157.

赵玉林. 2004. 高技术产业经济学. 北京：中国经济出版社.

赵志, 陈邦设, 孙林岩, 等. 2000. 产品创新过程管理模式的基本问题研究. 管理科学学报, 3（2）：15-19.

郑健壮, 吴晓波. 2004. 论传统产业集群知识转移途径. 经济体制改革, （6）：46-50.

中国中小企业国际合作协会. 2010-11-09. 传统优势行业独领风骚 融资难题仍待解决. 中国工业报, A02.

钟幼茶. 2007. 中小企业成长模式、主要障碍与提升途径：浙江省实证研究. 浙江工业大学硕士学位论文.

周三多, 邹统钎. 2001. 从比较优势到竞争优势：国际贸易格局决定因素的大转变. 北京第二外国语学院学报, （5）：36-39.

周三多, 周建. 2002. 新经济的时代特征与企业战略范式的转型. 南开管理评论, （1）：29-32.

周伟贤, 范小清. 2008. 基于要素差异的企业成长性判断. 财经科学, （5）：63-70.

朱沛, 司徒达贤, 于卓民, 等. 2010. 机会出现时竞争者为什么不积极? 管理世界, （6）：122-131.

朱清贞, 邹啸鸣. 2008. 产业集群发展中合作担保问题探讨. 商业时代, （30）：98-99.

朱伟民. 2007. 战略人力资源管理与企业竞争优势——基于资源基础理论的考察. 科学学与科学技术管理, 12：119-126.

朱秀梅, 陈琛, 纪玉山. 2010. 基于创业导向、网络化能力和知识资源视角的新创企业竞争优势问题探讨. 外国经济与管理, 32（5）：9-16.

邹国庆, 徐庆仑. 2005. 核心能力的构成维度及其特性. 中国工业经济, （5）：96-103.

左萍. 2008. 科技型企业文化建设初探. 企业与文化, （3）：56-58.

Dodgson M, Rothwell R. 2000. 创新聚集——产业创新手册. 陈劲译. 北京：清华大学出版社.

Ahuja G. 2000. The duality of collaboration：inducements and opportunities in the formation of inter-firm linkages. Strategic Management Journal, （21）：317-343.

Aldrich H E. 2000. Entrepreneurial strategies in new organizational populations//Swedberg R. Entrepreneurship: The Social Science View. Vol. 5 Oxford: Oxford University Press: 93-112.

Andersson S. 2003. High-growth firms in the Swedish ERP industry. Journal of Small Business and Enterprise, (2): 180-198.

Antoncic B, Hisrich R D.2001. Intrapreneurship: construct refinement and cross-cultural validation. Journal of Business Venturing, 16: 495-527.

Ardichvili A, Cardozo R, Ray S. 2003. A theory of entrepreneurial opportunity identification and development. Journal of Business Venturing, 18 (1): 105-123.

Autio E. 2000. Growth of technology-based new firms. Research Policy, (29): 330-345.

Balkin D B, Bannister B D. 1993. Explaining pay forms for employee groups in organizations: a resource dependence perspective. Journal of Occupational and Organizational Psychology, (66): 139-152.

Barney J. 1986. Organizational culture: can it be a source of sustained competitive advantage. Academy of Management Review, 11 (3): 656-665.

Barringger B R, Jones F F, Neubaum D. 2005. A quantitative content analysis of the characteristics of rapid-growth firms and their founders. Journal of Business Venturing, (20): 663-687.

Bates R. 2001. Introducing students to firm.Cinema Journal, (1): 109-110.

Batjargal B. 2005. Software entrepreneurship: knowledge networks and performance of software ventures in China and Russia. Working Paper, Harvard University.

Batjargal B. 2007. Comparative social capital: networks of entrepreneurs and venture capitalists in China and Russia. Management and Organization Review, 3 (3): 397-419.

Borthwick D A, Kirk B E, Evans D N, et al. 1986. Guanine derivatives. Glaxo, Group Limited, (6): 896-957.

Burgelman R, Maidique M A, Wheelwright S C. 2008. Strategic Management of Technology and Innovation. New York: McGraw-Hill/Irwin.

Burgelman R A. 1983. A process model of internal corporate venturing in the diversified major firm. Administrative Science Quarterly, (2): 223-244.

Burns P, Dewhurst J. 1986. Small Business in Europe. London: Macmillan.

Carayannis E G, Rogers E M, Kukihara K, et al.1998. High-technology spin-offs from government R&D laboratories and research universities. Technovation, (1): 1-11.

Carrier C. 1996. Intrapreneurship in small businesses: an exploratory study.Entrepreneurship Theory and Practice, 26 (1): 5-20.

Cassia L, Colombelli A. 2008. Do universities knowledge spillovers impact on new firm's growth? Empirical evidence from UK. International Entrepreneur Management Journal, (4): 453-465.

Chandler G N, Hanks S H. 1994. Founder competence, The environment and Venture Performance. Entrepreneur Theory and Practice, (3): 77- 89.

Cho H J, Pucik V. 2005. Relationship between innovativeness, quality, growth, profitability, and market value. Strategic Management Journal, 26 (6): 555-575.

Chrisman J J, Bauerschmidt A, Hofer C W. 1998. The determinants of new venture performance: an extended model. Entrepreneurship Theory and Practice, 23 (1): 5-30.

Churchill N C, Lewis V L. 1983. The five stages of small business growth. Harvard Business Review, (6): 30-50.

Colins C J, Smith K G. 2006. Knowledge exchange and combination: the role of human resource practices in the performance of high technology firms. Academy of Management Journal, (49): 544-560.

Committee of Sponsoring Organizations of the Treadway Commission (COSO). 1992. Internal Control-Integrated Framework. New York: American Institute of CPA Inc.

Conner K R. 1991. A historical comparison of resource-based theory and five schools of thought within industrial organization economics: do we have a new theory of the firm? Journal of Management, (1): 121-154.

Cooper A C, Daily C M. 1997. Entrepreneurial teams//Sexton S L, Smicor R W. Entrepreneurship. Chicago: Upstart Publishing Company: 127-150.

Covin J G. Slevin D P. 1991. A conceptual model of entrepreneurship as firm behavior. Entrepreneurship Theory and Practice, (16): 7-26.

Covin J G, Miles M P. 1999. Corporate entrepreneurship and the pursuit of competitive advantage. Entrepreneurship Theory and Practice, 23 (3): 47-63.

Covin J G. 1991. Entrepreneurship versus conservative firms: a comparison of strategic and performance. Journal of Management Studies, 28 (9): 440-462.

Dale. 2003. Doctoral education in the field of entrepreneurship. Eurshipentrepreneurship past accomplishments and future challenges. Journal of Management, (3): 309-331.

Davidsson P, Wiklund J. 2000. Conceptual and empirical challenges in the study of firm growth// Sexton D, Landstorm H. The Blackwell Handbook of Entrepreneurship, 26-44.

Deephouse D L.2000. Media reputation as a strategic resource: an integration of mass communication and resource-based theories. Journal of Management, (6): 1091-1112.

Delery J E, Doty D H. 1996. Modes of theorizing in strategic human resource management: tests of universalistic, contingency and configurational performance predictions. Academy of Management Journal, 39: 802-835.

Delmar F, Davidsson P, Gartner W B. 2003. Arriving at the high-growth firm. Journal of Business Venturing, 18 (2): 189-216.

Deshpande R, Farley J U, Webster Jr F E. 1993. Corporate culture, customer orientation, and innovativeness in Japanese firms: a quadrad analysis. Journal of Marketing, 57 (1): 23-37.

Drazin R, Kazanjian R K. 1990. Research notes and communications: a reanalysis of miller and friesen's life cycle data. Strategic Management Journal, (4): 319-325.

Ellis T. 1988. Commercial Recreation. New York: Times Mirror/Mosby College Pub.

Engel D, Fier A. 2000. Does R&D-infrastructure attract high-tech start-ups? ZEW Discussion, (6): 1-30.

Fey C F, Bjorkman I, Pavlovskaya A. 2000. The effect of human resource management practices on firm performance in Russia. The International Journal of Human Resource Management, 11 (1): 1-18.

Fisher J C, Pry R H. 1971. A simple substitution model of technological change. Technological For ecasting and Social Change, 3: 75-88.

Frederic D, Davidsson P, Gartner W B. 2003. Arriving at high growth firm. Journal of Business Venturing, 18: 189-216.

Freeman C. 1997. The Economics of Industrial Innovation. Cambridge: The MIT Press.

Fry A. 1987. The post-it-note: an intrapreneurial success. SAM Advanced Management Journal, (8): 4-9.

Fukugawa N. 2006. Determining factors in innovation of small firm networks: a case of cross industry groups in Japan. Small Business Economics, 27: 181-193.

Gallon M R, Stillman H M, Coates D. 1995. Putting core competency thinking into practice. Research Technology Management, 38 (3): 20-28.

Gartner W B. 1985. A conceptual framework for describing the phenomenon of new venture creation. Academy of Management Review, 10 (4): 696-706.

Gilson R J. 1999. The legal infrastructure of high technology industrial districts: Silicon Valley, route 128, and covenants not to compete. Imaged with the Permission of N. Y. U. Law Reciew, 74 (3): 575-629.

Ginsberg A, Hay M.1994. Confronting the challenges of corporate entrepreneurship: guidelines for venture managers. European Management Journal, (12): 382-389.

Greiner L E. 1998. Evolution and revolution as organization grow. Harvard Business Review, 76 (3): 55-68.

Gulati R, Nohria N, Zaheer A. 2000. Strategic networks. Strategic Management Journal, (3): 293-310.

Guth W D, Ginsberg A. 1990. Guest editors' introduction: corporate entreprateship. Strategic Management Journal, 11: 5-15, 36-39.

Hagedoorn J. 1993. Understanding the rationale of strategic technology partnering: interorganizational modes of cooperation and sectoral differences. Strategic Management Journal, (5): 371-385.

Hambrick D C, Mason P A. 1984. Upper echelons: the organization as a reflection of its top managers. Academy of Management Review, 9 (2): 193-206.

Hayton J C. 2004. Strategic human capital management in SME: an empirical study of entrepreneurial performance. Human Resource Management Journal, 42 (4): 375-391.

Hayton J C. 2005. Competing in the new economy: the effect of intellectual capital on corporate entrepreneurship in high-technology new ventures. R&D Management, (2): 137-155.

Helfat C E, Peteraf M A. 2003. The dynamic resource-based view: capability lifecycles. Strategic Management Journal, 24 (10): 997-1010.

Henderson R. 2006. The innovator's dilemma as a problem of organizational competence. Journal of Product Innovation Management, 23 (1): 5-11.

Hisrich R D, Peters M P. 1986. Establishing a new business venture unit within a firm.Journal of Business Venturing, (1): 307-322.

Hite J M, Hesterly W S. 2001. The evolution of firm networks: from emergence to early growth of the firm.Strategic Management, (3): 275-286.

Holt R R. 2004. Motivational factors in levels of aspiration: an experimental and clinical study of patterns of ego-defense manifested in quantitative self-evaluation. Harvard Library Bibliographic Dataset.

Hornsby J S, Kuratko D F, Zahra S A. 2002. Middle managers perception of the internal environment for corporate entrepreneurship: assessing a measurement scale. Journal of Business Venturing, (3): 253-273.

Hornsby J S, Naffziger D W, Kuratko D F, et al. 1993. An interactive model of the corporate entrepreneurship process. Entrepreneurship: Theory and Practice, 17 (2): 29-38.

Ireland R D, Hitt M A. 1997. Performance strategies for high-growth entrepreneurial firms // Reynolds P D, Bygrave W D, Grater N M, et al. Frontiers of Entrepreneurship Research. Wellesley: Babson College.

Jackson S E. 1992. Team Composition in organizational settings: issues in managing an increasingly diverse work force//Worchel S, Wood W, Simpson J A. Group Process and Productivity. Newbury Park: Sage: 138-173

Jansen J, Bosch F, Volberda H W. 2005. Managing potential and realized absorptive capacity: how do organizational antecedents matter? Academy of Management Journal, 48 (6): 999-1015.

Javidan M. 1998. Core competence: what does it mean in practice? Long Range Planning, 31 (1): 60-71.

Jennings D F, Lumpkin J R. 1989. Functioning modeling corporate entrepreneurship: an empirical integrative analysis. Journal of Management, (3): 485-273.

Johnson B R. 1990. Toward a multidimensional model of entrepreneurship: the case of achievement motivation and the entrepreneur. Entrepreneurship Theory and Practice, (3): 39-54.

Jr W D, Mason P L, Stewart J B. 2006. The economics of identity: the origin and persistence of racial identity norms. Journal of Economic Behavior and Organization, (3): 283-305.

Kamm J B, Shuman J C, Seeger J A, et al. 1990. Entrepreneurial teams in new venture creation: a research agenda. Entrepreneurship Theory and Practice, 14 (4): 7-17.

Kanter R M. 1988. How to be an entrepreneur without leaving your company. Working Women, (11): 44-47.

Keats B W, Hitt M A. 1988. A causal model of linkages among environmental dimensions, macro organizational characteristics and performance. Academy of Management, (3): 570-578.

Kelins J, Bolasy J. 1997. Build to Last. Santa Rosa: North California University Press.

Kim W C, Mauborgne R. 2004. Value innovation: the strategic logic of high growth. Harvard Business Review, 82 (7~8): 172-180.

Klepper S. 2001. Employee startups in high-tech industries. Industrial and Corporate Change, 10: 639-674.

Knight W E. 1993. An examination of freshmen to senior general education gains across a national sample of institutions with different general education requirements using a mixed-effect structural equation model. Research in Higher Education, 34 (1): 41-54.

Kohli A K, Jaworski B J. 1990. Market orientation: the construct, research propositions and managerial implications. Journal of Marketing, 54: 1-18.

Kuratko D F，Monta R V，Homsby J S.1990. Developing an intrapreneurial assessment instrument for an effective corporate entrepreneurial environment. Strategic Management Journal，（ 11 ）：49-58.

Langrish J ，Evans M G ，Jerons F R. 1972. Wealth From Knowledge. New York：Macmillan.

Lechner C，Bowling M，Welpe I. 2006. Firm networks and firm development：the role of the relational mix. Journal of Business Venturing，（ 21 ）：514-540.

Lee C，Lee K，Pennings J M. 2001. Internal capabilities，external networks and performance：a study on technology-based ventures. Strategic Management Journal，（ 6~7 ）：615-632.

Lemaitre N，Stenir B. 1988. Stimulating innovation in large companies. R&D Management，18（ 2 ）：141-517.

Lensink P，van Steen P，Sterken E. 2005. Uncertainty and growth of the firm. Small Business Economics，24（ 4 ）：381-391.

Li L，Lin Z，Li B L. 2008. The turtlehare race story revisited：social capital and resource accumulation for firms from emerging economies. Asia Pacific Journal of Management，25：251-275.

Lumpkin G T，Dess G. 1996. Clarifying the entrepreneurial orientation construct and linking it to performance. Academy of Management Review，12（ 1 ）：135-172.

Lussier R N. 1995. A nonfinancial business success versus failure prediction model for young firms. Journal of Small Business Management，（ 1 ）：8-20.

Mansfield E. 1961. Technical change and the rate of imitation. Econometrica，29（ 4 ）：741-766.

Markides C C. 1995. Diversification，restructuring and economic performance. Strategic Management Journal，16：101-118.

McGough A S，Afzal A，Darlington J，et al. 2005. Making the grid predictable through reservations and performance modeling. The Computer Journal，48（ 3 ）：358-368.

Metcalfe J S. 1981. Impulse and diffusion in the study of technical change. Futures，13（ 5 ）：347-359.

Miller D. 1983. Correlates of entrepreneurship in three types of firms. Management Science，29 （ 7 ）：770-779.

Miller D，Friesen P H. 1984. A longitudinal study of the corporate life cycle. Management Science，（ 10 ）：1161-1183.

Miller R. 1985. Is there a new federalist' industrial policy ?Management Review，（ 3 ）：61-63.

Morries M H，Lewis P S，Sexton D L. 1994. Reconceptualizing entrepreneurship：an input-output perspective. SAM Advanced Management Journal，59（ 1 ）：21-31.

Morris M H，Kuratko D F. 2000. Triggering events corporate entrepreneurship and the marketing function. The Association of Marketing Theory and Practice，（ 2 ）：18-30.

Naman J L，Slevin D P. 1993. Entrepreneurship and the concept of fit：a model and empirical tests. Strategic Management Journal，14：137-153.

Narver J C，Slater S F. 1990. The effect of a market orientation on business profitability. Journal of Marketing，54：20-35.

Nelson R N.1991. Why do firms differ and how does it matter?Strategic Management Journal，14：61-74.

Ngo H Y, Turban D, Lau C M. 1998. Human resource practices and firm performance of multinational corporations: influences of country origin. International Journal of Human Resource Management, 9（4）: 632-652.

O'Regan N, Ghobadian A, Gallear D. 2006. In search of the drivers of high growth in manufacturing SMEs. Technovation, （26）: 30-41.

Park S, Bae Z T. 2004. New venture strategies in a developing country: identifying a typology and examining growth patterns through case studies. Journal of Business Venturing, 19（1）: 81-105.

Park S H, Luo T. 2001. Guanxi and organizational dynamic: organizational networking in Chinese firms. Strategic Management Journal, 22（5）: 455-477.

Parry R T. 1996. Development of financial services in the Asia pacific: issues and opportunities. Frbsf Economic Letter, （18）: 1-3.

Pearce J A, Kramer T R, Robbins D K. 1997. Effects of managers' entrepreneurial behavior on subordinates. Journal of Business Venturing, （12）: 147-160.

Penrose E. 1959. The Theory of the Growth of the Firm. Oxford: Blackwell.

Peters T J, Evans M G, Jersons F R. 1972. Wealth from Knowledge. NewYork: Macmillan.

Pinchot G. 1985. Intrapreneurship. New York: Harper & Row.

Pinchot G. 1986. Intrapreneuring: Why You Don't Have to Leave the Corporation to Become an Entrepreneur. New York: Harper & Row.

Prahalad C K, Hamel G. 1990. The core competence of the corporation. Harvard Business Review, （1）: 79-91.

Reinganum J F. 1981. On the diffusion of new technology: a game theoretic approach. Review of Economic Studies, 48: 395-405.

Rothwell R. 1992. Successful industrial innovation critical factors of the 1990s. R&D Management, （22）: 221-239.

Russell R D, Russell C J. 1992. An examination of the effects of organizational norms, organizational structure, and environmental uncertainty on entrepreneurial strategy.Journal of Management, 18（4）: 639-656.

Saemundsson R J. 2005. On the interaction between the growth process and the development of technical knowledge in young and growing technology-based firms. Technovation, 25（3）: 223-235.

Sandberg W R, Hofer C W. 1987. Improving new venture performance: the role of strategy, industry structure, and the entrepreneur. Journal of Business Venturing, 2: 5-28.

Sanders N R, Reid R D. 2001. Competitive strategies of high-growth manufacturers: survey results. Production and Inventory Management Journal, （2）: 64-69.

Saxenian A. 1994. Culture and Competition in Silicon Valley and Route 128. Cambridge: Harvard University Press.

Shane S. 2003. Prior knowledge and the discovery of entrepreneurial opportunities. Organization Science, 4（11）: 448-469.

Shane S, Venkataranian N. 2000. The promise of entrepreneurship as a field of research. Academy of Management Review, 25（1）: 217-226.

Sharma P, Chrisman J J. 1999. Toward a reconciliation of the definitional issues in the field of corporate entrepreneurship.Entrepreneurship, （3）: 11-27.

Shepherd D A, Douglas E J, Shanley M. 2000. New venture survial: ignorance, externel shocks, and risk reduction strategies. Journal of Business Venturing, （15）: 393-410.

Shore L M, Tetrick L E. 1991. A construct validity study for the survey of perceived organizational support. Journal of Applied Psychology, 76: 637-643.

Simsek Z, Veiga J F, Lubatkin M H. 2007. The impact of managerial environmental perceptions on corporate entrepreneurship: towards understanding discretionary slack's pivotal role. Journal of Management Studies, 44（8）: 398-424.

Simsek Z, Yan L, Lubatain M H. 2008. Transformational leadership's role in promoting corporate entrepreneurship: examining the CEO-TMT interface. Academy of Management Journal, （3）: 557-576.

Sivadas E, Dwyer F R. 2000. An examination of organizational factors influencing new product success in internal and alliance-based processes. Journal of Marketing, 64: 31-49.

Smith K G, Collins C J, Clark K D. 2005. Existing knowledge, knowledge creation capability and the rate of new product introduction in high-technology firms. Academy of Management Journal, 48（2）: 346-357.

Soh P H. 2003. The role of networking alliances in information acquisition and its implications for new product performance. Journal of Business Venturing, （18）: 727-744.

Song S, Nerur S, Teng J T C. 2007. An exploratory study on the roles of network structure and knowledge processing orientation in work unit knowledge management. Acm Sigmis Database, 38（2）: 8-26.

Song X M, Parry M E. 1997. The determinants of Japanese new product successes. Journal of Marketing Research, 34（1）: 64-76.

Srivastava A, Lee H. 2005. Predicting order and timing of new product moves: the role of top management in corporate entrepreneurship. Journal of Business Venturing, （4）: 459-481.

Steinmetz L L. 1969. Critical stages of small business growth: when they occur and how to survive them. Business Horizons, （1）: 29-36.

Stevenson H H, Roberts M J, Grousbeck H I. 1994. New Business Ventures and the Entrepreneur. New York: McGraw-Hill/Irwin.

Stinchcombe A L. 1965. Social structure and organizations // March J G. Handbook of Organizations. Chicago: Rand McNally.

Stopford J M, Baden-Fuller C W F. 1994. Creating corporate entrepreneurship. Strategic Management Journal, （7）: 521-536.

Su Y-S, Tsang E K, Peng M. 2009. How do internal capabilities and external partner ships affect innovativeness. Asia Pacific Journal of Management, 26: 309-331.

Subramaniam M, Youndt M A. 2005. The influence of intellectual capital on the types of innovative capabilities. Academy of Management Journal, 48（3）: 450-463.

Teal E J, Upton N, Seaman S L. 2003. A qualitative analysis of strategic marketing practices of high-growth U. S. family and non-family firms. Journal of Developmental Entrepreneurship, （2）: 177-195.

Teece D J, Pisano G. 1994. The dynamic capabilities of firm: an introduction. Industrial and Corporate Change, 3（3）: 537-556.

Teece D J, Pisano G, Shuen A .1997. Dynamic capabilities and strategic management. Strategic Management Journal, 18: 509-533.

Terpstra D E, Rozell E J. 1993. The relationship of staffing practices to organizational lever measures of performance. Personnel Psychology, 46（1）: 27-48.

Thomas W Y, Man T L, Chan K F. 2002. The competitiveness of small and medium enterprises: a conceptualization with focus on entrepreneurial competencies. Journal of Business Venturing, （17）: 121-142.

Thomke S, von Hippel E, Frank R. 1998. Modes of experimentation: an innovation process, and competitive, variable. Research Policy, 27（3）: 315-332.

Thornton E, Timmons H, Joseph W. 2001. Who will hold the cards. Businessweek, （3724）: 90-91.

Timmons J A. 1983. The flow of venture capital to highly innovative technological venture. Frontiers of Entrepreneurship Research, （6）: 316-334.

Timmons J A. 1999. New Venture Creation: Entrepreneurship for the 21st Century. 5th Ed. New York: McGraw-Hill.

Tseng C-H, Tansuhaj P S, Rose J. 2004. Are strategic assets contributions or constraints for SMEs to go international?An empirical study of the US manufacturing sector. Journal of American Academy of Business, （5）: 246-254.

Tushman M L, Scanlan T J. 1991. Boundary spanning individuals: their role in information transfer and their antecedents. Academy of Management Journal, 24（2）: 289-305.

Upton N, Teal E J, Felan J T. 2001. Strategic and business planning practices of fast growth family firms. Journal of Small Business Management, （1）: 60-72.

Uzzi B. 1996. The sources and consequences of embeddedness for the economic performance of organizations: the network effect. American Sociological Review, （4）: 674-698.

Vanhees L. 2006. The effect of a biotechnology SMES' network position on its innovative performance. Working paper, Hasselt University. Department of Business Administration.

Volberda H W. 1996. Toward the flexible form: how to remain vital in hypercompetitive environments. Organization Science, 7（4）: 359-374.

von Krogh G, Cusumano M A. 2001. Three strategies for managing fast growth. Sloan Management Review, （2）: 53-61.

Voss C V. 1985. Determinants of success in the development of application software. Journal of Production Innovation Management, （2）: 122-129.

Walter A, Auer M, Thomas R. 2006. The impact of network capabilities and entrepreneurial orientation on university spin-off performance. Journal of Business Venturing, （21）: 541-556.

Wang C L, Ahmed P K. 2007. Dynamic capabilities: a review and research agenda. International Journal of Management Reviews, 9（1）: 31-51.

Watson W, Steward W, Barnir A. 2003. The effects of human capital, organizational demography, and interpersonal processes on venture partner perceptions of firm profit and growth. Journal of Business Venturing, （2）: 145-164.

Weisz N, Vassolo R, Cooper A C. 2004. A theoretical and empirical assessment of the social capital of nascent entrepreneurial teams. Academy of Management Proceedings, （1）: 1-6.

Wernerfelt B. 1984. A resource-based view of the firm. Strategic Management Journal, 5（2）: 170.

Wiklund J, Shepherd D. 2003. Knowledge-based resources, entrepreneurial orientation, and the performance of small and medium-sized businesses. Strategic Management Journal, （13）: 1307-1314.

Wright P M, Garden T M, Moynihan L M. 2003. The impact of HR practices on the performance of business units, Human Resource Management Journal, 13（3）: 21-36.

Wu Z, Chen R, Erramilli M K, et al. 2009. Acquisition of organizational capabilities and competitive advantage of IJVs in transition economies: the case of Vietnam. Asia Pacific Journal of Management, 26: 285-308.

Yiu D W, Lau C M. 2008. Corporate entrepreneurship as resource capital configuration in emerging market firms. Entrepreneurship: Theory and Practice, （1）: 37-57.

Yli-RenkoH, Sapienza H J, Hay M. 2001. The role of contractual governance flexibility in realizing the outcomes of key customer relationships. Journal of Business Venturing, 6: 529-555.

Zaheer A, Bell G G. 2005. Benefiting from network position: firm capabilities, structural holes and performance. Strategic Management Journal, 26（9）: 809-825.

Zahra S A. 1991. Predictors and financial outcomes of corporate entrepreneurship: an exploratory study. Journal of Business Venturing, （6）: 262.

Zahra S A.1993.New product innovation in established companies: associations with industry and strategy Variables. Entrepreneurship. Theory and Practice, （2）: 23-47.

Zahra S A. 1995. Corporate entrepreneurship and financial performance: the case of management leveraged buyouts. Journal of Business Venturing, 10（3）: 225-247.

Zahra S A. 1996. Governance, ownership, and corporate entrepreneurship: the moderating impact of industry technological opportunities. Academy of Management Journal, 39（6）: 1713-1735.

Zahra S A, Brickford D J. 1995. Transforming technological pioneering into competitive advantage. Academy of Management Executive, 9（1）: 17-31.

Zahra S A, Covin J G. 1995. Contextual influences on the corporate entrepreneurship-performance relationship: a longitudinal analysis. Journal of Business Venturing, 10（1）: 43-58.

Zahra S A, George G, Wheatley K K, et al. 2001. The effects of alliance portfolio characteristics and absorptive capacity on performance. Journal of High Technology Management, （2）: 205-228.

Zollo M, Winter G. 2002. Deliberate learning and the evolution of dynamic capabilities. Organization Science, 13（3）: 339-350.

附　　录

附录一　天津市科技型新创企业可持续性发展动力因素问卷调查

尊敬的专家学者：

　　您好！这是一份有关科技型新创企业可持续性发展的调查问卷，您所提供的信息仅供研究之用。请您根据提示，回答问卷。请不要漏掉任何一个问题，希望本次调研能够得到您的配合。

　　对您的支持和配合表示深深的感谢！

国家社会科学基金项目（10BGL029）课题组

一、基本信息（请对符合您自身情况的选项打"√"）

　　1. 您的职位与级别：

　　①董事长（或总经理）　②其他高级管理人员　③中层干部　　④基层管理人员

　　2. 公司成立年限：

　　①1 年以内　　　　②2~5 年　　　　　③6~9 年　　　④10 年及以上

　　3. 企业总人数：

　　①50 人以下　　　②50~200 人　　　③200~500 人　④500 人及以上

　　4. 企业销售额：

　　①1 亿元以下　　　②1 亿~2 亿元　　②2 亿~3 亿元　④3 亿元及以上

　　5. 企业资产总额：

　　①50 万元以下　　②50 万~500 万元　　③500 万~5 000 万元

　　④5 000 万~4 亿元　⑤4 亿元及以上

6. 每年用于高新技术产品研究开发的经费占销售额的比例：
①低于5% ②5%~10% ③10%及以上

7. 具有大专以上学历的科技人员占职工总数的比例：
①低于30% ②30%~50% ③50%及以上

8. 直接从事研究开发的科技人员占职工总数的比例：
①低于10% ②10%~20% ③20%及以上

二、企业可持续性发展动力来源与影响因素
（请就表中每一问题在问题后的数字上打"√"）

序号	问题	完全同意	比较同意	一般	不太同意	完全不同意
1	企业能够保持持续性的盈利	1	2	3	4	5
2	企业能够保持持续性的销售额增长	1	2	3	4	5
3	企业能够保持持续性的资本积累	1	2	3	4	5
4	企业能够快速感知潜在市场机会	1	2	3	4	5
5	企业拥有稳定的客户关系	1	2	3	4	5
6	企业能够实现持续性的技术创新	1	2	3	4	5
7	企业能够快速地将新技术转化为新产品	1	2	3	4	5
8	企业能够有效地获取所需资源	1	2	3	4	5
9	企业能够高效整合所需资源	1	2	3	4	5
10	企业拥有较高的资源配置水平	1	2	3	4	5
11	企业创业者具有极强的创新精神	1	2	3	4	5
12	企业创业者富有发展远见	1	2	3	4	5
13	企业创业者具有丰富的知识储备	1	2	3	4	5
14	企业具有很强的协调沟通能力	1	2	3	4	5
15	企业具有很强的适应变革能力	1	2	3	4	5
16	企业拥有积极上进的企业文化	1	2	3	4	5
17	企业注重对员工的实效培训	1	2	3	4	5
18	企业拥有行之有效的激励措施	1	2	3	4	5
19	企业拥有稳定高效的管理团队	1	2	3	4	5
20	企业能够获得政府的有力支持	1	2	3	4	5
21	企业具有明显的产业集群优势	1	2	3	4	5
22	企业能够有效获得科技机构（高校、咨询服务公司等）的支持	1	2	3	4	5
23	企业能够有效获得外部资金支持	1	2	3	4	5

附录二　科技型中小企业成长能力调查问卷

尊敬的女士/先生：

您好！

感谢您参与"企业成长能力系统构建与策略研究"的课题研究。企业是一个复杂的生态系统，经历着创业期、成长期、成熟期、蜕变期四个阶段。企业的可持续成长过程是突破上一个生命阶段的成长上限，由此跨越到下一个生命阶段的过程。因此将进行企业成长创业期、成长期、成熟期的成长上限及突破成长上限能力的实证研究。

由于调查样本的有限，您的回答将成为本研究的重要依据，请您根据贵公司实际情况如实回答。我们将对您的回答完全保密，所有问卷仅作为研究之用。如果您希望获得我们的研究报告，请在问卷后附上您的姓名、联系方式及电子邮箱，我们将研究报告以电子邮件形式发送给您，以供参考。

谢谢您的合作和支持！

国家社会科学基金项目（10BGL029）课题组
2011 年 4 月

第一阶段：企业成长限制性因素调查问卷

一、基本信息（请在符合您公司和自身情况的选项上打"√"）

　　1. 受访企业名称：＿＿＿＿＿＿＿＿＿＿＿＿＿＿＿＿＿＿＿＿＿＿

　　2. 您所在公司的行业类型：

□农、林、牧、渔业；□采掘业；□制造业；□电力、热力、燃气及水生产和供应业；□建筑业；□批发和零售业；□交通运输、仓储业；□住宿和餐饮业；□信息技术业；□金融保险业；□房地产业；□社会服务业；□传播与文化产业；□其他。

　　3. 您所在公司的性质：

□国有企业（含股份制）；□民营企业（含股份制）；□外商独资企业；□合资企业；□其他。

　　4. 您所在公司的规模：

□50 人以下；□50~199 人；□200~499 人；□500 人及以上。

5. 您所在公司成立的年限：

□1 年以内；□1~4 年；□5~10 年；□11 年及以上。

6. 您所在公司所处阶段：

□创业期；□成长期；□成熟期；□衰退或蜕变期。

7. 您的文化程度：

□博士；□硕士、双学士；□大学本科；□大专；□大专以下。

8. 您在公司的职位：

□总经理；□其他高级管理人员；□中层管理人员；□基础管理人员。

9. 您在公司任职的年限：

□1 年以下；□1~4 年；□5~10 年；□11 年及以上。

二、调查问卷

根据专家学者的研究，企业的成长阶段可以大致分为以下四个阶段。

创业期：是指企业成立时间不足一年，或者成立时间超过一年，但是其人员数量、固定资产和销售额都较少，而且其增长速度比较缓慢，盈利性不高；企业具有较小的规模，较低的市场知名度，现阶段面临的主要问题是如何生存。

成长期：是指成立时间超过一年，且其人员数量、销售额和固定资产都处于快速增长的时期；企业的规模逐渐扩大，知名度也越来越高，企业的业务也处于发展时期。现阶段面临的主要问题是如何成长。

成熟期：是指人员数量、销售额和固定资产都处于比较稳定的时期，但是数量比较大，盈利性较高；企业规模较大，知名度也非常高。现阶段面临的主要问题是如何保持盈利的问题。

衰退期：是指人员数量、销售额和固定资产均处于下降的阶段，而且长时间得不到改善。企业面临着如何进行蜕变的问题。

以下列举了企业成长阶段的限制性因素，请您根据企业所处的成长阶段，对因素的限制程度进行判定和选择。

例如，处于创业期的 X 公司的问卷，仅对创业期的一列选项进行选择。

因素	限制因素	阶段性表现					创业期	成长期	成熟期
资源	人力资源限制	A 非常明显	B 比较明显	C 不太明显	D 极不明显	E 说不准	A		

表明：人力资源对企业创业期的限制程度在 X 公司的创业期表现非常明显。

例如，处于成熟期的 Y 公司的问卷，仅对成熟期的一列选项进行选择。

因素	限制因素	阶段性表现					创业期	成长期	成熟期
资源	人力资源限制	A 非常明显	B 比较明显	C 不太明显	D 极不明显	E 说不准			C

表明：人力资源对企业成熟期的限制程度在 Y 公司的成熟期表现不太明显。企业成长限制性因素调查问卷如下所示。

因素	限制因素	阶段性表现					创业期	成长期	成熟期
资源	人力资源限制	A 非常明显	B 比较明显	C 不太明显	D 极不明显	E 说不准			
	信息资源限制	A 非常明显	B 比较明显	C 不太明显	D 极不明显	E 说不准			
	财物资源限制	A 非常明显	B 比较明显	C 不太明显	D 极不明显	E 说不准			
管理	管理人员素质限制	A 非常明显	B 比较明显	C 不太明显	D 极不明显	E 说不准			
	管理制度限制	A 非常明显	B 比较明显	C 不太明显	D 极不明显	E 说不准			
	管理模式限制	A 非常明显	B 比较明显	C 不太明显	D 极不明显	E 说不准			
技术	技术体系限制	A 非常明显	B 比较明显	C 不太明显	D 极不明显	E 说不准			
	核心技术水平限制	A 非常明显	B 比较明显	C 不太明显	D 极不明显	E 说不准			

第二阶段：企业创新的影响因素重要程度问卷调查
（请根据贵公司的具体情况对以下问题进行判断，并在□内打上"√"）

影响因素	影响创新的能力因素	重要程度				
		非常重要	比较重要	一般重要	不太重要	极不重要
影响资源创新的因素	R1 人才的招募及有效配置能力	□	□	□	□	□
	R2 内部员工培训及知识共享能力	□	□	□	□	□
	R3 拓宽融资渠道的能力	□	□	□	□	□
	R4 成本管理和财务控制能力	□	□	□	□	□
	R5 企业内部审计能力	□	□	□	□	□
	R6 市场有用信息获取的能力	□	□	□	□	□
	R7 根据市场信息整合资源的能力	□	□	□	□	□

影响因素	影响创新的能力因素	重要程度				
		非常重要	比较重要	一般重要	不太重要	极不重要
影响管理创新的因素	M1 完备内部制度及其执行力	☐	☐	☐	☐	☐
	M2 知识管理能力	☐	☐	☐	☐	☐
	M3 鼓励创新的企业文化影响力	☐	☐	☐	☐	☐
	M4 组织结构的柔性和适应能力	☐	☐	☐	☐	☐
	M5 企业家能力	☐	☐	☐	☐	☐
	M6 营销及客户关系管理能力	☐	☐	☐	☐	☐
	M7 部门间的协作能力	☐	☐	☐	☐	☐
	M8 产品生产制造能力	☐	☐	☐	☐	☐
影响技术创新的因素	T1 技术创新目标与企业目标匹配的能力	☐	☐	☐	☐	☐
	T2 拥有关键技术的能力	☐	☐	☐	☐	☐
	T3 吸引和留住高素质研发人才的能力	☐	☐	☐	☐	☐
	T4 新产品的市场导入能力	☐	☐	☐	☐	☐
	T5 研发成果的商业化能力	☐	☐	☐	☐	☐
	T6 技术专利保护能力	☐	☐	☐	☐	☐
	T7 对技术创新机会/威胁的感知能力	☐	☐	☐	☐	☐
	T8 技术与研发的能力	☐	☐	☐	☐	☐

附录三 科技型中小企业扩散案例研究访谈提纲

一、针对企业管理层的访谈提纲

1. 请介绍下您的性格特征、爱好，以及您的价值观和世界观。

2. 请介绍下您的成长经历以及学习经历。

3. 请介绍下您的工作经历以及目前公司的基本情况。

4. 请问该公司成长初期的状况、发展过程中的情况以及目前的基本情况是怎样的?

5. 请问您认为该公司的主要优势在哪? 劣势又有哪些?

6. 请问您认为科技型中小企业对技术创新方面能力的加强应该怎么去做? 有什么可以建议的呢?

7. 请问您认为公司的管理团队组成情况，成员的资历如何，团队对公司的发展贡献程度如何?

8. 请问公司的企业管理制度建设都来源于什么途径? 您认为公司的管理制度如何? 有哪些具体的做法?

9. 请问您认为公司对人才的培养应该更注重哪些方面? 应该采取怎样的方式对其进行培养?

10. 您认为公司的发展关键因素有哪些？为什么呢？公司在这方面的表现如何？采取哪些措施去提高？

二、针对员工的访谈提纲

1. 您是什么时候进入这家公司的？您觉得这家公司怎样？

2. 您认为该公司的领导的性格特征以及爱好是什么？公司领导对你们员工的影响力有多大？你们心目中的领导应该是什么样的？

3. 您认为公司员工的学习和培训情况如何？公司具体都有哪些培训和学习？

4. 您认为公司管理层的状况怎样？觉得有什么需要进一步改进的地方？

5. 您认为公司的经营管理制度来自何处？是模仿其他企业还是本公司自己总结经验所得？

6. 您认为公司的技术创新能力是否很强？在同行业中所处的地位怎样？

7. 您认为公司市场营销能力如何？

8. 您认为公司未来的发展状况如何？您对公司的归属感和依赖程度如何？

附录四　高新技术企业公司创业关键成功因素调查问卷

尊敬的先生/女士：

您好！很高兴本问卷能有您热忱的帮助。

这是一份有关高新技术企业公司创业影响因素的调查问卷，旨在研究高新技术企业进行公司创业的关键成功因素，并在此基础上提出合理的公司创业管理对策和建议。希望通过您的帮助顺利完成此次研究。本问卷所获得的相关信息仅供统计处理之用，您的答案将完全保密。本次调查问卷分为三个部分，每个题目答案均无对错之分，请您根据实际情况作答。

第一部分

下面是有关您和贵公司一些基本信息的题目（请对符合您自身情况的选项打"√"）

1. 您的职位级别：
①董事长（或总经理）　②高层管理人员　③中层管理人员　④基层管理人员
2. 您的文化程度：
①大专　　　　　　②本科　　　　　③硕士　　　　　④博士
3. 您所处的部门：
①研发部门　　　　②生产部门　　　③销售部门　　　④财务部门

4. 您在该企业工作的时间：

①3 年以下   ②3~5 年   ③5~10 年   ④10 年以上

5. 企业成立年限：

①3 年以下   ②3~5 年   ③5~10 年   ④10 年以上

6. 企业规模：

①100 人以下   ②101~500 人   ③500~1 000 人   ④1 000 人以上

7. 企业的行业类型：

①生物技术   ②新材料技术   ③自动化技术   ④新能源技术

⑤电子信息技术

8. 企业所处的发展阶段：

①创业阶段   ②公司成长阶段   ③转型阶段

注：创业阶段：企业成立或转制初期，效益不太稳定。

公司成长阶段：企业成立多年，产品或服务结构基本稳定，正在进行产品创新或管理变革，以谋求更大的发展。

转型阶段：企业产品或服务的市场缩小，效益下降，面临转制。

第二部分

下面是关于公司创业影响因素的一些问题，请您根据您所在公司的实际情况和自己的实际感受在问题后的数字上打"√"。

序号	问题	完全不同意	不太同意	一般	比较同意	非常同意
1	企业所处行业的技术更新快	1	2	3	4	5
2	政府对企业所处行业的公司创业活动有相应的配套支持政策	1	2	3	4	5
3	企业所处的同行业市场竞争激烈	1	2	3	4	5
4	企业能够快速感知潜在市场机会	1	2	3	4	5
5	企业能够识别适合公司创业的机会	1	2	3	4	5
6	企业能够充分利用公司创业机会	1	2	3	4	5
7	公司创业团队的核心领导者具有优秀的创业特质和技能	1	2	3	4	5
8	公司创业团队的成员在各自的领域都具有高专业水平	1	2	3	4	5
9	公司创业团队成员之间的技能优势互补	1	2	3	4	5
10	公司创业团队成员之间具有高度的凝聚力	1	2	3	4	5
11	公司创业活动包括许多小的实验性项目能够得到企业管理层的支持	1	2	3	4	5
12	企业员工在创新和充满活力的组织氛围下工作	1	2	3	4	5
13	企业采用授权方式使权力向组织下层转移，使基层员工能获得更多的职责和更大的自主决策权	1	2	3	4	5

序号	问题	完全不同意	不太同意	一般	比较同意	非常同意
14	企业给予成功完成公司创业项目的员工额外的报酬和奖励	1	2	3	4	5
15	企业能够提供公司创业所需资金	1	2	3	4	5
16	企业拥有先进的技术资源	1	2	3	4	5
17	企业拥有丰富的社会网络资源	1	2	3	4	5
18	企业拥有足够的场地资源	1	2	3	4	5

第三部分

下面是关于公司创业结果方面的一些问题，请您根据您所在公司的实际情况和自己的实际感受在问题后的数字上打"√"。

序号	问题	完全不同意	不太同意	一般	比较同意	非常同意
1	企业在现有行业扩展业务线	1	2	3	4	5
2	企业在与当前业务相关的新行业追求新业务	1	2	3	4	5
3	企业经常通过提供新的业务线和产品进入新的业务	1	2	3	4	5
4	企业在新产品活动上的花费很高	1	2	3	4	5
5	企业强调技术创新	1	2	3	4	5
6	通过公司创业开发的新产品数量很多	1	2	3	4	5
7	企业强调在该行业的开发技术水平的领先	1	2	3	4	5
8	改组业务单元和部门来提高公司创新	1	2	3	4	5
9	协调业务单元之间的活动性来促进公司创新	1	2	3	4	5
10	增强不同业务单元的自主性来提高创新	1	2	3	4	5
11	企业的决策风格倾向快速果断	1	2	3	4	5
12	企业拥有新技术（首先引入的新产品/服务/技术等）	1	2	3	4	5
13	企业具有很强的竞争态势	1	2	3	4	5